기발한 발상으로 부자된
36계형 인간

기발한 발상으로 부자된
36계형 인간

1판 1쇄 인쇄일 2004년 2월 5일
1판 1쇄 발행일 2004년 2월 10일

지은이 | 이순창, 장수철
펴낸이 | 류희남
기획·편집 | 권미경, 최지니
펴낸곳 | 제우스

출판등록일(번호) | 2003년 4월 14일(제2003-68호)
주소 | 110-070 서울시 종로구 내수동 1번지 대성빌딩 711호
대표전화 | (02)735-8160   팩스 | (02)735-8161
e-mail | mb@mbage.com

이 책은 국내 및 국제 저작권법의 보호를 받고 있으므로,
펴낸이의 서면 동의 없이 무단 전재와 복제를 금합니다.

* 잘못된 책은 바꾸어 드립니다.

ISBN 89-90762-03-0   03320

기발한 발상으로 부자된
36계형 인간

이순창 · 장수철

제우스

들어가기 전에

《36계(三十六計)》는 세계에서 가장 오래된 병서인 《손자병법》과 쌍벽을 이루는 중국인들의 최고의 지혜서이다. 인류사에서 이 《36계》를 뛰어넘는 발빠른 처세 철학은 아직 없다고 해도 과언이 아니다.

《36계》에서는 중국 고대의 음양 변화의 이치에 근거하여 전쟁에서의 허와 실, 강(剛)과 유(柔), 공격과 방어의 관계를 논한다. 또한 시대가 변하면서 초기의 단순함에서 벗어나 끊임없는 자료 수정과 체계화 작업이 이루어졌다. 그리하여 단지 군사전략에 국한된 것이 아니라, 정치, 외교, 경제, 기업 경영은 물론 개인의 처세에 이르기까지 다양한 전략과 전술로 응용 가능하게 발전되었다.

동서고금을 막론하고 승자가 되려면 가장 빠르게 정상에 오를 수 있는 방법이 곧 최고의 지략이고 계략이었다. 따라서 승자가 된다는 것은 개인이나 국가, 그리고 현대의 비즈니스에 있어서 제일의 목표가 되고 있는 것도 사실이다.

그러나 그것이 저절로 얻어지는 것은 아니다. 주도면밀한 판단과 적과 나 사이의 주·객관적인 형세에 대한 이해가 있어야만 그 효과를 볼 수 있기 때문이다.

더욱이 21세기는 대내외적으로 변화와 무한경쟁시대로 특징지어진다. 경제·사회·문화적으로 이루어지는 국제 교류는 더욱 활발해지고 국경이나 국적이라는 기득권은 사라지고 있다. 기업이든 개인이든 세계와 더불어 경쟁하고 세계인과 함께 뛰어야 한다는 것이다.

가령, 미국 증시가 추락하면 아시아의 증시도 동반 추락하고, 미국에 실업자가 양산되면 그 여파가 아시아와 유럽으로 단숨에 전달되는 경우만 봐도 그렇다. 그래서 더불어 사는 법을 배워야 하는 동시에, 무한경쟁에서 부를 창출해내려면 남다른 철학과 노하우를 갖지 않으면 안 된다.

그런 의미에서 《36계형 인간》은 그것을 극복할 수 있는 가장 이상적인 책이다. 오늘날 우리 사회에서 명퇴다 구조조정이다 해서 많은 사람들이 거리로 내몰리고 한창 일할 나이인데도 불구하고 표류하면서 떠도는 이유는, 바로 세상을 살아가는 전술을 몰랐기 때문이다.

참고로, 《36계》는 중국에서 경서(經書)나 사서(史書)와 같이 정통으로 취급받지 못했기 때문에 명확하게 밝혀진 자료가 거의 없다. 그럼에도 불구하고 그 내용에 있어서는 시공을 초월해 배워야 할 지혜로서, 그리고 비즈니스 최강자들의 필독서로서 높은 평가를 받고 있다.

'36계'라는 말이 최초로 등장한 것은 송나라 사마광(司馬光)이 지은 《남제서(南齊書)》와 《왕경칙전(王敬則傳)》에서이다. 그 책에 "삼십육계 주위상책(三十六計 走爲上策)", 즉 "36가지 계책 중에 도망이 상책이다"라는 말이 나오는 것을 보아 그때 이미 '36계'에 대한 개념이 형성되었다고 볼 수 있다.

또 《손자병법》에 나오는 '이일대로(以逸待勞)'라든가, 《전국책(戰國策)》에 나오는 '원교근공(遠交近攻)', 두보(杜甫) 시에 나오는 '금적금왕(擒賊擒王)', 《삼국지》에 나오는 '고육계(苦肉計)'와 '미인계(美人計)' 등이 나오는 것으로 보아 적어도 6세기 이전일 것으로 보여진다. 하지만 주림(朱琳)이 지은 《홍문지(洪門志)》에는 청대(淸代) 초기에 이 《36계》를 편찬한 일이 있다고 한다.

전술은 하루아침에 익혀지거나 형성되는 것이 아니다. 평소 꾸준한 자기 계발과 선인들의 지혜를 답습하고 그것을 스스로 소화해내야 하는 것이다. 전세계적으로 유태인이나 일본인들 중에는 그 특유의 상술과 지혜를 가지고 큰 성공을 거둔 인물들이 많다. 바로 그들만의 탁월한 지혜를 가지고 있기 때문이다. 그 지혜는 누구나 꺼려하고 피하려 했던 위기 상황에서 십분 발휘된다.

누구나 인생을 살면서 위기를 겪는다. 그러나 위기를 극복하는 방법을 모른다면 치열한 경쟁사회에서 부를 창출해내기가 어렵다. 유태인들은 누구나 《탈무드》를 읽는다. 탈무드 역시 지은이가 누군지 모른다. 또 일본인들 중에 세계적으로 유명한 CEO들은 거의 모두가 《손자병법》이나 《36계》를 읽었다고 한다. 고전이 말해주는 삶의 지혜를 바탕으로 발상의 대전환을 했다는 의미다.

자고로 이긴 자만이 이름을 남긴다고 했다. 우리는 승자가 되기 위해 뛰어야 한다. 누구나 겪는 인생의 위기를 극복하지 못하고 낙오자나 패배자가 된다면 더욱더 성공과는 거리가 멀어질 수밖에 없다.

성공은 곧, 자신의 안정은 물론 가정과 직장 그리고 국가의 힘이 되고, 보다 행복하게 살 수 있는 밑거름이다. 나폴레옹도 "하느님은 영원히 강자의 편에 서 있다"라고 했다. 이는 곧 경쟁에서 이기기 위해서는 위기 관리를 잘해야 하고, 남다른 전략이 있어야 한다는 것을 역설한 말이다.

《36계형 인간》은 고대부터 현대에 이르는 경제, 기업경영, 정치, 군사, 처세 등의 다양한 영역에서 그 성공 노하우를 소개한다. 또한 독자들이 '36계'의 원리를 보다 쉽게 이해하고 실전에서 응용해 나갈 수 있도록 구성하였다. 무한경쟁시대에 탁월한 전략을 다룬 이 책을 제대로만 파악하고 소화한다면, 난관에 부딪히는 수많은 상황을 오히려 역이용하여 부와 성공을 얻을 수 있을 것이다.

2004년 1월
이순창, 장수철

기발한 발상으로 부자된 36계형 인간

차 례

들어가기 전에 4

제1장
승전지계(勝戰之計)
아군의 형세가 승리할 조건을 갖추었을 때 적을 압도하는 전략

제1계 만천과해(瞞天過海)
세상을 다 속여라 _ 빌 게이츠와 독과점 금지법 20
잘나가는 브랜드를 베껴라 _ 대만 위룽자동차의 재기전 24
세기적 이벤트를 마련하라 _ 길현 정부의 재정난 극복 28
기회가 올 때까지 알리지 마라 _ 6년 만에 주인의 가게를 인수한 종업원 30

제2계 위위구조(圍魏救趙)
홈경기가 불리하면 원정경기도 불사하라 _ 중국 화학공업계의 대부 범욱동 34
적의 미개척 시장을 쳐라 _ 보잉을 누른 에어버스 38
최고급 상품을 팔려면 여자들의 시선부터 낚아라 _ 최고급 공예품점의 필살기 41

제3계 차도살인(借刀殺人)
상대편의 라이벌을 찾아라 _ 진나라를 살린 공자 46
고래싸움에 꼭 새우등이 터지는 것은 아니다 _ 홍콩의 거부 이가성 49
고객의 추억을 심어드립니다 _ 비성수기가 따로 없는 호텔 52
큰 시장일수록 디테일해져라 _ 올림픽과 아디다스 55

제4계 이일대로(以逸待勞)
상대를 움직여 지치게 하라 _ 을지문덕 장군의 살수대첩   60
티끌 모아 태산 _ 금광지에서 물장사로 부자된 청년   63
무엇이든 내 것으로 만들어라 _ 미국에서 가져온 소형 계산기   65
뜨거운 감자라면 식혀라 _ 닛산과 도요타의 'SC전쟁'   69

제5계 진화타겁(趁火打劫)
경쟁자의 위기를 놓치지 마라 _ 대통령을 굴복시킨 모건   72
불길이 없으면 불씨를 만들어라 _ 대기업의 독과점을 막아낸 중소기업   75
위기의 주변을 읽어라 _ 호텔을 술집으로 바꿔 성공한 청년   78

제6계 성동격서(聲東擊西)
로켓에 광고를 하겠소 _ 미항공우주국에 광고 제안한 회사   82
후지산을 노랗게 만들겠다?_ 일본 S&B 카레 회사의 광고   85
이쪽? 아니면 저쪽? _ 화교 상인들의 분산투자   88

제2장
적전지계(敵戰之計) 아군과 적군의 힘이 비슷할 때 기묘한 계략으로 승리로 이끄는 전략

제7계 무중생유(無中生有)
다이애나 왕비를 닮은 여자를 찾아라 _ 보석 상인의 마지막 승부수   94
제품의 백그라운드를 만들어라 _ 미용용품 회사의 전설 만들기   97
제3자의 PR은 곧 나의 성공이다 _ 어느 의원(醫員)의 PR   100

제8계 암도진창(暗渡陳倉)

지식을 가르치며 물건을 판다 _ 음악학원을 세운 야마하   104
기병(奇兵)을 내어 적을 제압하라 _ 한큐전철의 승객 늘리기 작전   107
철저하게 시선을 돌려놔라 _ 노르망디상륙작전   109
'진창(陳倉)'을 잘 넘으려면 '잔도(暗渡)'를 잘 닦아라 _ 키신저의 중국 방문   111

제9계 격안관화(隔岸觀火)

기다려라, 그리고 주시하라 _ 후지와 캐논의 출혈 경쟁   114
불길의 중심에 기회가 있다 _ 협찬사 지정으로 돈을 번 위버로스   116
내 집의 불씨를 살펴라 _ 청바지 왕국의 쇠퇴   118
전쟁터에서 벌어들인 달러 _ 걸프전에 물품지원한 1,127개 회사   120

제10계 소리장도(笑裏藏刀)

한 번 한 약속은 끝까지 지킨다 _ 유효기간 하나로 빵 재벌된 주부   124
황제를 위하여? _ 리필 성명으로 신용 얻은 케이크 회사   126
올림픽 금메달과 원가 상환 _ 올림픽을 이용한 소점포   129

제11계 이대도강(李代桃僵)

작은 것은 버리고 큰 것을 남겨라 _ 대형백화점에 맞선 소형백화점   134
옷을 바꿔 입으세요 _ 양아버지의 은혜를 보답한 한옥영   136
나보다 잘난 사람에게 자리를 넘겨라 _ 크라이슬러의 재기전   139

제12계 순수견양(順手牽羊)

굴러 들어온 복은 절대 놓치지 마라 _ 세계 금융계 풍운아의 자서전   144
떡본 김에 절한다 _ 정화(鄭和)의 서양 정복기   146
잡은 양은 살을 찌워라 _ 주유소 옆의 매점   148

제3장
공전지계(攻戰之計)
자신을 알고 적을 안 다음 계책을 모의하여 적을 공격하는 전략

제13계 타초경사(打草驚蛇)
사자의 머리처럼 보여라 _ 가짜 부호 행세로 농장 사들인 커디 154
가짜 정보를 흘려 취한다 _ 사마희의 달변 158

제14계 차시환혼(借尸還魂)
회생불능이란 없다 _ 파산 기업만 사들이는 마법사 162
남의 유명세를 빌려라 _ 타이틀 하나로 유명해진 보석 도제공 166
아이디어를 담보로 하라 _ 세계 선박왕 로비로 168

제15계 조호리산(調虎離山)
적이 강할 때는 세력권 밖으로 유인하라 _ 막강한 항로 특허를 뺏은 윌커 172
경쟁사의 참모를 제거하라 _ 독과점 횡포를 막은 건축회사 175
지금 새 차로 바꾼다면 너무 아깝습니다 _ 고객의 심리를 읽은 자동차 판매왕 177

제16계 욕금고종(慾擒故縱)
우호적인 분위기를 만들어라 _ 작은 이벤트로 고객 유치한 보험회사 180
유명인들에게 공짜 담배를 줘라 _ 담배 무상공급으로 매출 2위된 담배 회사 183

제17계 포전인옥(拋磚引玉)
천천히 유혹하라 _ 진품을 위해 가짜 미술품을 사들인 전형필 선생 186
상대가 노리는 것을 때론 내주어라 _ 필름 시장을 석권한 코닥 188
90%까지 세일하라, 단……. _ 90% 세일법으로 매출 늘린 신사복 상점 191

제18계 금적금왕(擒賊擒王)
문을 열려면 열쇠구멍부터 찾아라 _ 마쓰시타 회사의 미국 공략기　194
'저 자를 두면 뒷날 큰 이득을 보겠구나' _ 진시황을 등극시킨 여불위　197
천자(天子)를 끼고 제후를 호령하라 _ UN을 포섭한 스위스 국민　199

제4장
혼전지계(混戰之計) 적이 혼란한 와중을 틈타 승기를 잡는 전략

제19계 부저추신(釜底抽薪)
상대의 명줄을 잡아라 _ 원료 하나로 대기업 굴복시킨 햄　204
80명의 가희(佳姬)들이 공자를 쫓아내다 _ 노나라를 떠난 공자　207

제20계 혼수모어(混水摸魚)
질투는 판단을 흐리게 한다 _ 거란의 난 평정한 장수규　210
적으로 변장하여 적진으로 _ 제4차 중동대전에서의 이스라엘　212
배짱 하나로 대기업되다 _ 6대 건설회사 겐조　214

제21계 금선탈각(金蟬脫殼)
명성만이라도 빌려라 _ 산 사마중달을 물리친 죽은 제갈공명　218
껍질은 많을수록 좋다 _ 금융계 거두의 사지(死地) 탈출　220
옷을 바꿔 입어라 _ 초한 전쟁 유방의 탈출　222

제22계 관문착적(關門捉賊)
상대의 5배면 공격하고 10배면 포위하라 _ 주코프 장군의 섬멸전(殲滅戰)　226

상황을 먼저 제압하라 _ 새 자동차로 시장 선점한 포드 사   229
곤경에 처한 상대의 심리를 파악하라 _ 대통령 선거전   231

제23계 원교근공(遠交近攻)
일본이 적이 아니다? _ 미국 GM 회장 스미스   234
우방은 많을수록 좋다 _ 네슬레의 위기 탈출   237
자전거 판매점에서 오토바이를 판다 _ 혼다의 창업 역사   240

제24계 가도벌괵(假道伐虢)
갈 때는 남의 길, 올 때는 나의 길 _ 진나라의 야심가 고남풍 황후   244
'길들이기'를 하라 _ 비날몽드 섬 폭격 작전   246
'지원(支援)' 한다는 명목의 길 _ 리비아와 미국 타이어 회사   248

제5장
병전지계(幷戰之計) 상황의 추이에 따라 적이 될 수 있는 아군을 배반, 이용하는 전략

제25계 투량환주(偸梁還柱)
심장부를 바꿔라 _ 브래지어를 혁신시킨 로젠탈   254
고정관념이 깨지는 다음 상황까지 계산하라 _ 하얀 비누를 처음 선보인 P&G   257
서서히 기둥과 대들보를 들어내라 _ 미쓰이 vs 미쓰비시   259

제26계 지상매괴(指桑罵槐)
화려한 옷이라면 빌려서라도 입어라 _ 상류사회 입성한 트랑부   264
당신이 앉았던 의자에 앉아 있었습니다 _ 흐루시초프의 명답변   268
마음을 먼저 움직이게 하라 _ 국기 게양식을 하는 부동산 회사   270

제27계 가치부전(假痴不癲)

큰 지혜는 마치 어리석이 보인다 _ '경영을 모르는 상점' 이라는 상호(商戶)   274
고객을 가장 똑똑하게 만들어라 _ 바보 가게로 위장한 형제 가게   276
값은 묻지 마세요 _ 1펜스 상점   278
남자들이여, 면도기가 공짜다 _ 질레트의 판매 전략   281

제28계 상옥추제(上屋抽梯)

사다리를 찾아라 _ 항공사와 전력공사   284
결혼 한 번 잘못했다가 _ 히틀러와 브롬베르크   287

제29계 수상개화(樹上開花)

누가 나와 죽기로 싸워 보겠느냐 _ 조조 대군을 물리친 장비   290
대통령 각하, 우리의 마음을 받아주십시오 _ 프랑스 브랜디의 미국시장 공략   293

제30계 반객위주(反客爲主)

어디에 있든 주도권을 가져라 _ 소련의 진짜 주인(?) 햄   296
위기일수록 신속하게 행동하라 _ 코카콜라 중독사건   299
약한 고리를 찾아라 _ 가난한 사람과 탐욕스러운 여인   301

제6장
패전지계(敗戰之計) 최악의 경우, 열세를 우세로 바꾸어 패배를 승리로 이끄는 전략

제31계 미인계(美人計)

여자가 남자를 지배한다 _ 여포, 동탁 그리고 초선   306

담배를 사면 미인을 구한다? _ 담배 회사의 판촉 전술　309

제32계　공성계(空城計)
철저히 비워 의심하게 하라 _ 성 문을 열어놓고 적군을 물리친 제갈공명　312
마음을 먼저 비워라 _ 적자를 벗어난 술집　315
위기를 태연하게 마주보라 _ 대불황을 벗어난 마쓰시타　317

제33계　반간계(反間計)
역이용하라 _ 영국의 이중간첩　322
혜안(慧眼)을 가져라 _ 중동 붐과 현대건설　324

제34계　고육계(苦肉計)
'고육계(苦肉計)'의 극치 _ 합려와 요기　328
미국 자동차 회사의 기밀을 빼내라 _ 일본 자동차 회사의 스파이　331
술병이 아니라 술이다 _ 중국의 마오타이 주(酒)　334

제35계　연환계(連環計)
걸을 때마다 함정 _ 바비 인형의 매출 전략　338
얼기설기 얽혀놔라 _ 조조 군대를 교란시킨 제갈공명　340
강한 상대라면 힘을 모아라 _ 일본 정부와 컴퓨터 산업　343

제36계　주위상(走爲上)
고향을 버려라 _ 전기 스토브 개발자　348
1보 전진을 위한 2보 후퇴 _ 세제 업체의 각축전　351
어느 때 떠나면 좋을까? _ 잘되는 사업만 골라 바꾸는 유문한　353

제1장

아군의 형세가 승리할 조건을
갖추었을 때 적을 압도하는 전략

제1계 만천과해(瞞天過海)
제2계 위위구조(圍魏救趙)
제3계 차도살인(借刀殺人)
제4계 이일대로(以逸待勞)
제5계 진화타겁(趁火打劫)
제6계 성동격서(聲東擊西)

승전지계

제1계

만천과해(瞞天過海)
하늘을 가리고 바다를 건넌다

손바닥으로 하늘을 가릴 수는 없다. 그러나 비밀의 계략을 마음속에 두고 과감한 행동으로 성공을 향해 달려간다면 가능하다. 상대가 생각지도 못한 계략을 흔히 보이는 수단으로 노출시키고, 의구심이 없을 때 행동으로 옮겨라.

瞞 속일 만

天 하늘 천

過 지날 과

海 바다 해

세상을 다 속여라
_ 빌 게이츠와 독과점 금지법

오늘날 나홀로 독불장군식으로는 승자가 될 수 없으며, 더불어 정상에 서는 방법들이 많이 채택되고 있다. 흔히 말하는 윈윈(win-win) 전략이 그것인데, 이는 되도록 많은 사람이 승자가 되자는 다자주의(多者主義)를 뜻한다.

특히 경제가 곧 그 나라의 정치, 문화, 군사 등의 척도가 되고 신식민지 도구라는 말이 나오면서부터 그것의 근간이 되는 시장경쟁은 더욱 중요한 승자의 요건이 되었다.

따라서 우리는 시장경쟁에서 최후 승리를 가져오려면 합리적이고 효과적인 수단으로 기회를 잡을 줄 알아야 한다. 치열한 경쟁 가운데서 그들이 눈치채지 못하게 한다는 것은 쉬운 일이 아니다.

또한 개인이나 자기계발에 있어서도 과거에는 다른 사람의 불행이나 낙오가 그렇게 중요시되지 않았으나, 이제는 다른 사람의 몰락이 곧 나의 몰락이 될 수도 있다.

최근 우리나라의 경제사정 악화로 중산층이 몰락하면서 소비가 극도로 위축되고 상업과 서민이 몰락해가는 현상만 봐도 그러하다. 그래서 여기에 '만천과해(瞞天過海)'라는 것이 필요하다.

'만천과해'는 36계 중에 가장 첫 번째로, 직역을 하면 '하늘을 속여 바다를 건넌다'는 뜻이다. 이는 지도자가 망설일 때 수하들이 어떻게 대처해야 하는가를 말한다. 직장에서나 가정에서 중심이 되는 사람이 위기에 직면했을 때, 그 구성원들이 어떻게 대처해야 하고 어떤 자세를 가져야 하는지에 관한 계략이다.

중국의 당태종이 고구려를 침략하기 위해 원정에 올랐는데 망망대해를 마주하고 보니 두렵기 그지없었다고 한다. 이때 장군 설인귀(薛仁貴)가 꾀를 내어 당태종으로 하여금 화려한 장막에 들게 하여 술을 마시게 하고는 가만히 배를 몰아 바다에 나섰다. 나중에 당태종이 장막에서 나와 보니 배는 이미 바다를 건너가고 없었다.

다시 말해 장수가 임금인 천자를 속여 황해 바다를 건넜다는 얘기다. 일반적으로 지도자를 속이는 것은 돌이킬 수 없는 배반에 해당하지만, 목적이 뚜렷하고 큰일을 하고자 할 때는 망설이는 지도자라도 과감하게 따돌리고 수단과 방법을 총동원해야 한다는 것이다. 그리하여 결국, 지도자도 성공하고 장수도 성공하여 모두가 승리자가 되는 윈윈 전략을 실현하게 되는 것이다.

'만천과해'는 동서고금을 막론하고 군사, 정치, 경제 등 거의 모든 영역에서 많이 응용되고 있으며, 치열한 경쟁에서 신기할 정도로 효험이 있다.

20세기 마지막 최고의 승자라고 할 수 있는 빌 게이츠(Bill Gates)를 모르는 사람은 없을 것이다. 그는 1981년 당시 세계 최대의 컴퓨터 회사인 IBM으로부터 퍼스널 컴퓨터에 사용할 운영체제 프로그램 도스(DOS) 개발을 의뢰받은 것을 계기로 오늘날 컴퓨터 천국의 기틀을 마련하였다. 그 뒤 1995년 윈도우95를 출시함으로써 퍼스널 컴퓨터 운영 체계의 획기적인 전환을 가져왔으며 지금까지 윈도우2004를 발표하였다. 또 그는 〈포브스(Forbes)〉지에 의해 두 번 연속 미국 최고의 갑부에 올랐고 지금도 세계 최대의 자선사업가이자 부호로 알려져 있다.

하지만 그도 한동안 곤경에 빠졌을 때가 있었다. 그때 그는 자신의 곤경을 '만천과해' 로 넘겨 위기를 기회로 바꾸었다.

1997년 하반기, 빌 게이츠는 미국의 '독과점 금지법' 위반 혐의로 기소되었다. 그에게 있어서 독과점 금지법에 의한 기소는 인생 최대의 시련이었고, 마이크로소프트 사도 풍전등화나 다름없는 곤경에 빠지게 되었다. 더욱이 이때 개발된 윈도우98의 앞길도 경영자의 실수로 회사의 운명과 함께 사람들의 관심사로 떠올랐다.

하지만 빌 게이츠는 즉시 은밀한 반격을 준비하기 시작했다. 즉, 세상을 다 속이는 한이 있어도 위기를 극복하고 말겠다는 의지가 있었다. 그는 자신의 몰락이 곧 세계 컴퓨터 시장의 몰락을 가져오고 역사를 후퇴시킨다고 믿었기 때문이었다. 그는 즉시 언론의 힘을 이용하여 적극적으로 자신의 주장을 펼쳤다.

"나는 정부가 컴퓨터 소프트웨어 설계에 참여하는 것을 원하지 않는다고 생각한다. 특히 그들이 소비자들로 하여금 새로운 기술을 이용하시 못하도록 할 때 너욱 그렇다."

그는 비록 자신이 독과점 금지법을 어겨 위기에 몰렸으나 창 끝을 정부에게로 겨눈 채 비난을 퍼부었다. 그것은 바로 지도자를 속이고 자신의 목적을 달성하기 위한 빌 게이츠의 전략이었다. 그러자 당시 미국 대통령 클린턴은 마이크로소프트 사의 몰락은 곧 미국 경제의 몰락으로 이어질지 모른다는 생각에서, 비록 실정법을 어겼지만 그 여파를 감안하여 빌 게이츠의 입지를 높이 인정하기에 이르렀다. 동시에 그의 주장은 소비자와 국민들로부터도 많은 동정을 받았다.

또한 1999년 6월 26일, 미국 법정이 사법부의 기소를 기각함으로써 빌 게이츠는 재기에 성공했는데, 이 소식이 전해진 이튿날 미국 월가에서 마이크로소프트 사의 주식은 즉각 5.2%나 상승하여 상한가를 기록했다. 이처럼 빌 게이츠는 독과점 금지법이라는 바다를 건너기 위해서는 수단과 방법을 가리지 않았고 승자가 되기 위해 자기에게 향한 창 끝을 지도자와 정부로 돌리는 것도 마다하지 않았다.

세계 갑부든 구멍가게 주인이든 모두 마찬가지다. 자신의 목표를 향해서는 모든 수단을 가리지 않고, 이용할 수 있는 모든 힘을 빌어 나간다면 어느새 자신이 목적했던 곳에 와 있음을 알게 될 것이다.

잘나가는 브랜드를 베껴라
_ 대만 위룽자동차의 재기전

브랜드는 기업의 생명이다. 브랜드는 특정한 기업의 제품이나 서비스를 식별하는 데 사용되는 명칭이나 기호, 디자인 등을 말한다. 브랜드를 가지고 이익을 내거나 광고 선전 등에 의해 널리 알림으로써 경쟁자의 동일 제품과 차별화하고 유리한 고지를 점령하는 것을 '브랜드 전략'이라고 한다. 브랜드 하나로 기업이 죽고 사는 것을 우리는 이미 알고 있다.

그렇다면 36계를 이용한 브랜드 전략은 어떤 것이 있을까? 이것도 역시 성공을 위한 중요한 요소이다. 요즘 우리나라는 극도의 경제공황에 빠져 있다.

뿐만 아니라 기업들은 얼어붙은 경제시장에서 살아남기 위해 소위 제살 깎아먹기 식의 강도 높은 구조조정을 하고 있으며, 많은 실업자들이 새로운 일자리를 찾아 거리를 헤매고 있다. 그러다 보니 자연 동네 골목을 비롯하여 전국적으로 사람들이 몰리는 곳이 바로 창업에 관한 정보를 제공해 주는 곳이다.

창업은 곧 브랜드를 만드는 것이라 해도 과언이 아니다. 하루에도 수많은 기업들과 상점들이 새로 생겨나는데 경험이나 지식의 부족으로 실패하기도 한다. 더욱이 치밀한 전략이 없고 내 브랜드를 심지 못했을 때는 실패 확률이 더 높을 수밖에 없다.

지금도 몇몇 벤처기업은 대기업과 어깨를 나란히 하며 성장을 하고 있는 것도 따지고 보면 브랜드 알리기에 성공을 한 덕분이다. 그 여세를 몰아 소비자가 원하는 질 좋은 상품을 만들어내고 있는 것이다. 따라서 36계는 이럴 때일수록 배를 빌어 성공의 바다로 나가라고 한다. 즉, '만천과해(瞞天過海)'로 잘나가는 다른 기업의 브랜드를 이용하라는 것이다.

그렇다고 다른 기업의 브랜드를 도용하는 것은 불법이므로 취할 바가 못 된다. 또 불법이 아니더라도 소비자의 눈을 영원히 속이지는 못할 것이다. 따라서 다른 기업의 브랜드를 이용하라는 것은 그 브랜드를 잘 연구하는 것이 가장 큰 관건이다.

요즘 시장에서 어느 브랜드가 잘나간다는 것은 누구나 알고 있을 것이다. 이럴 때 당신은 즉시 그 브랜드의 단점을 찾아내고 그 단점을 보완하는 데 모든 힘을 기울여야 한다. 그리고 다시 자신에게 속한 새로운 브랜드를 만들어내는 것이 진정한 '만천과해'다.

위룽자동차의 창업자는 옌칭링(嚴慶齡)이다. 옌칭링은 나이 오십이 넘어 현재 그룹회장인 옌카이타이(嚴凱泰)를 얻었다. 어머니 우(吳) 여사는 남편의 뒤를 이어 1989년까지 위룽자동차를 이끌어왔다.

옌카이타이

그녀는 대만에서 한창 호황을 누리고 있는 닛산(日産)자동차의 새 차종을 면밀히 주시했다.

닛산자동차

닛산자동차는 1933년에 자동차 제조주식회사를 설립하고 이듬해 닛산중공업으로 회사 이름을 개칭했다. 그러다 1949년에 닛산자동차주식회사로 다시 이름을 바꾸었다. 이어 1966년에 프린스자동차공업주식회사를 합병하고 일본 최초의 대량생산 방식에 의한 다트산(Datsun) 제조에 착수했다. 닛산은 오늘날 일본 자동차 산업의 양대산맥이라고 할 수 있는 도요타(豊田) 자동차와 쌍벽을 이루고 있으며, 자동차 외에도 우주항공 부문 등에 진출하고 있다.

그녀는 이러한 닛산이 대만에서 인기가 있다는 것은 곧 브랜드가 널리 알려져 있다는 것이요, 또한 그 브랜드에 걸맞는 우수한 제품을 생산하고 있다고 생각했다.

옌칭링은 1979년에 유학을 떠나 1990년에 돌아온 외아들 옌카이타이에게 그룹의 경영권을 물려준 뒤, 쓰러져가는 위룽자동차의 명성을 되찾기 위해 피나는 노력을 하였다. 아들은 어머니와 함께 모든 인력을 투입하여 닛산자동차의 장·단점을 연구했다.

닛산자동차가 갖고 있는 견고성이라든가 연비 등의 장점은 더 발전시키고, 단점은 잘 보완하여 드디어 위룽자동차에서 닛산을 따라잡을 수 있는 자동차를 개발해냈다.

1991년 이 회사가 만든 제2대 '위룽' 자동차는 그해 대만 소형자동차 시장에서 판매량 1위를 기록했다. 대만의 자동차시장은 새 번호판을 단 차가 34만7천여 대로 전년에 비해 20% 이상 축소되기는 했지만 그래도 업계가 예측했던 것보다는 나은 상황이다. 이는 곧 위룽과 같은 기업이 있었기 때문이며, 그 브랜드가 자신의 값을 톡톡히 해냈기 때문이다.

특히 위룽은 일본의 축소지향형인 경향이 소형자동차를 특히 잘 만든다는 점을 깊이 인식하고 있었으며, 다른 사람의 브랜드를 이용하여 자신의 브랜드를 만들어내는 데 성공한 것이 큰 힘이 되었다. 옌칭링은 2002년에 대만의 〈텐샤(天下)〉지가 실시한 '훌륭한 기업인 10인'에 선정되기도 했다.

세기적 이벤트를 마련하라
_ 길현 정부의 재정난 극복

마이크 타이슨

흔히 재주는 곰이 넘고 돈은 사람이 챙긴다는 말이 있다. 이는 수고하여 일한 사람은 따로 있고, 그 일에 대한 보수는 다른 사람이 챙긴다는 말이다.

미국의 유명 복서 중에 아마 마이크 타이슨(Mike Tyson)을 모르는 사람은 없을 것이다. 흔히 핵주먹이라는 별명을 들으며 천하무적을 자랑하였지만 현재 그는 알거지이다.

타이슨은 권투시합과 그 밖에 수입으로 약 3억 달러를 벌어들였으나, 1천7백만 달러 이상의 세금 체납을 비롯하여 모두 2천7백만 달러의 빚을 지고 있는 것으로 알려져 있다. 그가 이렇게 된 데는 낭비벽과 이혼 등이 그 이유가 될 수 있겠다.

결국 그를 이용해 돈을 챙긴 사람은 바로 뒤에서 복싱 게임을 열고 도박을 한 이벤트 회사이다. 왜냐하면 타이슨이 링 위에서 재주를 넘는 동안에 그들은 타이슨이 받는 로열티의 수십 배를 챙겼으며, 지금도 여전히 건재하기 때문이다.

타이슨은 한때 21세기 최고의 스포츠 재벌 중의 한 명이었다. 타이거 우즈, 자동차 경주 스타 미하엘 슈마허, 마이클 조던 등에 이어 랭킹 6위를 차지했었다. 그러나 이제까지 그가 했던 세기의 대결이나 모험은 결국 사막의 신기루나 다름없었음이 증명되었다.

1999년 6월 20일, 홍콩의 비인(飛人) 가수량(柯受良)에 이어 중국 산시성(山西省)의 길현(吉縣)에 사는 농민 주조휘(朱朝輝)도 오토바이를 타고 황하를 넘는 이벤트가 연출되었다. 한때 '세기말의 모험'으로 지목되고 매스컴을 통해 널리 알려졌다. 이 이벤트에서 과연 누가 돈을 제일 많이 벌었을까?

모험의 주인공인 주조휘일까? 아니면 생방송 중계권을 가진 베이징 TV일까? 이 모험에서 제일 돈을 많이 번 쪽은 다름아닌 산시성 길현 정부였다.

그해 6월 20일을 전후해서 길현에서는 주조휘의 이벤트로 인해 1,000여 만 위안의 관광수입을 올렸다. 그 외 입장권 수입이 40여 만 위안, 또 주조휘가 탄 오토바이를 경매한 수입이 100만 위안에 달했다.

이런 직접적인 수익 외에도 길현에서는 두 개의 해외 투자를 유치하여 총 수익 5,500만 위안을 벌어들였다. 여기서 한 가지 중요한 점은 1998년 당시 길현의 재정수입은 단 700만 위안밖에 되지 않았다는 점이다.

길현 정부가 노린 것은 오토바이 하나로 황하를 넘는 데에 있지 않았다. 그것은 단지 수단일 뿐, 진정한 목적은 정부의 수입을 높이는 데 있었다. 이 역시 '만천과해(瞞天過海)'의 절묘한 활용이 아닐까?

가수량의 '비월황하(飛越黃河)' 대모험

기회가 올 때까지 알리지 마라
_ 6년 만에 주인의 가게를 인수한 종업원

    요즘 우리 사회는 불법정치 자금으로 국민들이 심란한 세상을 보내고 있다. 여야 할 것 없이 기업으로부터 부정한 돈을 받았으면서도 서로 더 많이 먹었다며 싸우는 것이다. 이는 상대의 눈을 가려서 위기를 모면해 보려는 고도의 정치적인 계산이 더 짙게 깔려 있다. 여기서 상대란 국민과 상대편 당을 말하는 것이다.

    정치를 하는 사람들은 국민의 눈이 흐려지기만 바라는 것 같다. 그래야만 자신들의 잘못이나 과오를 두리뭉실 넘기고, 다가오는 선거에 나설 수 있기 때문이다. 이처럼 누구도 모르게 일을 추진하려면 상대의 눈을 가려놓는 수밖에 없다.

    그래서 언론이나 국민들은 고양이에게 생선을 맡기는 것과 같다고 하는데, 그럼에도 불구하고 이런 방식이 한 개인의 삶에 있어서도 필요악이라는 것이다. 물론 상대의 눈을 흐리게 하는 물타기 정치는 마땅히 국민의 심판을 받아야 하지만 국민들은 또 그러한 사람들을 선택하는 경우가 많다. 그것은 치밀한 정치적 계산을 한 정치인들의 물귀신 작전에 국민이 다시 속아넘어갔기 때문이다.

미국에 크러그라는 아주 가난한 청년이 있었다. 항상 백만장자가 되려는 꿈은 갖고 있었지만 당시 그에게는 희망사항일 뿐이고, 설사 도전을 한다 해도 하늘의 별따기였다. 그는 고심하던 끝에 우선 안면이 있는 마이크 형제가 운영하는 스낵 가게에서 일을 봐주며 기회를 노리기로 했다.

그러다 사람이 필요하게 된 그 가게에서는 정식으로 크러그를 채용했고, 그는 누구보다 부지런히 일했다. 혼자서 여러 사람이 해야 할 몫의 일을 했지만 싫은 소리 한 번 없이 착실히 일했다. 그리고 그가 내놓은 몇 가지의 아이디어들은 소비자들의 인기를 받게 되면서 스낵가게의 매출을 급상승시키기에 이르렀다. 마이크 형제는 크러그를 입에 침이 마를 정도로 칭찬을 했다.

그런데 시간이 흐름에 따라 크러그의 입지가 점점 커지면서 스낵의 경영관리와 사업방향까지 모두 그가 좌지우지하게 되었다. 마이크 형제는 자신들에게 이익을 가져다주는 크러그가 꼭 필요하다고 보고 자기 나름대로 경영하게 내버려두었다.

그러나 그것은 오산이었다. 크러그는 자신의 힘이 커지자 이제 더는 남의 밑에서 일하고 싶은 생각이 없었다. 그는 마이크 형제에게 이 가게를 인수하겠다고 말하였다. 마이크 형제의 눈이 휘둥그레졌을 때는 이미 형세가 기운 뒤였다.

마이크 형제는 고양이에게 생선을 맡긴 격이 됐고, 크러그는 수단과 방법을 가리지 않고 마이크 형제의 눈을 가린 덕분에 스낵 가게를 손에 넣을 수 있었다.

결국 마이크 형제는 힘든 타협 끝에 스낵가게를 270만 달러에 크러

그에게 넘겼다. 사장이 사원한테 쫓겨나간 꼴이었다. 언론에서는 이 소식을 대서특필했다. 이 때문에 크러그는 더욱 유명해졌고 스낵 가게도 전례가 없을 정도로 호황을 누렸다.

언론에서는 자수성가로 가게를 인수한 크러그의 경영 능력을 침이 마르도록 칭찬을 했다. 그러나 마이크 형제 입장에서는 크러그가 주인을 잡아먹은 부덕한 사람이고, 그야말로 귀신도 모르게 그의 작전에 휘말린 희생양이었다. 크러그는 자기의 목적을 달성하기 위해 마이크의 스낵 가게에서 장장 6년이라는 시간을 노력해 왔었다.

아무도 모르는 사이에 그는 마이크 형제에 대해 많은 연구를 했고, 앞으로의 전망에 대한 형세를 분석하여 일단 기회만 오면 확실하게 행동했다. 자신의 계획을 마음속에 감추어 두었다가 필승의 기회가 왔을 때 일거에 공격해 승리를 거둔 것이다.

'만천과해(瞞天過海)'의 속일 '만(瞞)'자는 사기행위보다는 천 배 백 배로 높은 차원의 지략을 말한다. 그런데 이를 터득하고 실전에 옮기는 과정에서 정치인들은 나쁘게 사용하는가 하면, 크러그처럼 성공한 사람의 지략으로 쓰이기도 한다.

제2계

위위구조(圍魏救趙)
위나라를 포위하여 조나라를 구하다

아군의 곤마가 포위를 당했을 때, 이웃의 적으로 하여금 적군의 곤마를
공격하게 하여 그 틈을 타 아군의 곤마를 구한다. 다른 사람이 당신을 공격할 때
또 다른 적으로 하여금 당신의 적을 공격하게 하여 위기에서 벗어나야 한다.

圍 둘레 위

魏 나라 위

救 건질 구

趙 나라 조

홈경기가 불리하면 원정경기도 불사하라
_ 중국 화학공업계의 대부 범욱동

36계의 두 번째 단계인 '위위구조(圍魏救趙)'는 중국 전국시대의 저명한 군사전문가인 손빈(孫臏)의 고사에서 비롯되었다. '36계'와 더불어 중국 최고의 병서로 꼽히는 '손자병법'의 유래에서 찾을 수 있다.

오늘날 우리가 흔히 《손자병법(孫子兵法)》이라 부르는 책의 본래 제목이 《손자(孫子)》이다. 모두 13편으로 이뤄진 이 책은 춘추시대에 이른바 '춘추 오패'의 하나로 꼽히는 오나라 왕 합려의 참모를 지낸 손무(孫武)의 저서다.

이 책의 지은이에 대해서는 오랫동안 논란이 있어 왔다. 중국 춘추전국시대에 손자란 인물이 등장하기 때문이다. 하나는 지금 소개한 춘추말기 오나라의 손무이고, 다른 하나는 전국시대 제나라에서 활동한 손빈(孫臏)이란 인물이다.

오늘날 전해지는 《손자》라는 책이 너무도 완전하고 치밀한 사고를 담고 있기 때문에, 예로부터 많은 사람들은 춘추시대의 손무가 직접 저술한 게 아니라 그의 후손이기도 한 전국시대의 손빈이 지었을 것이라는 억측을 내놓아왔다.

사마천의 열전에 따르면 손빈은 젊어서 방연(龐涓)이란 인물과 함께 병법을 공부했다. 뒤에 방연은 위나라 혜왕의 장수가 되었다. 그는 손빈의 재능이 자신보다 뛰어나다는 것을 잘 알고 있었기 때문에 그를 위나라로 초빙한 뒤 혜왕에게 고자질하여 두 다리를 자르는 '빈형(臏刑)'을 당하게 하였다.

또한 그의 죄명을 이마에 먹으로 새겨 넣었다. 손빈의 이름 '빈(臏)'은 빈형을 당한 데서 유래했다. 감금당해 있던 손빈은 제나라 사신의 도움으로 제나라로 탈출한 뒤 제나라 전기(田忌) 장군의 문객이 된다. 그가 지략을 짜내어 전기로 하여금 귀족들의 말달리기 경주에서 우승하도록 도운 일화는 매우 유명하다.

전기의 천거로 제위왕의 군사(軍師)가 된 손빈은 방연이 참모로 있는 위나라와 두 차례 전투를 벌인다. 방연은 두 번째 전투인 마릉싸움에서 손빈의 위장도주 전술에 말려들어 크게 패한 뒤 스스로 목숨을 끊었다.

그런데 이보다 앞서 BC 353년 중국의 위나라가 조나라를 공격하자 조왕은 제나라에 구원을 요청했다. 이에 제나라 왕은 전기 장군을 파병하기로 결정했다. 전기 장군이 왕명을 받들어 위나라를 치기 위해 출병하려 할 때 그의 참모인 손빈이 나서며 이렇게 말했다.

"지금 위나라는 정예 군대가 조나라를 공격하고 있기 때문에 오히려 위나라 수도는 방비가 허술할 것입니다. 그러니 우리가 위나라 정예군에 맞설 것이 아니라, 오히려 방비가 허술한 위나라의 수도를 공략하는 것이 더 현명할 것입니다."

전기 장군은 손빈의 말을 받아들여 위나라의 수도를 공격했다. 그러자 조나라를 공격하던 위나라 장수 방연은 소스라치게 놀랐다. 그는 급히 서둘러 군사를 돌렸고 조나라는 위험에서 벗어났다. 하지만 전기 장군은 여기서 그치지 않고 매복하고 있다가 급하게 회군해 오는 위나라의 장수 방연과 병력을 쳐서 승리를 거두었다.

'위위구조'의 키포인트는 무턱대고 공격하는 것이 아니라 상대의 치명적인 부위를 공격하는 것이다. 또 상대방이 강화해 놓은 힘의 집결지를 직접 공격하지 않고, 상대적으로 약한 후방을 쳐서 무력화시키는 전술을 말한다. '계란으로 바위치기'라는 말이 있듯이, 상대가 강할 때는 정면으로 대들지 말고 상대의 허점을 잘 파악하여 그곳을 공격하면 승리한다는 말이다.

20세기 초반, 영국 후네먼 회사는 중국의 소다시장을 독점하고 있었다. 당시 중국의 화학공업은 유년기에 있었다. 이때 '중국 화학공업의 아버지'로 불리는 범욱동(范旭東)이 중국에서 제일 처음으로 소다 제조 기업인 '영리소다제조공사'를 세웠다. 영국에 도전장을 내민 것이었다.

그리고 1926년, 8년의 세월 끝에 범욱동은 영국의 기술봉쇄를 물리치고 독자적으로 '홍삼각(弘三角)' 소다를 만들어 중국시장에 내놓아 크게 성공했다. 동시에 영국의 독점지위는 여지없이 무너졌고, 그들은 범욱동의 성공을 가만히 보고만 있지 않았다. 후네먼 회사는 즉시 대량의 소다를 원가보다 40%나 싼 가격으로 중국시장에 쏟아부었다. 자신들의 힘만 믿고 가격전으로 범욱동을 제압하려는 것이었다.

범욱동도 가만히 앉아 죽기만을 기다릴 수는 없었다. 그는 문득 36계의 한 계략을 머리에 떠올렸다. 즉 '위위구조', 상대의 치명적인 부위를 공격하라.

　범욱동은 즉시 행동을 개시했다. 그는 질 좋은 홍삼각 소다를 일본에 가져다 팔았다. 후네먼 회사와 똑같은 수법으로 낮은 가격으로 일본 시장을 공략한 것이다. 그러자 일본의 소다 가격은 하루아침에 폭락했다.

　후네먼 회사에 있어 일본은 위나라의 수도였다. 일본에서의 소다 판매량은 중국보다도 많았기 때문에, 후네먼 회사로서는 일본 시장을 잃으면 아시아 시장 전체를 잃는 것과 마찬가지였다. 후네먼 회사는 엄청난 손실을 보았다. 사실 범욱동이 일본에 쏟아 부은 소다는 시장 규모에 비해 그렇게 많은 양은 아니었다. 범욱동이 입은 손실은 후네먼 회사에 비하면 그다지 크지 않았지만 그 여파는 엄청나게 컸다.

　물러설 길이 없었던 후네먼 회사는 범욱동에게 정전을 요구하였으며, 이어 타협이 시작되었다. 범욱동은 일정한 지분을 요구했다. 그의 첫째 조건은 자신의 회사가 중국에서 55%의 시장점유율을 가지며 후네먼 회사는 45% 이상을 초과하지 못한다는 것이었다. 또한 후네먼 회사가 중국시장에서 소다 가격을 올릴 때에는 반드시 범욱동의 동의를 거치도록 했다.

　이처럼 범욱동은 상대가 부득불 구하지 않으면 안 되는 상황을 만들어 결국 후네먼 회사를 굴복시킬 수 있었다. 누구나 범욱동처럼 '위위구조(圍魏救趙)' 전략을 잘 사용하면 상대보다 뛰어난 감각과 판단력을 가지고 적의 치명적인 부위를 공격할 수 있고 상대를 무너뜨릴 수 있다. 그렇다면 당신도 상대의 치명적인 부위를 노려보라. 그리고 있는 힘을 다해 쳐라. 그러면 승리의 기쁨을 맛볼 수 있을 것이다.

적의 미개척 시장을 쳐라
_보잉을 누른 에어버스

에어버스

손빈이 위나라를 쳐서 조나라를 구한 것이나 범욱동이 영국 회사를 굴복시킨 것이나 모두 상대의 치명적인 부위를 노린 데 있다. 치명적인 부위를 공격할 때 상대는 부득불 방어를 하지 않을 수 없다.

위나라 서울은 위나라 군사가 막지 않으면 안 될 곳이고, 후네먼 회사에 있어 잃어서는 안 될 중요한 시장이었다. 적이 필사적으로 방어를 하지 않으면 안 될 곳을 노려야 한다. 적을 움직이게 해야만 적의 힘을 소모시키며 적을 통제할 수 있다. 이 역시 '위위구조(圍魏救趙)'의 키포인트 중의 하나이다.

지난 1990년대 에어버스(Airbus)는 유럽에서 궐기를 했다. 알다시피 에어버스는 국내선이나 근거리 국제선을 위한 중단거리용 대형 수송기를 말한다. 또 에어버스는 본래 수송 형태를 의미했으나, 현재는 우리가 사용하는 대부분의 비행기 그 자체를 가리키는 경우가 많다.

기종으로는 영국·프랑스·독일 3개국이 공동으로 개발한 A-300이나 미국 록히드 사(社)의 L-1011 시리즈, 맥도널드글러스 사의 DC-10 시리즈 등이 대표적이다. 좌석수 250~300석, 시속 940km, 항속거리 3,000km인 쌍발 이상의 제트기로 제조되어 있다. 에어버스가 지향하는 것은 교통량이 많은 도시 사이를 빠르고도 값싼 운임으로 비행하는 대량수송이다.

당시 미국 보잉(Boeing) 사는 이미 강대한 실력으로 당시 전세계 90%의 비행기 시장을 점령, 유럽이나 아메리카 대륙에서는 당할 자가 없었고 사실상의 독점을 이루고 있었다.

에어버스는 밀도 높은 시장조사를 했다. 그러자 아시아주가 상대적으로 보잉 회사의 약한 고리라는 결론이 나왔다. 사실 보잉 회사로서는 아시아주에 많은 관심을 갖고, 큰 발전을 예상하고 있는 곳이기도 했다. 말하자면 보잉의 '위나라 서울'이 바로 아시아였던 것이다.

이에 에어버스는 아시아 비행기 시장에 전면적인 공격을 펼치기 시작했다. 1993년 한 해만도 에어버스는 대만 항공사, 싱가포르 항공사 등 아시아의 2대 유명 항공사와 계약을 체결해 83억 달러를 벌어들였다. 그후 에어버스는 중국시장에도 진출하여 유럽 에어버스 중국회사를 설립하였으며 아시아 비행기 시장에 뿌리를 내려 교두보를 마련했다.

에어버스의 아시아 진입은 보잉을 당황하게 만들었다. 보잉을 아시아의 거대한 비행기 시장에 눈독을 들인 지 오래됐지만, 여러 가지 사정으로 인해 전면적인 개척을 하지 못하고 있었다. 바로 이때 에어버스가 들이닥친 것이었다.

보잉은 가만히 앉아 당할 수만은 없었다. 보잉은 즉시 방어에 나섰다. 하지만 이미 발을 늦게 뗀지라 주위를 제대로 볼 수가 없었다. 에어버스가 주도권을 잡은 게임에서 보잉은 코 꿴 송아지마냥

보잉

에어버스의 꽁무니만 따라다녀야 했다.

반면에 에어버스는 아시아에서 성공한 그 여파에 힘입어 10년도 안 되는 사이에 전세계 55%의 항공 시장을 점유, 보잉과 동일한 스타트 라인에 서게 되었다. 보잉은 부득불 인원감축과 신제품 개발에 힘을 쏟았다. 에어버스도 보잉의 신제품과 어깨를 겨룰 수 있는 새로운 여객기를 만들어냈다.

에어버스는 보잉에게 숨 돌릴 틈을 주지 않았다. 에어버스는 끝내 보잉의 자리를 빼앗았다. 에어버스의 '위위구조(圍魏救趙)'가 완벽한 승리를 거둔 것이다. 이처럼 적의 치명적인 부위를 노리고 필시 방어할 곳을 공격하면, 그것이 바로 '위위구조'이고 적을 확실하게 제압할 수 있다.

최고급 상품을 팔려면 여자들의 시선부터 낚아라
_ 최고급 공예품점의 필살기

옷가게나 물건을 저렴하게 파는 할인매장에 있는 사람들의 얘기를 들어보면 장사는 여자를 상대로 해야 한다고 말한다. 옷도 여자 옷이 고가(高價)이면서도 더 잘나가고, 할인매장도 주부들이 많이 찾는 야채 코너나 화장품 가게 등이 장사가 잘된다고 한다.

이런 현상은 장사를 해본 사람은 거의 누구나가 경험했을 것이다. 이는 여자를 상대로 해야 돈을 벌기가 쉽다는 말이다. 이유는 여자는 남자들보다는 소비에 열중하는 경향이 많고 먹고 입는 데 많은 돈을 쓴다. 더구나 여자가 남자와 동행했을 때는 더욱 돈을 벌기가 쉽다. 여자 앞에서 남자는 항상 통이 커지니 말이다. 더구나 어린애만 있으면 여자의 씀씀이는 더 후해진다. 자기는 돈이 아까워 물건을 사지 못하면서도 자식을 위해서라면 마지막 한 푼이라도 쓸 수 있는 게 여자다.

그래서 상술에 뛰어난 상인들이라면 늘 초점을 여자의 지갑에 맞춘다. 일단 여자의 지갑을 손에 넣으면 그것은 곧 남자의 지갑과 어린아이들의 호주머니에 손을 넣은 거나 마찬가지다. 다시 말해, 여자에게서 돈을 벌어들였다는 것은 그 여인의 집의 돈을 모두 가져오는 것이라 볼 수 있다.

아무리 구두쇠 집안이라고 해도 그 집에서 제일 돈을 많이 쓰는 사람은 바로 그 집의 여주인이다. 그러니까 여자는 바로 그 집의 '워나라 서울'이고, 동시에 가장 공략하기 쉬운 곳이다.

이런 장사의 비결은 일찍이 상업에 관해서는 천재적인 민족 유대인이 먼저 발견하였다. 탈무드에도 언급이 되어 있듯이, 유대인들은 여자를 상대로 한 상품을 제1의 상품이라고 했다.

여자가 물건을 구매하는 데는 특별한 심리가 있다. 여자의 구매심리를 연구하여 그것을 자기 사업에서 실천한다면 사업은 성공의 첫 발을 뗀 것이나 다름없다. 우리나라 서울의 대학로나 강남의 로데오거리, 명동의 밀리오레, 신촌의 대학가 모두가 여자들이 만들어낸 상업구역이라고 해도 과언이 아니다.

홍콩 번화가에는 따로 '여자거리'라는 상업구역이 있다. 이곳은 거의 24시간 여자의 물결이다. 외국에서 온 여성들도 소문을 듣고 이 거리를 한 번쯤은 찾는다. 그리고 이 거리의 가게 주인들이 노리는 것 역시 여자 손님이다. 그들은 갖은 방법을 다 동원하여 여자 손님들에게 만족을 주고 상업적으로 안정된 성공을 거두고 있다.

그런데 이 여자 거리에 임씨 성을 가진 여성이 경영하는 공예품 상점이 있었다. 그녀는 상당한 미인이었는데 늘 옷차림새는 수수했다. 그녀가 경영하는 상점의 물건들은 모두 최고급이지만 상점 구조가 새롭지 못해 그다지 여자들의 눈길을 끌지 못하고 있었다. 남들은 못생긴 얼굴을 가지고도 돈을

홍콩의 번화가

잘 버는데 나는 왜 이럴까? 고민에 쌓인 임씨는 어느 날 과감한 변신을 하기로 하고, 여인의 구매심리를 자극할 수 있도록 상점의 물건을 새롭게 진열했다. 그리고 상점 내부의 인테리어도 품위가 돋보이게 다시 꾸몄다.

그 다음 그녀는 상대의 호감을 사려면 먼저 자신부터 변해야 한다고 생각하고, 계절에 맞춰 제일 유행하는 패션에 제일 튀는 화장을 하고 나섰다. 그리고는 오토바이를 타고 하루에 몇 번씩 거리를 돌았다. 거리에 나선 그녀는 모든 사람들의 눈길을 한몸에 받았다. 사람들은 그녀가 어디로 가는지 눈여겨보게 되었고, 그 눈길은 다시 그녀의 상점으로 돌려졌다.

얼마 지나지 않아 그녀의 공예품 상점은 손님들로 북적거리기 시작했다. 어떤 여자들은 그녀의 옷차림과 얼굴 모습을 보기 위해서라도 상점을 찾아왔다. 가게 안의 최고급품 공예품들은 찾아오는 여자 손님들의 시선을 자극했고 자연 매출은 급신장했다.

이처럼 장사로 큰돈을 버는 제일 좋은 방법은 여자의 지갑을 훔치는 것이다. 여자의 지갑은 '위위구조(圍魏救趙)'에서의 위나라 서울과 같은 곳이기 때문이다. 그렇다면 당신도 지금 당장 여자들의 구매심리를 연구하고 그에 맞게 전략을 짜는 것이 좋을 것이다. 그것이 바로 성공의 첫 열쇠이니까 말이다.

제3계

차도살인(借刀殺人)
남의 칼로 사람을 해친다

목적 달성을 위하여 내 칼에 피를 묻히지 않을 수는 없을까? 내 영역을 보호하기 위해 교묘하게 적의 모순을 이용해보라. 그리고 여러 가지 계략으로 우방을 끌어들이고 적을 공격하면 성공은 필연적이다.

借 빌 차

刀 칼 도

殺 죽일 살

人 사람 인

상대편의 라이벌을 찾아라
_ 진나라를 살린 공자

공자

혼자서 모든 일을 처리하려고 하는 사람을 우리는 '독불장군'이라고 한다. 그런데 가만히 생각해 보면 이 세상에 어떤 것도 혼자서는 살아갈 수가 없다. 풀도 비를 맞고 수분을 흡수해야 생장을 하고, 인간도 태어나면서부터 어머니의 보살핌을 받는 것부터 죽을 때까지 남의 힘과 도움을 받아가면서 사는 것이다. 따라서 독불장군이라는 말은 어쩌면 애초부터 인간에게는 필요없는 말인지도 모른다.

36계는 이런 진리를 '차도살인(借刀殺人)'으로 표현하고 있다. 이 말을 직역하면 '칼을 빌어 살인을 하라'는 말이다. 이는 타인의 계략을 이용해 나 대신 다른 사람이 상대를 죽이게 하는 무시무시한 말이다. 두 사람이 무기를 들고 나를 향해 덤벼들 때 살짝 비켜 그들이 부딪히게 한 다음 상대를 다치게 하는 방법이다.

우리는 이런 계략에 희생양이 되는 경우를 흔히 보는데, 당하지 않으려면 무기를 잡을 때 손에 힘이 들어가 너무 꽉 잡지 말고, 손가락으로 느슨하게 잡아 유연성을 가져야 한다.

마찬가지로 우리가 어떤 목적을 달성할 때 혹은 '차도살인'의 계략을 사용할 때 어떤 마음가짐과 행동이 필요한가를 배울 필요가 있다.

중국 춘추시대, 제나라가 노나라를 공격하려 하자 공자(孔子)는 노나라의 안전을 위하여 제자인 자공(子貢)에게 주변의 여러 나라를 순방하면서 국제적인 도움을 청하게 하였다. 스승의 명령을 받은 자공은 먼저 제나라를 찾아가 실권자를 설득하기 시작했다.

"제와 노 양국은 전통적인 우방이며 주공(周公) 이후로 문화적으로 앞선 문화선진국입니다. 지금 노나라가 제나라의 국경을 병풍처럼 감싸고 있으므로 제나라는 다른 나라의 침략을 직접 받지 않고 있습니다. 만약 제나라가 노나라를 멸망시킬 경우 제나라는 진나라나 오나라로부터 직접적인 공격을 받게 됩니다. 노나라의 위협은 곧 제나라의 위기로 이어질 것이니, 이것이 바로 입술이 없으면 이가 시린 이치입니다."

자공은 또 남쪽의 오나라가 잠재적인 적대국이라며 제에게 오나라를 정벌하라고 꼬드겼다. 제나라는 자공의 말을 듣고 오나라 정벌을 약속했다. 그러자 그는 즉시 제나라를 떠나 오나라로 갔다. 자공은 거기서 왕을 만나 또 다른 외교전을 펼쳤다.

"제나라는 노나라를 공격하기 위해 준비중입니다. 만약 노나라가 제나라의 수중에 들어가면 오나라의 변경(邊境)은 제나라와 맞닿을 것입니다. 이렇게 되면 오나라는 항상 제나라의 위험에 처하게 됩니다. 지금 노나라를 돕는 것이 바로 귀국의 안전을 도모하는 것입니다."

오나라도 자공의 말을 듣고 그가 하자는 대로 하겠다고 약속을 했다. 이렇게 되면 오나라와 제나라 양국이 접전하게 되어 있었다. 자공은 마지막 자신의 계략을 펼치기 위해 다시 진나라로 가서 정공에게 말했다.

"이제 곧 제와 오 양국이 노나라를 장악하기 위해 싸울 것이 확실한데 승패에 따라 노나라는 그중 이기는 쪽의 수중에 들어갑니다. 지금 형세로 보아 오가 매우 강력하고 제의 패망은 노의 패망과 연결되어 귀국의 동남방 일대가 모두 오의 수중에 들어가게 됩니다. 이렇게 되면 진나라 역시 항상 오나라의 위협을 받게 될 것입니다."

그의 계략은 정확했다. 애초부터 그는 상대의 힘을 이용해서 진나라를 구하려고 했던 것이다. 얼마 안 가 제나라는 혼란에 빠지게 되고 오나라는 격파당하고 진은 강대해졌으며 노나라 주변국들은 그 국력이 균등해져 모두가 한동안의 평화를 누릴 수 있게 되었다.

이것은 주변 여러 나라의 경쟁과 갈등을 교묘하게 이용하고 남의 힘을 빌어 적을 물리친 경우이다. 남의 힘을 빌어 적을 물리치고 자신을 보존하거나 목적을 달성하는 계책이 바로 '차도살인(借刀殺人)'이다.

고래싸움에 꼭 새우등이 터지는 것은 아니다
_ 기업 매수 도와줘 이익 챙긴 중소기업

이가성

'차도살인(借刀殺人)', 이는 다른 사람의 힘을 빌어 자신의 목적을 달성하라는 계책이라는 것을 우리는 알았다. 무릇 상대하고 부딪쳐서 꼭 이길 자신이 있을지라도 우리 역시 얼마만큼 대가를 지불해야만 한다. 하지만 제3자, 즉 다른 사람의 손을 빌어 상대를 무너뜨린다면 그야말로 일거양득(一擧兩得)이 아닐까?

만일 홍콩을 여행한다면 장강(長江) 하구에 자리잡고 있는 홍콩섬과 함께 구룡반도(九龍半島)를 가게 될 것이다. 이곳은 역사적으로 풍수의 명지(名地)로 알려져 있으며 천혜의 지리적 우세를 갖고 있다. 그래서 고대부터 그곳은 군사·경제적 요충지였으며 18세기 외세가 침입하면서부터는 영국계 재단인 이화재단(怡和財團)이 구룡창(九龍倉)이라는 회사를 설립하고 많은 돈을 벌어들이고 있었다.

그런데 이곳에 이가성(李嘉誠)이라는 사람이 살고 있었다. 그는 플라스틱 공장을 운영하고 있었는데 워낙 영국계 이화재단이 운영하는 구룡창의 압박을 받자 공장 이름을 장강공업회사로 이름을 바꾸었다. 그리고 꾸준히 기업을 성장시켜 회사가 커지자, 그는 욕심을 내 영국계 이화재단이 가지고 있는 구룡창을 인수하려고 작심했다.

그는 거액의 자금을 투자하여 암암리에 구룡창의 주식을 사들였다. 그런데 '선박왕'으로 이름난 글로벌해상운수회사의 포옥강(包玉剛, 일명 Y. K Pao) 총재도 구룡창에 눈독을 들이고 구룡창의 주식을 대거 매입하기 시작했다. 그렇게 되자 구룡창의 주식은 홍콩달러로 10달러에서 40달러로 순식간에 치솟았다.

이에 깜짝 놀란 이가성은 즉시 형세를 다시 분석했다. 단순하게 자신의 야망을 실현시킬 수 있을 것으로 생각했던 이가성은 현재 자신의 형편으로는 이화재단과 겨루기에 너무 힘이 부친다는 것을 깨달았다. 어쩌면 그것은 무모한 짓이었고 또 자칫하면 글로벌에게 자신도 잡혀 먹힐지도 모르는 일이었다. 그래서 그는 무모하게 달려드는 것보다는 포옥강에게 기회를 주어 그와 이화재단이 서로 싸우게 하기로 마음을 먹었다. 말하자면 다른 사람의 힘을 빌어 자신의 목적을 달성하는 36계의 '차도살인'을 사용하기로 했던 것이다.

이가성은 자기가 사들였던 구룡창 주식 1,000여 주 주식을 선심쓰듯 포옥강에게 넘겼다. 이미 10달러에 사들인 주식이 네 배로 오르면서 포옥강은 가만히 앉아서 4,000달러를 벌어들인 셈이었다. 또한 포옥강은 이가성의 계략을 눈치채지 못하고 너무 고마운 마음에 사례로 다른 주식의 일부를 이가성한테 넘겼는데 그는 여기서도 또 얼마간 벌게 되었다.

이제 불꽃 튀는 기업 사냥은 포옥강과 이화재단 사이에서 벌어졌다. 포옥강은 49% 이상의 주식을 점유하기 위해 30여 억 달러의 거금을 투자했고, 이화재단도 이에 맞서 거금을 들여 포옥강의 주식 매입을 필사적으로 막았다. 이제 구룡창의 주식값은 한 주에 90달러에 이르렀다. 그래도 두 회사는 피가 튀는 싸움을 벌여 마지막에는 한 주에 105달러에 이르도록 했다. 포옥강은 끝까지 마지막 주식 사재기에 나서 결국 구룡창을 실질적으로 장악하게 되었다.

비록 피투성이가 됐지만 승리자가 됐다는 것을 자축하기 위해서 포옥강은 이가성의 도움에 다시 한 번 감사하고 그에게 더 많은 특혜를 주었다. 그 특혜로 이가성은 또 한 번 엄청난 돈을 벌었다.

이렇게 이가성은 포옥강의 손을 빌어 피 한 방울 흘리지 않고 자신의 심복지환(心腹之患)도 물리쳤으며, 두 재벌이 싸우는 기회를 타서 많은 돈도 벌었다. 또한 영국계 기업을 물리치는 데 공헌했다는 이유로 포옥강과 더불어 홍콩 시민들의 찬사도 한몸에 받았다. 그야말로 꿩 먹고 알 먹고 둥지 털어 불까지 땐 격이었다.

이가성은 36계의 지략인 '차도살인(借刀殺人)'이 그렇게 고마울 수가 없었다. 그리고 이 사실을 안 홍콩의 많은 기업들이 그의 성공을 자신들도 사용하기 위해 이가성의 이 일거삼득을 연구하기 시작했다.

오늘날 우리 사회에도 특히 기업이나 정치판에서 이 '차도살인' 계략이 성행하고 있으며, 치열하게 싸우고 있는 것을 보면 진리는 시공을 초월한다는 것을 다시금 느끼지 않을 수 없다.

고객의 추억을 심어드립니다
_ 비성수기가 따로 없는 호텔

도쿄

일본의 도쿄는 토지 이용도가 세계에서 가장 높기로 유명하다. 우리나라도 서울이 토지이용도가 가장 높고 특히 강남의 토지이용도는 도쿄를 능가할 정도로 높아 투기의 대상이 되곤 한다. 이 이야기는 일본 도쿄의 한 호텔 사장이 어떻게 '차도살인(借刀殺人)'을 이용해 자신의 목적을 달성했는지를 극명하게 보여주고 있다.

한 유명 호텔에서 날로 많아지는 손님들에게 좀더 아늑한 쉼터를 마련해주려 했지만, 워낙 토지이용도가 높고 값이 비싸 그만한 공간도 없을 뿐더러 살 엄두가 나지 않았다.

이때 총명한 호텔 사장은 호텔 뒤에 있는, 아직 개발되지 않은 빈터를 생각해냈다. 그리고 그 터에다 정원을 만들어 나무도 심고 꽃도 가꾸고 싶었다. 하지만 땅 크기에 비해 터무니없이 많은 비용을 지불하려고 하니 선뜻 마음이 내키지 않았다.

그래서 사장은 다른 무슨 방법이 없을까 하고 고민을 하기 시작했다. 그러던 어느 날 사장은 호텔 게시판에 이런 글을 써 붙여 놓았다.

'우리 호텔 뒷산에는 널찍하고 조용한 터가 있습니다. 기념식수용으로 특별히 사용하고 있는 공지입니다. 나무를 심어볼 의사가 있으신 분은 산에 올라 기념식수를 하십시오. 저희들은 손님들에게 기념사진도 찍어 드리고 목판기념비도 세워 존경하는 존함과 식수 날도 기록해 드립니다. 언젠가 손님들이 이곳을 다시 찾았을 때 푸르고 싱싱한 나무가 손님을 선선한 그늘 속으로 모시게 될 것입니다. 손님이 손수 심은 그 나무그늘 아래서 체험할 그 감동을 어찌 오늘 이 자리에서 다 설명드릴 수 있겠습니까? 망설이지 마시고 어디 한 번 뒷산에 올라 보십시오.'

그러자 호텔에 밀월을 보내러 온 신혼부부며 결혼기념 여행을 온 부부들, 그리고 졸업기념 여행을 온 학생들이 저마다 그곳에 나무를 심어 영원한 기념으로 남기고 싶어했다. 그리고 갈수록 신청자는 늘어났고 나중에는 신청자가 넘쳐나자 호텔 사장은 즐거운 비명을 질렀다. 그는 자신의 돈을 한 푼도 들이지 않고 호텔 정원을 늘릴 수 있었으며, 얼마 후 뒷산을 온통 푸른 묘목으로 단장이 되어 있었다.

또 투자자들이 귀가하여 그 일을 다른 사람들에게 들려주었고 기념사진을 꺼내 보이며 여러 사람들에게 자랑하였다. 어떤 이들은 시간이 많이 흐른 뒤에도 이곳을 찾아와 자기들의 걸작을 돌아보곤 하였다. 그러니 호텔은 비수기가 따로 없었고, 언제나 예약을 하지 않으면 안 될 정도로 손님이 차고 넘쳤다.

이처럼 '차도살인'은 다른 사람의 힘을 빌어 자기의 목적을 달성한다는 것이다. 하지만 이는 꼭 사람을 죽이거나 힘을 빌린 사람에게 해를 주어야 되는 것은 아니다. 이 호텔의 기념식수는 자신의 목적을 달성한 동시에 힘을 빌려준 다른 사람에게도 정신적·심리적 만족을 주고 있다. 시로가 시로에게 혜택을 주고 있는 깃이다. 이는 '차도살인(借刀殺人)'의 최고의 경지가 아닌가 생각된다.

큰 시장일수록 디테일해져라
_ 올림픽과 아디다스

오늘날 세계에서 가장 잘나가는 스포츠용품 회사 3인방을 꼽으라고 하면 나이키와 아디다스, 리복을 들 수 있겠다. 이들 회사는 올림픽이나 월드컵이 곧 시장이며, 요즘은 건강을 위한 다양한 분야에서의 수요 확대로 불황을 모르고 발전을 하고 있다.

독일의 아디다스(Adidas)는 세계 최대의 스포츠용품 회사로서 이 회사의 창시자는 바로 아디 다슬러(Adi Dassler)이며, 그의 이름에서 브랜드명을 따왔다. 1924년에 아디 다슬러와 그의 동생 루돌프(Rudolf)가 다슬러(Dassler) 사를 설립하였는데, 이 회사는 후에 형제간의 불화로 1948년에 아디다스와 푸마(Puma)로 분리가 되었다. 아무튼 아디다스는 1927년 신발을 위한 공장 설비를 갖추고, 1928년 올림픽에 처음 자사 제품을 선보였다. 그러나 세계적인 브랜드가 된 직접적인 계기는 역시 1936년 베를린 올림픽이었다. 그때 다슬러 신발을 착용한 제시 오웬즈(Jesse Owens)는 4개의 금메달을 획득하였고, 이후 명성을 더욱 얻어가면서 월드컵에서도 그 위용을 떨치게 되었다.

제시 오웬즈

처음에 다슬러는 신바닥에 못이 박힌 달리기 전용운동화를 만들었다. 그리고 이를 어떻게 하면 잘 팔리게 할까 하고 고민을 하였다. 그런데 우연히 미국 출신으로 단거리의 명수인 오웬즈가 베를린 올림픽의 금메달 유망주라는 것을 알게 되었다.

그는 여러 방법을 동원하여 오웬즈에게 그 신발을 선물했다. 그리고 오웬즈는 그 운동화를 신고 달렸고 기대 이상으로 4개의 금메달을 땄다. 한 선수가 4개의 금메달을 목에 걸게 된 것은 올림픽 역사에서 큰 영광이 아닐 수 없었고, 동시에 아디다스 운동화도 이때부터 전세계에 이름을 날렸다. 이후에도 아디다스는 신제품을 출시할 때마다 꼭 유명 스타를 선택하였고 그 과정에는 어려움이 없었다.

1954년 스위스 월드컵 때 일이다. 나이가 지긋해진 창업자 다슬러는 축구 선수들을 위해 또 새로운 신발을 내놓았다. 그것은 바로 밑창을 바꿀 수 있는 운동화였다. 마침 결승전 경기가 열리기 직전이었고 경기장은 금방 내린 비로 질펀했다. 막상 경기가 시작되자 일반 축구화를 신은 헝가리 대표팀은 질펀한 경기장에서 제대로 실력을 발휘하지 못하고 허우적거렸으나, 새로운 아디다스 운동화를 신은 독일 대표팀은 발걸음도 가볍게 종횡무진을 했다. 이 대회는 처음으로 독일에 월드컵 우승을 안겨주었다. 이는 독일의 열광과 함께 아디다스가 또한 빈 세계를 뒤흔드는 순간이었다.

또 1970년 멕시코 월드컵 때도 아디다스가 다시 한 번 세계를 놀라게 했다. 당시 준우승까지 한 독일 대표팀의 톱스타로 널리 알려져 있던 한 선수가 발목 부상으로 참전하지 못하게 될 것이라는 소문이 파다하게 퍼졌다. 하지만 정작 경기가 시작됐을 때 그 선수는 당당하게 출전을 해서 정상인보다도 더 종횡무진으로 잔디밭을 주름잡고 뛰었다. 부상의 우려를 불식하고 그라운드를 누빌 수 있었던 것은 바로 아디다스의 특별한 전략이 맞아 떨어졌기 때문이었다. 다슬러는 그의 부상당한 발에 맞게 운동화를 특별 제작하였고, 그 성능은 유감없이 발휘되었다.

이처럼 다슬러는 36계의 '차도살인(借刀殺人)'을 굳이 연구하지 않았음에도 스타의 힘을 빌어 제품홍보를 이끌어 왔다. 그것은 바로 '차도살인'이 우리 생활에 이미 배어 있음을 증명하는 것이 아니겠는가. 그 덕분에 아디다스사는 신제품을 출시할 때마다 스타의 힘을 빌어 유명 브랜드로 거듭 태어날 수 있었다.

아디다스는 오늘날 '세계의 경영'이라는 슬로건을 내걸고 아디다스-솔로몬(Adidas-Salomon) AG와 직접 연계된 자회사만 대략 100개나 된다. 또 육상, 축구, 테니스 등의 전략 사업의 연구개발센터가 함께 자리하고 있다. 게다가 핵심 합작사업 단위들이 대부분 스포츠 선진국인 미국이나 북미, 유럽 등을 근거지로 하고 있으며, 그 외에 야구나 동계 스포츠, 차세대 스포츠 등의 사업 단위들은 유럽에 자리하고 있다.

특히 전략적 경영본부를 미국에 두고 있는 가운데 디자인 스튜디오나 개발사업부 등은 세계 다른 여러 나라에서 운영되고 있고, 아디다스 제품의 생산과 판매는 유럽, 유럽 근교 아시아 지역, 아프리카, 북미, 환태평양 지역·남미 등으로 5등분하여 구별짓는 등 초일류 기업의 위치를 다지고 있다.

제4계

이일대로(以逸待勞)
쉬다가 피로에 지친 적과 싸운다

힘을 저축해야 한다. 상대의 약점이 있다고 해서 함부로 공격하지 말고, 냉정하게 자신을 견고하게 한 후 조용히 상대의 약점을 이용해 승리의 발판을 다지는 것이 중요하다. 평소에는 한가롭게, 하지만 공격은 날카롭게 하라.

以 써 이

逸 달아날 일

待 기다릴 대

勞 일할 로

상대를 움직여 지치게 하라
_ 을지문덕 장군의 살수대첩

을지문덕

상대가 완전히 뒤집어버릴 기세로 진공을 해오면 우리는 어떻게 해야 할까? 이때 죽기로 마주서서 싸우면 통쾌하기는 하다. 하지만 이는 필승의 가능성도 희박하고 혹시 이겼다고 해도 자신 또한 너무 많은 손실을 보게 될 수 있다. 적이 강하고 내가 약할 때는 계란으로 바위치는 격이다.

상대의 형체가 엄청나고 기세가 클 경우에는 무모하게 정면으로 대적하기보다는 쉬면서 상대가 지치기를 기다려야 한다. 그렇다고 상대가 공격해올 때 그냥 앉아만 있는 것은 죽음을 기다리는 것과 같다. 따라서 가장 좋은 방법은 무리한 공격은 피하고 꾀를 내어 힘을 아끼되 자신이 원하는 대로 상대가 움직이게 하고 지치게 하는 것이 바로 36계 네 번째 계책 '이일대로(以逸待勞)'의 키포인트이다.

을지문덕(乙支文德)의 살수대첩은 '이일대로'를 완벽하게 증명한 역사적 사실로 널리 알려져 있다. 때는 서기 612년(영양왕 23)이었다. 그때 중국의 수(隋)나라는 남북조 시대의 혼란을 수습하여 중국을 통일했고, 고구려는 통일된 중국의 세력이 반드시 동쪽으로 신장(伸長)해올

살수대첩

것을 예견하여 그에 대비하고 있었다.

이보다 앞서 영양왕은 서기 598년에 말갈족(靺鞨族)을 거느리고 수나라의 요서(遼西) 지방을 공격한 적이 있는데, 이것은 수나라의 침입에 대비하여 전략상의 요지를 선점하기 위한 작전이었다. 이에 당시 수나라의 문제(文帝)는 대군을 거느리고 고구려를 치려다가 갑작스러운 천변지이(天變地異)로 이를 중지하였다.

그리고 문제의 뒤를 이은 양제 때 고구려는 수의 세력을 견제하기 위해 지금의 몽골지방에 있던 돌궐(突厥)과 상통하고 있었는데, 이것이 수의 신경을 날카롭게 하였다.

결국 수양제는 서기 612년 1월 113만3천8백 명의 대군을 거느리고 고구려에 침입하였다. 그 중의 수군은 바다를 건너 대동강으로 쳐들어와 평양성을 공격하였으나 고구려군에게 대패하였다.

한편 양제가 친히 거느린 육군의 1개 부대는 고구려의 요동성(遼東城)을 포위 공격하였으나 성공하지 못하게 되자, 초조한 수군(隋軍)은 별동대(別動隊) 30만5천명을 압록강 서쪽에 집결시켜 평양성을 공격할 계획을 세웠다. 하지만 그들의 계략을 눈치챈 고구려의 명장 을지문덕의 유도작전에 걸려들어 압록강·살수를 건너 평양성 부근까지 깊숙이 쳐들어왔다.

이때 을지문덕은 수나라 군사에게 거짓 항복하여 적진에 들어가 그들의 허실(虛實)을 탐지하고 돌아온 뒤 유도작전을 펼쳐 평양성 부근까지 침입한 수군의 대장인 우중문(于仲文)에게 1편의 시(詩)를 지어

보내 그의 어리석음을 비꼬았다. 그때서야 수나라 군사는 고구려에게 속은 줄 알고 황급히 다시 북쪽으로 퇴각하기 시작하였으나, 을지문덕은 그들이 살수를 반쯤 건널 때를 기다렸다가 공격을 감행하였다. 살수싸움에서 수군이 크게 패하여 살아 돌아간 자는 몇 천 명에 불과할 정도였다고 한다. 을지문덕 장군은 상대가 지치기를 기다렸고 바로 이것이 '이일대로'의 계략이었으며, 중국대륙의 간담을 서늘케 한 승리가 아닐 수 없었다.

반면에 수양제는 중국의 땅이 넓고 인구가 많아 많은 물자와 인원을 동원할 수 있는 이점만을 믿었으나, 거리가 멀어 군량 공급이 곤란할 것을 미처 생각지 못했다. 또 고구려의 장병이 모두 일기당천(一騎當千)의 강병(强兵)이었을 뿐만 아니라, 고구려의 모든 요새가 험고(險固)하여 쉽사리 공취(攻取)할 수 없음을 생각지 못했던 것이다.

결국 수양제는 수륙(水陸) 양면에서 모두 패전했으므로 부득이 철군했는데, 이듬해에도 다시 대군을 이끌고 고구려에 침입하였다. 그러나 고구려의 저항은 여전히 견고하여 그 중의 요동성도 함락시키지 못하고 있을 때 본국에서 반란이 일어났다는 급보가 왔으므로 서둘러 철퇴하였다. 결국 수양제는 반란을 평정하고 제3차 고구려 원정길에 나섰다가 다시 실패하여 나라의 멸망까지 가져오고 말았다.

상대가 맹목적으로 덤벼들 때 을지문덕은 자신의 내실을 굳히며 상대의 허점을 간파했고, 가장 좋은 기회를 타 성공을 굳힌 것이다. 따라서 '이일대로'로 성공을 하려면 비록 자신이 직접 참여하지 않더라도 항상 자신이 주도권을 쥐고 있어야만 상대를 움직일 수 있고 상대를 피로하게 할 수 있으며 자신이 원하는 대로 일을 펴나갈 수 있는 것이다.

티끌 모아 태산
_ 금광지에서 물장사로 부자된 청년

'이일대로(以逸待勞)'의 '일(逸)'은 '안일하다', '한가하다'라는 뜻이 있다. 살다보면 우리를 유혹하는 것이 참으로 많다. '누구는 벤처기업으로 하루아침에 억대부자가 되었다', 그런 소리를 듣고나면 벌써부터 손바닥이 근질거린다. '그 사업을 나도 한 번 펼쳐볼까?' 하지만 이럴 때 우리는 늘 잘못된 판단을 하게 된다. 일에는 무엇보다도 여유 있는 마음가짐이 중요하다. 머리가 뜨거워져 그것이 그대로 끓어버리는 것은 금물이다. 이것이 바로 '일(逸)'의 진정한 이해라고 할 수 있다.

19세기 중엽 미국 캘리포니아 주에 대금광이 발견되었고 많은 사람들이 금을 캐러 몰려 들었다. 17세의 빌도 '골드 드림'을 안고 캘리포니아로 떠났다. 그는 그곳에서 열심히 일했으나 아무런 수확도 얻지 못했다. 복권이나 황금, 골동품, 도박 등은 대부분 일확천금을 노리는 사람들에게 매력적이지만 성공한 예는 극소수에 불과하다. 빌도 실패한 사람 중의 하나였다. 목마르고 허기에 지친 그는 돌멩이만 수북하게 쌓인 광산에서 손에 든 물병만 멍하니 쳐다보는 신세가 되었다. 그 때였다. 그의 머릿속에 언뜻 스쳐가는 것이 있었다.

'금을 파느라 애쓰지 말고 아예 물장사나 해볼까? 그래, 꿩 대신 닭이라는 말도 있는데 물장사를 해보는 거야. 다행히 이곳은 사막이 있어서 물장사를 하면 잘될 거야.'

그는 금을 포기하는 대신 물이 있을 만한 골짜기를 찾아 떠났다. 좋은 우물을 찾는 일은 금을 찾는 일에 비하면 훨씬 쉬웠다. 그는 광산과 골드드림을 안고 전국에서 몰려든 광산 근처에서 좋은 우물을 발견하였다. 그리고 곧 대량 생산에 박차를 가하고 산골짜기를 누비며 갈증에 시달리고 있는 많은 사람들에게 맑고 시원한 음료수를 만들어 팔았다. 금광을 찾아 헤매는 사람들에게 물은 곧 금이나 다름없었고, 그는 그들에게 물을 한 컵씩 싸게 팔았다. 그러자 주위에서 그를 비웃었다.

"정말 모자라는 사람이야. 금을 캐러 왔다가 고작 물장사를 하다니……. 어떻게 찾아온 채금길인데……."

그러는 사이 주위에서는 금광을 발견하여 떼돈을 벌었다는 소문도 심심찮게 들려왔다. 하지만 그는 그런 말을 한 귀로 흘려버리고 열심히 물장사를 하였다. '티끌 모아 태산'이라는 말이 있다. 사실 골드 드림의 꿈을 실제로 이루는 사람은 복권에 당첨되는 것처럼 극소수의 사람이었고, 금을 캐서 떼돈 번 사람 역시 손에 꼽을 정도였다. 그는 그것을 일찌감치 깨닫고 티끌모아 태산을 이루기로 작심을 한 것이다. 그리하여 그는 금을 캐러 나섰던 많은 사람들이 빈손으로 돌아갈 때 큰 부자가 되었다.

이처럼 여유 있는 마음가짐으로 '이일대로(以逸待勞)'의 '일'자 하나만 마음속에 새기고, 유혹을 물리치며 외로움과 고독 속에서 성공의 기회를 찾아내는 것이 '일(逸)'의 진정한 응용이 아닐까 한다.

무엇이든 내 것으로 만들어라
_ 미국에서 가져온 소형 계산기

'이일대로(以逸待勞)'의 '대(待)'자는 '기다린다'는 뜻이 있다. 하지만 하늘에서 감 떨어지도록 마냥 기다린다고 해서 행운이 오는 것이 아니다.

제2차 세계대전이 끝난 후 일본 경제는 극심한 인플레와 실업 그리고 패망에 따른 정신적 공황에 직면을 했으나, 50년대 한국전쟁과 60년대 월남전으로 거족적인 발전을 가져왔다. 그렇다면 일본이 국제정세를 이용하여 경제 부흥을 이룬 근간은 무엇일까? 많은 사람들이 일본의 발전은 축소지향적인 독특한 민족성에 있다고 하지만, 이를 36계로 풀이하면 골자가 바로 '가져오기' 주의에서 비롯됐다고 말할 수 있다. 그들은 미국에서 선진기술을 배워오고 미국 사람들이 개발해낸 신제품들을 가져와 철저하게 분석하여 일본화시킨 다음 곧바로 제품화하여 일본시장에 투입시켰다. 그래서 일본에는 이런 우스개소리까지 있다.

"미국 사람들이 재채기를 하면 일본사람들은 감기에 걸린다."

이 말 속에는 자조적인 뜻도 다소 들어 있지만 우리는 일본사람들의 고명함에 감복하지 않을 수 없다. 그만큼 미국의 기술이 일본에 영향을 많이 끼쳤다는 것이고 미국은 일본에 당했다는 역설이 가능하다. 또 일본은 제2차 세계대전의 패망 이후 근 20년 사이 일본은 서방 국가로부터 2만여 건의 생산기술을 유치했고, 거기에 소요된 자금은 기술을 직접 개발한 나라에서 투입한 자금의 30분의 1밖에 들지 않았다. 그런데도 이는 일본에 거대한 부를 가져다주었다.

우리도 IMF 이후 미국이 기침을 하면 감기가 걸리는 나라로 변했다. 미국 경제는 이제 우리 경제를 좌우하는 지경에 이르렀고, 일본도 우리보다는 조금 나은 편이지만 장기간의 경기 침체에서 벗어나지 못하고 있다. 그렇다면 우리나 일본이 지금 해야 할 일은 바로 기다리는 것이 아니라 '가져오기'를 해야 한다. 그리고 기왕 가져오려면 대담하게 가져와야 한다.

일단 우리나 나에게 유용한 것이거나 이익이 되는 것이면 주저없이 가져와야 한다. 선진기술뿐이 아니다. 관리 경험, 인재, 자금 등 모든 것을 가져올 수 있다.

해외에 친구가 많은 어느 일본인이 있었다. 그는 해마다 해외로 돌아다니며 친구한테 놀러가 며칠씩 지내곤 했다. 그런데 한번은 미국에 있는 친구 집을 방문했다. 그는 친구 집에 묵으면서 그곳에서 전에 없던 새로운 것을 찾아 나섰다. 거실, 객실, 주방, 차고, 심지어 화장실까지 빼놓지 않고 살폈다.

미국 친구에게는 아무것도 새로울 것이 없는 것처럼 보이는 집안에서도 일본인 친구는 마치 거리에서 거액의 돈뭉치를 주운 것처럼 기뻐했다. 그리고 그것을 친구에게 자랑했다. 그가 이처럼 즐거워하며 발견한 것은 다름 아닌 들고 다니기에는 조금 큰 계산기였다.

계산기의 역사는 매우 복잡하다. 컴퓨터가 그렇듯이 특별하게 누구 한 사람의 힘으로 만들어진 것이 아니기 때문이다. 그러나 최초로 완성된 프로그램 기억 방식의 계산기를 영국 케임브리지 대학의 에드삭(Edsac)이 1830년에 만들었고, 최초의 전자계산기는 1946년에 미국 펜실베이니아대학에서 개발한 에니악(Aniac)이다.

그 뒤 미국을 중심으로 가정용 계산기가 나왔는데 일본인 친구에게는 그게 신기했던 것이다. 그는 그 집에 머무는 동안 친구와 계산기의 필요성이며 성능, 장점들에 관한 많은 얘기를 나누었다. 그리고 보다 작고 얇은 소형 계산기야말로 전망이 있는 제품이라는 결론을 내렸다.

그는 즉시 그 계산기 생산업체를 찾아 보다 작은 소형계산기를 만들 수 없느냐고 했다. 회사는 계산기가 작으면 두드리기 힘들지 않느냐며 반문했다. 그는 무조건 소형기 계산기를 만들어 달라고 주문하고 구매계약 체결과 함께 기술특허까지 사들였다. 그리고는 그 제품을 일본 시장에 투입했다. 처음에는 별로 잘 나가지 않을 것처럼 보이던 그 소형계산기는 시간이 지날수록 시장을 잠식하더니 한때는 일본 전역을 휩쓸었다. 그가 떼돈을 번 것은 두말할 필요도 없다. 그리고 일본은 축소 지향의 민족성을 살려 소형계산기를 대량 생산해냈는데 그 대표적인 기업이 카시오와 샤프, 시티즌 등이다.

아무튼 미국에서 발명된 계산기를 가져와 일본을 계산기 종주국으로 만든 것은 바로 '가져오기' 주의의 특징

카시오 / 샤프 소형 계산기

이다.

  얼마 전 신문에 우리나라 수출 효자 상품으로 널리 알려져 있는 휴대폰의 부품 70%가 외제라는 기사를 보았다. 언뜻 듣기에는 기술력이 없는 한심한 나라라는 느낌도 들지만 70%를 가지고 오든 100%를 가지고 오든 수출만 많이 되고 돈만 많이 벌면 되는 것이다. 기술력의 100%를 가지고 있는 미국도 휴대폰에 관해서는 우리나라나 일본에 뒤지고 있기 때문이다. 이 점에 관해서는 자동차도 마찬가지다. 따라서 나에게 필요하고 유익한 것이면 무엇이든지 주저 말고 대담하게 가져와야 성공할 수 있다.

뜨거운 감자라면 식혀라
_ 닛산과 도요타의 'SC전쟁'

서니

앞서도 일본의 닛산자동차 회사를 언급한 적이 있다. 닛산과 도요타는 일본 자동차 공업의 양대 산맥으로 그들의 성공신화는 지금도 살아 있다. 그런데 이 닛산자동차가 1960년대 들어 대량의 인력과 자금투입을 하여 서니(Sunny)라는 대중자동차를 만들었다. 그리고는 거액의 자금투자를 하여 홍보를 하는 등 적극적으로 판매에 나섰다.

하지만 상대회사인 도요타는 요지부동이었다. 한창 닛산의 광고가 일본 전역을 덮고 있을 때, 많은 전문가들이 도요타가 맞불을 놓으며 대응을 할 것이라 예상했지만 그들의 예상은 빗나가고 말았다. 도요타는 무슨 전략을 가지고 있는지 조용하기만 했다. 나중에 밝혀진 일이지만 그것은 닛산의 홍보가 일본 열도의 자동차 소비를 자극하고 있었기 때문이었다. 결론부터 말하자면 닛산이 자동차 시장의 열기를 북돋아 놓으면 도요타는 힘들이지 않고 거기에 편승해 차를 팔 수 있었다는 것이다.

카롤라

도요타는 천천히 움직였다. 그 사이 그들은 서니의 장·단점을 연구하기 시작했고, 닛산이 열심히 광고를 하고 있을 때 서니보다 더 성능이 좋은 자동차를 만들겠다는 전략을 가지고 대응을 했다.

그리고 얼마 지나지 않아 도요타는 카롤라 자동차를 출시했다. 카롤라는 서니보다 한발 늦게 출시됐지만 자동차의 구매욕에 들뜬 일본 열도는 서니보다 카롤라를 더 생산하기 바쁘게 만들어 버렸다. 거액의 홍보비용까지 투자했던 닛산은 한쪽으로 입만 쩝쩝 다시는 꼴이 되었고, 반면에 도요타는 축배의 술잔을 들었다.

1960년대는 일본 자동차 산업에 아주 중요한 전기였다. 도쿄올림픽이 열린 1964년 일본은 연간 50만 대를 넘어 58만 대의 차를 만들었다. 이때 도요타 카롤라(Corolla)와 닛산의 서니는 치열한 판매경쟁을 벌이며 일본의 자동차 산업을 이끌었는데 사람들은 두 차의 머리글자를 따서 'SC전쟁'이라고 했다. 이때 도요타는 일본 제1의 자리를 굳게 앉힌 카롤라를 1983년에 1천만 대 생산을 돌파하였다.

시장이란 이처럼 냉혹하다. 더구나 소비자는 닛산에서 먼저 신제품을 출시했다고 해서 곱게 앉아 닛산자동차만 사주는 것이 아니다. 언제든지 말 가는 데 소도 갈 수 있으며 도요타처럼 남보다 선수를 쳐 성공한 경우도 많다. 그러나 맹목적인 진공은 늘 적수에게 반격의 기회를 남겨 준다. 쉽게 판단을 내릴 때 실패의 씨앗은 이미 심어진다는 것이다. 따라서 다른 사람보다 좀 늦더라도 치밀하게 계획하고 판단하는 것이 좋다.

제5계

진화타겁(趁火打劫)
상대의 위기를 틈타 공격한다

뜨거울 때 때려라. 남의 집에 불이나 혼란으로 자신을 돌볼 틈이 없을 때 공격을 해야 한다. 상대방이 위기를 맞았을 때 적시에 공격을 해 이익을 챙기고 상대로 하여금 반격의 수단을 취할 방법이 없게 하여 승리를 가져와야 한다.

趁 좇을 진

火 불 화

打 칠 타

劫 위협할 겁

경쟁자의 위기를 놓치지 마라
_ 대통령을 굴복시킨 모건

시장경쟁에서 우리가 가장 첫째로 꼽는 것은 바로 기회를 잡는 것이다. 여기서 기회란 유성(流星)만큼이나 잠깐 나타나는 시장경쟁에서 이길 수 있는 기회를 말한다. 하지만 이런 좋은 기회는 상대가 내외적인 원인으로 불리한 환경에 처했을 때 나타난다. 또 이는 상대를 전승하고 시장점유율을 높이는 데 있어서 가장 좋은 기회라 할 수 있다.

일례로 미국 월가(街)의 거두 J. P. 모건은 바로 '진화타겁(趁火打劫)'으로 대통령까지 굴복시킨 적이 있었다. 월가의 대부 모건(Morgan John Pierpont)은 미국의 은행가로서 코네티컷 주 하트퍼드에서 출생했다. 그는 모건 재벌의 제2대 상속자로서 독일 괴팅겐대학을 졸업하였으며, 아버지 J. S. 모건이 하던 금융업에 들어가 1895년 회사 이름을 J. P. 모건회사로 바꾸었다.

월가(街)

그는 한때 뉴욕 월가에서 '주피터'라는 별명을 가지고 있었다. 로마 신화에 나오는 주피터는 그리스 신화의 제우스와 같이 '신들의 신'이라는 뜻이다. 100년 전 당시 미국에는 연방준비제

도이사회(FRB)가 없었던 시절이었다. 그래서 모건 뱅크가 중앙은행 역할을 했고, 아버지와 함께 영국의 자본을 신흥 미국시장에 투자시키는 데 성공하였다. 19세기 후반에서 20세기 초 미국의 공업과 철도를 위한 자금조달에 중요한 구실을 하기도 했다. 더욱이 모건은 당시 미국 최대 산업이었던 철도업의 1/3을 장악했고 철강산업의 70%를 좌지우지했다.

뿐만 아니라 모건은 국제적 금융가로서의 지위를 확립하고 나서, 프로이센-프랑스전쟁 때는 프랑스 정부에 자금 원조를 하고, 제1차 세계대전 때는 아들인 J. P. 모건 2세가 영국 정부와 프랑스 정부를 원조하기도 했다.

그런데 그가 상속자로 있을 때 미국에서는 경제위기가 터지면서 수많은 기업들이 파산되고 있었다. 그 뒤 설상가상으로 금융위기가 폭발하고 국고는 바닥이 나 수많은 국채를 상환할 능력조차 없었다.

이 위기를 극복하기 위해서는 적어도 1억 달러를 움직여야 했다. 하지만 모건에게는 천재난봉의 기회였다. 그는 신지 게이트를 조직하고 황금공채를 취급하면서 정부의 재정위기를 구해준다는 미명하에 자기의 이익을 챙기려 들었다. 하지만 모건의 조건이 너무나 까다로워 미국 국회에서 동의하지 않았다.

그래서 미국 재정부장은 당시 5,000만 달러의 공채방식으로 다른 길을 뚫으려 했지만 모건의 방해로 모두 실패하고 말았다. 대통령은 하는 수 없이 모건을 백악관에 청했다. 담판이 시작되었다. 모건은 아직 국고에 900만 달러가 남아 있다는 것을 알고는 한 발자국도 물러서려 하지 않았다. 그는 대통령에게 최후통첩까지 보냈다.

대통령은 담판을 하는 동안에 매 5분마다 이런 저런 구실을 대고 화장실을 들락거렸다. 하지만 그는 화장실을 간 것이 아니라 재정부장이 있는 사무실에 가 대비책을 강구하고 있었다.

결국 대통령이 손을 들었다. 모건을 건드린다는 것은 자신의 정치생명을 잃는 것이나 다름없었기 때문이었다. 승리자가 된 모건은 거액의 자금을 투자해서 정부를 지원했다. 그리고 모건은 공채교역에서 1,200만 달러를 벌어들였다. 모건의 '진화타겁(趁火打劫)'은 일반적인 경영방식에서 벗어난 대단한 모험과 용기를 보여주고 있다. 그의 이런 배짱은 모건 가가 경제사범으로 몰리기 시작했을 때도 유감없이 발휘되었다. 1912년 모건은 미의회가 개최한 청문회에 불려가 독점폐해의 주범임을 인정했고, 아들 잭 모건도 대공황 직후 청문회에 불려가 주가 조작에 개입한 혐의로 곤욕을 치뤘는데 그때마다 특유의 '진화타겁'으로 위기를 넘기곤 했다.

거의 모든 사람들은 모건 같은 용기와 기백을 갖기는 어려울 것이다. 하지만 경쟁상대가 위기에 처해 있을 때 그 기회를 잡고 공격하면 필시 대승을 거둘 수 있는 것이다.

불길이 없으면 불씨를 만들어라
_ 대기업의 독과점을 막아낸 중소기업

무지막지한 강도라고 해도 항상 불이 난 곳만을 찾아다닐 수는 없다. 또 날마다 불이 난 집을 만날 수도 없는 것이다. 그렇다면 이럴 땐 불이라도 질러야 한다.

경영을 하거나 살아가는 데도 마찬가지다. 경쟁 상대가 단결이 잘되고 어디 물 샐 틈이 없다면 모든 방법을 동원해 상대를 혼란에 빠지게 해야 한다. 그 다음 상대를 넘어뜨리기는 식은 죽 먹기다. 물론 그 방법이라는 것이 적법해야 한다. 불을 지르는 것도 인명을 다치게 하거나 파괴적이어서는 안 된다. 36계는 '파괴'를 가르치는 것이 아니라 '처세'를 가르치는 것이며 성공의 비밀을 알려주는 것이기 때문이다.

듀폰(Dupont)은 미국 최대의 화약제조상이었다. 그리고 한동안 미국 전역의 화약시장을 거의 독점하다시피 했다. 하지만 이런 거물급 회사가 이름도 없는 작은 회사에 의해 붕괴되었다.

이 작은 회사의 이름은 파가이 화약회사였다. 이 회사 사장은 몇 해 동안 듀폰에서 일한 경력이 있었다. 그는 듀폰에 대해서 너무나 잘 알고 있었고 경영상의 약점을 자신의 회사 마케팅에 이용하기 시작했다.

그런 가운데 신생 파가이 회사의 매출과 자산이 급성장을 보였다. 이는 듀폰에게는 극도의 불안감을 주었고, 듀폰은 자신의 회사에 근무한 적이 있는 파가이 사장에게 회사를 팔라고 했다. 그러나 파가이 사장의 대답은 한 마디로 'NO' 였다. 승리를 눈앞에 두고 있는 파가이로서는 회사를 판다는 것은 어불성설이라고 생각했기 때문이었다.

하지만 얼마 안 가 파가이 회사에 갑자기 대폭발이 발생했다. 불길이 하늘로 치솟고 인근 주택의 유리창들이 충격을 이기지 못하고 깨어져 내리기도 했다. 거기다 당사자인 파가이는 회복할 수 없을 정도로 거대한 손실을 입었다. 파가이는 대폭발이 듀폰이 저지른 것이라고 의심을 했지만 경찰은 그 어떤 단서도 잡지 못했다. 너무나 완벽해서 의심은 가지만 단서가 없었던 것이다.

파가이 사장은 더욱 분노했다. 공장의 부주의로 폭발이 일어날 리가 없다는 확실한 결론을 내린 그는 자신의 몰락이 듀폰의 비열한 방해공작에서 비롯된 것이라고 비난하며 복수를 다짐했다. 문제는 방법이었다. 그는 상대가 자신에게 했던 것처럼 공장을 초토화시키는 것으로서 보복을 다짐했지만 이내 그것이 불가능하다는 것을 깨달았다. 왜냐하면 상대는 이미 파가이가 보복을 해올 것이라고 생각하고 경계를 더욱 강화했기 때문이었다. 또 화약시장에서는 듀폰의 독과점으로 어떠한 기회도 잡을 수 없었다.

그래도 파가이 사장은 덩치가 크면 클수록 뭔가 허점이 있을 것이라고 생각하고 기회를 엿보고 있던 중, 그가 듀폰에서 일할 때 빼내온 극비 자료 몇 부가 있음을 알았다. 그 극비 자료에는 듀폰의 약점이 담겨 있었다. 첫째는 듀폰이 해군기술부의 무연화약 특허를 절취하여 저가생산, 고가판매로 폭리를 얻는다는 것이었다. 둘째는 당시 대통령에게 뇌물을 주었다는 것이었다.

그는 회심의 미소를 지으며 유명 변호사를 통해서 이를 언론에 공개했고 이 소식은 전국을 뒤흔들어 놓았다. 파가이 사장이 질러놓은 불에 듀폰 회사는 초토화가 되었다. 듀폰은 궁지에서 벗어나려고 파가이를 명예훼손죄 등 온갖 죄목을 다 갖다 붙여 장장 5년간의 재판을 했으나 명백한 비밀 서류를 무력화시킬 수는 없었다. 두 회사의 법정 공방과 법원 심판에서 듀폰은 독점금지법을 위반했으므로 끝내 세 개 회사로 분할이 되었고, 그 사이 재기의 몸부림을 쳤던 파가이 회사는 점차 시장점유율을 높여갔다.

이 이야기는 어쩌면 야비하게 들려 배울 것이 없다고 생각되겠지만, 파가이로서는 '이에는 이, 눈에는 눈'이라는 목적을 달성할 수 있었다. 파가이와 같은 '진화타겁'은 지금도 우리 기업 쟁탈전에서 흔히 볼 수 있다. 얼마전 모 대기업 회장이 투신자살을 하고 나서 부인이 경영권을 넘겨받았는데 삼촌이 바로 주식을 대량 매입함으로써 상대를 초토화시키고 경영권을 빼앗은 경우도 이에 해당한다고 할 수 있다. 또 기업 합병이나 경쟁사를 고사시키기 위해 상대의 약점이나 급소를 공격하여 파가이보다 더한 냉혹함을 보이는 경우를 허다하게 볼 수 있다.

아무튼 '진화타겁(趁火打劫)'은 단지 강도들의 무지막지한 움직임이 아니다. 진정으로 그 정수(精髓)를 알고 펼쳐나가는 36계의 정공법이다. 또 이를 위해서는 뛰어난 통찰과 간담이 있어야만 상대의 급소를 찌를 수 있다. 그래야만 '진화타겁'을 진정으로 이룰 수 있다.

위기의 주변을 읽어라
_호텔을 술집으로 바꿔 성공한 청년

무자비한 '진화타겁(趁火打劫)'이 아무때나 활용되는 것은 아니다. 상대에게 불이 붙은 것만 보고 아무 생각 없이 '도적질' 하러 들어갔다간 성공은커녕 오히려 자기 몸에 불이 붙어 낭패를 당할 수 있다는 것을 명심해야 한다. 그러므로 '진화타겁'을 잘 활용하는 키포인트는 어떤 행동을 하기 전에 꼭 상대를 정확히 파악하고 있어야 한다는 것이다.

인도 최대의 도시 캘커타는 뭄바이와 함께 제2무역항으로 알려져 있다. 또 인도와 서구의 양 요소가 혼재한 빅토리아 기념관과 칼리 사원과 인공호수 등 아름다운 풍경으로 수많은 관광객을 끌고 있다. 그런데 이 도시 중심부에 위치한 그랜드호텔(Grand Hotel)은 그 지리적 우세와 빈틈없는 서비스로 많은 관광객들의 선호를 받고 있었다. 따라서 만약 이 호텔을 대상으로 누군가 '진화타겁'을 행한다면 그는 아무런 이익도 챙길 수 없을 것이다.

그랜드호텔

그런데 어느 날 재난의 신이 이 호텔을 휩쓸었다. 그것은 불이 아니라 법정 전염병인 콜레라가 급격히 퍼져 이 호텔에 들었던 백여 명 손님의 목숨을 빼앗아간 것이다. 그렇게 사람들이 많이 붐비고 캘커타의 자랑으로 자리매김을 했던 호텔이 졸지에 귀곡산장이 되어 버리고 '비운의 호텔'이란 불명예스러운 이름을 갖게 되었다.

이때는 누구든 마음만 먹으면 '진화타겁'으로 이 호텔을 인수하는 것은 식은 죽 먹기보다 쉽다고 생각했다. 하지만 그것은 위험천만한 발상이었다. 이때 인수하면 불을 머리에 이고 다시 불속으로 뛰어는 것이나 다름없었다. 왜냐하면 잘되는 호텔을 운좋게 사들여서 운영을 해도 어려운데 이미 그 이름을 잃어버린 호텔을 인수한다는 것은 상식 밖의 일이었다. 그런데도 불구하고 오비로라는 젊은이는 이 호텔을 싼값에 인수했다.

오비로는 신의 저주가 서린 그랜드호텔의 가슴 아픈 기억을 지워버리기 위해, 인수하자마자 전면적으로 내부구조를 다시 바꾸고 경영방식도 술집과 식당 쪽으로 돌려 놓았다.

그런데 여기에 설상가상으로 제2차 세계대전이 폭발했다. 하지만 그것이 그에게는 행운이었다. 전쟁에 참여하는 각국의 동맹군들이 끊임없이 이 도시로 밀려왔는데, 그들은 그랜드호텔의 과거사를 알 턱이 없었다. 날마다 호텔의 바에서 술을 마시며 놀아댔다. 오비로는 즐거운 비명을 지르며 호텔 경영에 박차를 가했고 그의 주머니도 이때부터 불룩해지기 시작했다.

사실 이런 예는 우리나라에도 흔하게 볼 수 있다. 6.25전쟁으로 폐허가 됐을 때 호텔뿐만 아니라 다른 모든 분야에서 한 단계 안목을 더 발휘하여 사놓거나 개발해 놓은 것이 후일 황금알을 낳는 거위나 다름없었다. 특히 IMF가 터지고 기업이나 개인의 사업이 사정없이 허물어질 때 그것을 인수해 새롭게 시작한 사람들은 지금 대부분이 많은 이익을 남겼다고 말한다. 이는 묵시록에 의한 하늘이 준 기회를 선견지명으로 잘 이용한 경우인데, 오비로도 역시 하늘이 가져다준 기회를 놓치지 않았다.

상대에 대한 정확한 이해가 있었기 때문에 성공적으로 '진화타겁(趁火打劫)'을 실행할 수 있었고 이 호텔도 새로운 삶을 맞이할 수 있게 된 것이다.

제6계

성동격서(聲東擊西)
동쪽에서 소리치고 서쪽으로 공격한다

상대방의 주의를 다른 곳으로 돌려라. 상대의 힘을 분산시키는 일은 성공에 있어서 매우 중요하다. 무엇보다도 상대의 핵심을 교란시키는 것이 이 전략을 성공시키는 비결이다.

聲 소리 성

東 동녘 동

擊 부딪칠 격

西 서녘 서

로켓에 광고를 하겠소
_ 미항공우주국에 광고 제안한 회사

'성동격서(聲東擊西)'와 '위위구조(圍魏救趙)'는 모두 가상현실을 만들어 상대를 미혹시켜 자신의 목적을 이룬다는 데서 비슷한 점이 있다. 그러나 자세히 들여다보면 분명히 다르다는 것을 알게 될 것이다.

'위위구조'는 하나의 목표만 공격하고 이 목표는 바로 적의 가장 박약한 고리이며 또한 치명적인 고리를 말한다. 그러나 '성동격서'는 하나 이상의 목표를 동시에 공격한다. 말하자면 '위위구조'는 하나의 탄두를 말하고 '성동격서'는 여러 목표물을 동시에 공격할 수 있는 다탄두나 다름이 없다. 그리고 이 목표에서 일부는 거짓 공격으로 상대를 견제하여 자신의 목적을 달성하는 것이다.

또 '성동격서'에서의 '동쪽'은 거짓 공격의 목표이고 '서쪽'은 진정한 공격의 목표이다. 따라서 진정한 공격 목표를 숨기기 위해 우리는 허장성세(虛張聲勢)하거나 거짓 공격으로 적의 주의력을 끌어야 할 필요가 있다.

더욱이 '성동격서'의 성공여부는 거짓 공격의 방향과 허장성세의 효과에 달렸다고 해도 과언이 아니며, 고의적으로 포진한 가상 진공부대가 어느 정도 적을 미혹시켰는가에 달려 있다.

1950년대, 미국의 한 회사에서 새로운 제품을 만들어 출시를 앞두게 되었다. 하지만 이 회사는 작은 회사라 시장이 받아주겠는가가 가장 큰 관건이었다. 대기업이라면 어떤 제품을 내놓아도 기업의 명성 때문에 실패할 확률이 낮았지만, 이 회사는 그럴 만한 여유가 없어 어떻게든 사람들의 주의를 끌어야만 했다.

이때 마침 미국에서 인공위성을 발사하게 되었다. 로켓이 하늘로 치솟으며 날아가는 것을 본 회사 사장은 불현듯 뇌리에 뭔가를 떠올렸다. 그리고 곧 미항공우주국(NASA)에 편지를 썼다. 편지 내용은 다름 아닌 높은 값으로 로켓에 광고를 하겠다는 것이었다.

이건 너무나 황당했다. 미항공우주국에서는 아무런 대답도 하지 않고 그냥 우스갯소리라 생각하고 지나쳐 버렸다. 또 어느 신문의 기자는 로켓에 광고를 하겠다는 것 자체가 어처구니없는 일이라며 신문에 실었다. 불과 수십 초 후면 시야에서 보이지도 않을 로켓에 광고를 실어봐야 그 효과가 얼마나 크겠느냐는 것이었다.

그러나 회사 사장은 회심의 미소를 지었다. 그가 노리는 것은 로켓

에 광고를 하는 것이 아니라 이 엉뚱한 제의를 대서특필한 신문 기사에 있었기 때문이다. 그의 계략은 주효를 했고 이 일로 하여 이 회사의 이름은 널리 알려지게 되었다. 신제품도 재빨리 판로를 찾았다.

회사 사장은 이제 광고에 의한 효과는 기대

한 만큼 얻었다고 판단하고 이번에는 두 가지 방향으로 공격을 펼치기 시작했다. 하나는 신제품을 위한 시장 개척이었고, 또 하나는 정말 로켓에 광고를 하는 것이다. 그 중 신제품을 위한 시장개척은 진실한 공격 목표이고, 로켓에 광고를 하는 것은 역시 거짓 공격이다. 당시 그의 거짓 공격이 어찌나 거세고 큰지 비웃음을 사면서도 많은 사람들을 매료시켰고 자신의 최종 목적을 이룰 수 있었다.

3년 전에는 펩시콜라 회사가 우주정거장 미르(Mir)호 밖에서 한 우주조정사가 펩시콜라 캔모조품을 띄우는 대가로 500만 불을 지불하였다. 그리고 최근에는 패스트푸드 전문점으로 잘 알려진 피자헛 회사가 자사 로고를 현재 건설중인 국제우주정거장(ISS) 건설의 다음 단계 사업 기간 중에 발사시킬 러시아 로켓 측면에 부착하기로 했다. 피자헛 사장 롤링스(M. Rololings)는 미국 수퍼볼 중계 시간대에 30초 TV 광고에 지불되는 250만 달러의 절반 정도를 광고물 부착비용으로 지불할 것이라고 했다. 이 밖에도 코카콜라, 코닥필름이 우주 광고시장에 뛰어들고 있다.

후지산을 노랗게 만들겠다?
_ 일본 S&B 카레 회사의 광고

S&B 카레

일본의 유명한 S&B 카레 회사도 '성동격서(聲東擊西)'로 이름 없는 작은 회사를 국내외에서 유명한 회사로 만들었다.

카레가 일본에 전해진 시기는 1860년경으로 개국정책으로 일본을 드나들던 영국 배의 인도 선원들이 먹었던 카레가 일본 카레의 원조라고 한다. 그런데 한때 일본의 카레가루 시장은 경쟁이 심했다. S&B 카레는 공장에 너무 많은 제품이 적치되어 시간이 지날수록 제품을 내다버리는 경우도 허다했고 그로 인해 경영이 곤경에 빠졌다. 경영의 악화는 곧 인력 감축이라는 불똥으로 튀었다. 사장이 물러나고 많은 근로자들이 회사를 떠나야 했다.

그때 새로 부임한 나카다 사장은 부임하고 나서 곧바로 일본의 몇 개 큰 신문들에 대형 광고를 냈다. S&B 카레 회사는 몇 대의 헬리콥터를 동원하여 카레가루를 후지산 산정에 뿌려 흰 후

후지산

지산의 색상을 변화시킨다는 것이다.

이 소식은 일본열도를 들끓게 만들었다. 어쩜 이럴 수가? 만년설이 덮힌 후지산의 흰색을 다른 색으로 바꾸어 놓겠다니? 국내 유명인사를 비롯한 시민단체들은 강력한 반대 의견을 발표했다. "후지산은 일본의 상징이다. 후지산을 더럽히지 말라"는 구호를 외치며 S&B 회사를 성토하기 시작했다. 하지만 나카다 사장은 요지부동이었다.

시민단체들의 반대와 성토소리가 높아질수록 S&B 카레의 이름은 일본열도 구석구석에 퍼졌다. 그리고 후지산에 카레가루를 뿌리기로 한 그 전날, S&B 회사는 또 한 번 여러 신문에 성명을 발표했다.

"전 국민 반대를 받아들여 저의 회사가 후지산 산정에 카레가루를 뿌리려던 원래의 계획을 포기합니다."

일본 국민은 또 한 번 기뻐했다. 국민과 시민단체들의 자기네들이 승리했다며 자축했다. 이와 함께 S&B 카레도 열광적인 성공기념 파티를 펼쳤다. 현실은 나카다 사장의 예언과 적중했기 때문이었다.

사실 나카다 사장은 후지산의 색을 바꿀 생각이 조금도 없었다. 그것은 S&B 카레 회사의 모든 카레가루를 다 뿌려도 후지산 산정을 변화시킬 수 없었기 때문이었다. 그의 목적은 허장성세로 국민의 관심을 끌자는 것 그것뿐이었다. 이처럼 그는 후지산 산정의 색을 변화시키겠다는 '성동격서'를 이용한 치밀한 거짓 공격으로 회사의 이름을 날리게 되었고 재고를 모두 팔 수 있었다.

열 길 물 속은 알아도 한 길 사람의 속은 모른다는 말이 있다. 인간관계나 시장경쟁에서도 누가 진짜이고 누가 가짜이며, 어느 것이 진짜 공격이고 어느 것이 거짓 공격인가를 분별하기 어렵다. 하지만 이것이 중요한 것이 아니다. 가장 중요한 것은 성공하여 이기는 것이다. '성동격서(聲東擊西)'의 성공 여부는 사람의 마음에 달려 있으며, 지혜와 용기 그리고 판단만이 그 마음을 바르게 컨트롤할 수 있다.

이쪽? 아니면 저쪽?
_ 화교 상인들의 분산투자

앞서도 '성동격서(聲東擊西)'의 공격 목표는 다탄두 미사일과 같이 보통 두세 개, 혹은 더 많을 수도 있다고 했다. 흔히 병력을 집중하여 한 곳을 총공격하는 것도 나름대로의 좋은 점이 있다. 이는 국부적인 우세를 점하여 빠른 승리를 거둘 수 있다는 말이다. 하지만 현대전에서는 과거와 같이 한 곳에서의 승리를 전체의 승리로 볼 수가 없게 되었다.

미국이 이라크를 침공했을 때 과거와 같이 병력을 한 곳에 집중하여 후세인의 군대와 맞섰다면 아직도 전쟁은 끝나지 않았을 것이다. 왜냐하면 마치 땅따먹기를 하듯이 시간도 많이 걸리고 그 넓은 지역을 다 점령할 수가 없기 때문이다. 전쟁은 시간을 끌면 끌수록 쌍방의 피해가 커지고 반전 여론도 그만큼 거세지게 마련이다. 따라서 현대전은 한 번에 어느 한 곳을 집중적으로 공격을 하는 것이 아니라, 여러 전선에서 동시다발적으로 공격을 퍼부어 단 기간에 끝내야 한다.

그래서 미국은 지상군 공격보다는 크루즈 미사일에 의한 공격을 먼저 시작했고 이어 전

크루즈 미사일

투기를 동원한 전천후 공격을 퍼부었다. 그 결과 불과 몇 달 만에 30년 철권의 후세인 정권은 무너지고 말았다. 그러나 처음부터 후세인 군대가 절대 열세였던 것은 아니었다. 한동안은 미국의 공격에 발목을 잡고 버티기를 해 전선을 예측불허의 상태로 만들기도 했다. 이럴 때가 가장 어려운 시기이다.

그러나 미국의 부시대통령과 수뇌부는 아직 상대가 여러 방면에서의 우세와 열세를 판단하지 못했을 때 여러 개의 공격 목표를 정하여 화력 정찰을 하는 것도 바람직한 일이라고 여기고 끊임없이 공격을 퍼부으면서, 한편으로 인공위성과 첨단 정찰기를 동원하여 적의 상태를 살폈다. 현대전의 총아로 불리는 화력 정찰은 적의 약한 고리를 발견하고 주요 공격 목표를 정할 수 있으며 아군의 전략적 의도를 감출 수도 있다는 점에서 우리가 배울 점이 많다고 생각한다.

이를 36계에서는 이미 계략적으로 보여주고 있으며 '성동격서'가 그것을 증명하고 있다. 즉, 전쟁이나 시장경쟁에서는 이를 소위 '분산투자'라고 할 수 있고, 다른 한편으로는 '다원화 발전'이라고 할 수 있다.

홍콩이나 상해, 싱가포르, 뉴욕 등은 상업이 일찍부터 발달한 세계 무역도시로 널리 알려져 있다. 그래서 이들 도시에서 성공한 사람이나 기업은 곧 그 명성이 외부에 잘 알려졌다. 중국 인민정치 협상회의 전국위원 부주석 겸 곽영동그룹 주석인 곽영동(藿英東)도 그런 사람 중에 하나였다. 그는 그라운드에서 줄기차게 뛰어다니는 축구선수처럼 시장을 종횡무진 누비고 다녔으며 사람들은 그를 '홍콩 상업계의 미드필더'라고 불렀다. 또 그는 수십 개의 영역에 동시 진출하여 경영 항목이 많기로 소문이 높았다. 건축업에서부터 호텔업, 레스토랑, 백화점, 해운 등 많은 영역에 손을 뻗치고 있었으며 하나의 방대한 공·상업 시스템을 구축하고 있었다.

그러나 이 많은 업종에서도 역시 그가 노리는 주요 공격 목표는 부동산이었다. 재테크는 그와 같은 화교 상인들이 가장 선호하는 것이었고 동양인으로서는 이재(理財) 수단으로 최고의 안전한 투자였기 때문이었다. 더욱이 그가 서로 아무런 공통점이 없는 방대한 기업 군(郡)을 이끌고 있는 이유는 다른 사람보다 뛰어난 정력이 있어서가 아니다. 단지 한 업종이 불경기로 고전을 한다고 해도 다른 업종에서 수익을 내어 그 밑진 부분을 채울 수 있었기 때문이다.

이런 점에 있어서는 '아시아의 록펠러'라는 별명을 갖고 있는 화교 출신의 부동산 거부 임소량(林紹良)도 마찬가지였다. 그는 방대한 임씨그룹을 만들었는데 그 산하에는 공업, 금융, 건축, 무역, 개발, 판매 등 7개 부분이 있었다. 또 인도네시아에 있는 시멘트회사는 자산가치가 25억 달러에 이르렀고, 그 외 그의 나머지 자산도 45억 달러에 공업, 보험, 금융, 은행, 호텔, 건축, 해운 등 많은 영역을 포괄, 총 60여 개의 기업을 가지고 있었다.

이런 분산투자는 시장위기를 효과적으로 막아낼 수 있었다. 비가 오면 우산을 파는 아들은 웃고 나막신을 파는 아들은 운다는 말이 있다. 한쪽이 안 되면 다른 한쪽이 잘되게 되어 있는데, 이런 점을 방지하기 위한 방편이 소위 문어발식 경영을 하는 오너들의 공통된 인식인 것이다. 많은 목표를 정하고 동시에 공격하여 전쟁을 승리로 이끄는 것과 같이, 동시다발적인 기업 경영은 안정된 수익을 올리고 위험을 줄일 수 있다는 데서 '성동격서(聲東擊西)'는 많이 활용되고 있다.

제2장

아군과 적군의 힘이 비슷할 때
기묘한 계략으로 승리로 이끄는 전략

제7계 무중생유(無中生有)

제8계 암도진창(暗渡陳倉)

제9계 격안관화(隔岸觀火)

제10계 소리장도(笑裏藏刀)

제11계 이대도강(李代桃僵)

제12계 순수견양(順手牽羊)

敵戰之計

적전지계

제7계

무중생유(無中生有)
지혜로운 자는 무에서 유를 창조한다

당신이 포위당했을 때는 허장성세를 과시하라. 단, 속임수가 탄로나지 않도록 해야 한다. 그런 다음에 적을 혼란에 빠뜨리고 이 속임수를 역으로 이용하되, 허와 실을 교묘히 엇바꾸어 공격을 가하라.

無 없을 무

中 가운데 중

生 날 생

有 있을 유

다이애나 왕비를 닮은 여자를 찾아라
_ 보석 상인의 마지막 승부수

'무중생유(無中生有)'는 없어도 있는 것처럼 보이라는 말이다. 따라서 바로 이 안에 허세와 속임수라는 복합적인 계략이 담겨 있다. 사람들은 이 '무중생유'를 듣기 좋은 것은 아니라고 하지만, 냉혹한 현실에서는 큰 쓸모가 있음을 알아야 한다. 이는 가상을 만들어 상대를 미혹하고, 센세이션을 일으켜 자기의 목적하는 바를 이루는 것이기 때문이다.

하지만 이 계책은 성공을 한다고 해도 태반이 찬사를 받기 어렵다는 것이 또 다른 특징 중의 하나이다. 우리는 최악의 경우를 제외하고는 이 '무중생유'의 계책을 밀도 있게 고려하고 펼쳐나가야 할 것이다.

영국 어느 한 작은 보석상점이 동종 업계와 치열한 경쟁에서 밀리다 못해 거의 파산 지경에 놓였다. 그런데 때마침 찰스 왕자와 다이애나 왕비가 결혼식을 올리게 되었다. 이때 보석가게 주인은 이 '무중생유'로 한몫 톡톡히 보려 계획했다. 그로서는 최후의 계략이었

찰스 왕자와 다이애나 왕비의 결혼식

다. 이래도 망하고 저래도 망할 지경에 이른 사람으로서는 '무중생유'의 계략이 최선의 방법이었다.

그는 우선 사람을 풀어서 런던의 시내를 돌아다니게 한 다음 다이애나 왕비를 닮은 여인을 찾아내게 했다. 다행히 아주 닮지는 않았어도 그런대로 다이애나 왕비의 모습을 한 여인을 찾아낼 수 있었다. 그는 그 여자를 자신의 VIP 손님으로 꾸미기 위해 철저하게 다이애나 왕비처럼 화장을 하게 하고 옷도 비슷하게 입혔다.

그리고는 다음날부터 연극을 시작했다. 보석상점도 새롭게 단장을 했다. 가짜 다이애나 왕비가 고귀한 자태를 뽐내며 호화 자동차에 앉아 이 보석상점을 찾아왔다. 이는 그 부근에 있던 사람들을 모두 놀라게 했다. 사람들은 저마다 왕비의 모습을 보려고 앞다투어 상점에 모여들었다. 그러자 경찰까지도 나서서 질서를 유지해야 했고, TV기자도 얼떨결에 뉴스보도까지 했다.

이제 사람들은 진짜가짜 가릴 것 없이 앞다투어 다이애나 왕비가 왔다간 이 상점에 찾아들었다. 보석 판매는 전에 없는 대호황을 이루었다. 뒤늦게 소식을 접한 영국왕실은 이 사건에 대해 강경하게 나서면서 상점주인을 사기죄로 고소하였다. 그러나 그는 기자들 앞에 나아가 자신이 고용한 인물이 다이애나 왕비라는 것을 단 한 번도 입밖에 내지 않았다고 했다. 또 사람들이 속아서 열광한 것을 어떻게 하라는 것이냐며 항변을 하자 모두가 고개를 내저었다. 일이 이렇게 되자 영국의 법원도 그를 사기죄로 구속할 수가 없었다.

최근에 강남 룸살롱들이 장사가 안 되자 국내 유명 연예인을 닮은 아가씨을 고용해 재미를 톡톡히 보고 있다고 한다. 특히 성형수술까지

해서라도 가짜 연예인을 만든다고 하는데 이것도 가짜 다이애나 왕비와 비슷한 예라 하겠다.

어찌되었든 보석가게 주인은 없는 것을 있는 것처럼 꾸며서 불황을 극복하였고 '무중생유'로 호황을 이루었고 감옥살이도 면했지만 후에 많은 사람들로부터 사기꾼이라고 소리를 듣게 되었다. 이처럼 '무중생유(無中生有)'는 극한 상황에서나 사용하는 극약이다.

제품의 백그라운드를 만들어라
_ 미용용품 회사의 전설 만들기

라놀린 크림

'무중생유(無中生有)'를 제일 성공적으로 펼친 사례를 소개하겠다. 미국 라놀린(Lanoline) 회사의 대리점을 경영하는 대만사람이 바로 그 주인공이다. 이 대리점 주인은 여러 신문에다 이런 광고를 실었다.

"오랜 옛날, 한 쌍의 손이 아름다운 전설을 만들었습니다. 이 전설은 이미 만화책으로 만들어져 출판되었습니다."

그리고는 이 책을 요구하는 사람은 편지를 보내면 무료로 준다고 약속을 했다. 과연 많은 사람들이 광고를 보고 많은 편지를 보내왔고 그 아름다운 전설은 사람들 속에 널리 퍼지게 되었다.

그렇다면 그 아름다운 전설은 무엇일까? 이야기 내용은 대충 이렇다. 아주 오랜 옛날 어느 나라의 국왕이 솜씨가 굉장히 좋은 요리사를 궁정요리사로 두고 있었다. 그의 손에서 만들어진 산해진미는 국왕의 입맛에 딱 들어맞았고 국왕의 찬사는 그칠 새 없었다. 소위 중국판 대장금이라고나 할까?

그러던 어느 날 그 요리사의 손에 괴상한 병이 생겨 손이 벌겋게 부어 올랐다. 그는 이제 다시는 맛있는 요리를 해낼 수 없었다. 임금은 그의 재능을 아깝게 여기고 어의까지 보내 치료를 했지만 효과가 없었다.

이에 상심한 요리사는 정들었던 왕궁을 떠나 어느 작은 마을로 들어가 양몰이 생활을 시작했다. 그는 자신의 신세를 한탄하며 날마다 손으로 양털을 쓰다듬어 주었다. 그런데 이상하게도 그렇게 아프던 손이 낫기 시작했다. 부은 손도 점차 가라앉고 아픔도 하루가 다르게 가라앉았다.

한편 국왕은 그 요리사를 대신할 사람을 널리 찾았으나 그때까지도 찾지 못하고 사신을 더 멀리 보내 찾고 있는 중이었다. 한편 궁중에서 쫓겨난 요리사는 이제 다시 임금을 위해 요리를 할 수 있겠다고 생각하고 서둘러 왕궁으로 돌아왔다. 국왕은 깜짝 놀랐다. 그리고 손이 완쾌된 영문을 물었다. 요리사는 그동안 있었던 상황을 모두 얘기했다.

그의 말을 듣고 난 국왕은 즉시 어의들을 파견하여 양털을 연구하게 했고 어의들은 양털에서 피부병 치료에 특효가 있는 물질을 발견하게 되었다. 국왕은 그 물질의 이름을 '라놀린(蘭麗, 란니)'이라고 지었다. 모방적(毛紡績)의 제조과정에서 생기는 양모기름으로 연고 화장품의 원료로 쓰이는 '라놀린'은 그 후부터 궁정 안에서 사람들마다 즐겨 쓰는 미용 약품으로 자리잡게 되었다고 한다.

대리점 주인은 '무중생유'로 이 아름다운 이야기를 꾸며냈다. 하지만 그것은 바로 책을 팔기 위함이 아니라, 사실은 자신이 팔고 있는 라놀린 회사의 면양크림을 선전하기 위한 것이었다. 말하자면 유언비어를 퍼뜨려 자신의 이익을 취한 것이나 다름이 없다. 반면에 소비자들은 이 아름다운 전설에 속아서 면양크림을 사게 되었고 그의 배를 불려 주었다.

앞서 보석상점 주인과 라놀린 대리점 주인은 모두 똑같은 '무중생유'의 계책을 썼고 둘 다 성공했다. 그런데 보석상점 주인은 사기꾼 취급을 받게 되었고, 라놀린 대리점 주인은 사람들한테 아름다운 인상을 남겨주었다. 무엇 때문일까?

그것은 보석상점 주인이 현실을 빙자한 속임수를 썼기 때문이고, 라놀린 대리점 주인은 그저 아름다운 이야기를 꾸며냈기 때문이었다.

기업이나 개인일지라도 이 '무중생유(無中生有)'의 계책을 쓸 때 모두 유의할 것이 있다. 그것은 기업이나 개인 모두 자신의 아름다운 이미지를 오래오래 남기려면 '무중생유'의 계책을 되도록 쓰지 않는 것이 좋다.

제3자의 PR은 곧 나의 성공이다
_ 어느 의원(醫員)의 PR

중국 청나라 때 엽(葉)씨 성을 가진 의원이 있었다. 그는 의술이 뛰어났음은 물론 마음씨까지 매우 훌륭했다. 하지만 운이 따르지 않았는지 아니면 홍보가 잘되지 않아서인지 찾아오는 환자가 별로 없어 생계를 유지하기도 어려웠다.

당시 그 지방의 다른 의원들은 환자들이 문전성시를 이루었는데 반해, 그의 곁에는 언제나 파리만 날리고 환자가 얼씬도 하지 않아 그는 하루하루를 어렵게 보내고 있었다.

그러던 어느 날이었다. 장천사(張天師)라는 사람이 이 마을로 오게 되었다. 그 장천사란 사람은 부적을 그려 귀신을 쫓는 직업을 가진 사람인데, 당시 황제마저 그를 자못 존경하여 백성들은 그를 신선이라고 불렀다.

엽씨 의원은 좋은 기회가 왔다고 생각하고 장천사를 찾아가 자신의 재능과 현재 처한 상황을 말하고 도움을 청했다. 장천사는 한동안 생각하더니 모월 모일에 배를 타고 도시를 가로 흐르는 다리 밑으로 지나가라고 말했다. 그러면서 장천사는 시간을 꼭 지켜 정해진 시간에 그곳으로 가라고 신신당부를 했다.

　그래서 엽씨 의원은 약속한 시간에 맞춰서 그 다리 밑을 지나갔다. 그런데 때마침 장천사도 가마에 앉아 그곳을 지나고 있었다. 의원의 배가 다리 밑으로 지나가는 것을 본 장천사는 급히 가마에서 내려 옆의 의원이 탄 배를 향해 정중하게 예의를 갖춰 절을 했다. 그러자 그의 이러한 행동을 지켜보던 구경꾼들이 이상해서 무슨 까닭인지 물었다. 그러자 장천사는 이렇게 답했다.

　"방금 다리 밑으로 지나가시는 한 신의(神醫)를 만났기 때문에 예의를 갖추었을 따름이오."

　이 한마디에 모두 엽씨 의원이 하늘에서 내려온 신의라고 소문이 났다. 그의 소문은 곧바로 한 입 두 입 전해져 하루아침에 유명한 의원이 되었다. 엽씨 의원이 장사가 잘된 것은 더 말할 나위가 없었다. 엽씨는 장천사가 보여준 '무중생유(無中生有)'의 도움으로 자신의 목적을 달성했던 것이다.

　지금이 아무리 자기 PR의 시대라고 하지만, 다른 사람이 한마디 거드는 것보다는 못하다. 특히 영향력이 있는 사람이 자신을 위해 계략을 쓰고 도움을 주는 것은 큰 힘을 발휘할 수 있다.

제8계

암도진창(暗渡陳倉)
기습과 정면공격을 함께 구사한다

정면을 공격하는 것은 자살이나 다름없다. 계략이 없는 사람은 정면으로 공격을 하기 쉽다. 그러나 측면도 있다는 것을 아는 사람은 언제나 그곳을 노린다. 그러나 그것은 아무도 모르게 해야 한다.

暗 어두울 암

渡 건널 도

陳 늘어놓을 진

倉 곳집 창

지식을 가르치며 물건을 판다
_ 음악학원을 세운 야마하

'암도진창(暗渡陳倉)'은 '진창같이 어두운 길을 택해서 간다'는 뜻이다. 중국의 첫 통일제국인 진(秦)나라가 망하고 초(楚)나라와 한(漢)나라가 중원을 놓고 전쟁을 하고 있었다. 이때 한나라 장수 한신(韓信)은 초나라 정벌에 나섰다.

한신은 중국 한나라 초의 무장으로 회음(淮陰)에서 태어났다. 그는 진나라말 난세 처음에는 초나라의 항량(項梁)·항우(項羽)를 섬겼으나 중용되지 않아 한왕(漢王)의 군에 참가하였다. 그러다가 승상 소하(蕭何)에게 인정을 받아 해하(垓下)의 싸움에 이르기까지 한군을 지휘하여 제국 군세를 격파하고 군사 면에서 크게 공을 세움으로써 초왕(楚王)이 되었다.

그러나 한나라의 권력이 확립되자 유씨(劉氏) 외의 다른 제왕(諸王)과 함께 차차 밀려나, BC 201년 회음후(淮陰侯)로 격하되고, BC 196년 진희의 난에 통모(通謀)하였다 하여 여후(呂后)의 부하에게 참살당하였다. 불우하던 젊은 시절에 시비를 걸어오는 시정 무뢰배의 가랑이 밑을 태연히 기어나갔다는 일화는 유명하다.

한신은 어느 때인가 많은 인력을 투입하여 잔도(棧道, 초나라와 한나라를 잇는 유일한 도로)를 닦는 공사를 벌렸다. 즉 그 길을 따라 정벌에 나설 어떤 가상(假象)을 보였던 것이다. 그러자 항우는 그 잔도 앞에 포진하고 한신이 출병하기만 기다렸다. 항우가 계책에 빠진 것을 본 한신은 대군을 거느리고 소로를 따라 진창을 건너 항우의 배후에 나타나 일격을 가했다. 또 이 싸움에서의 승리는 유방이 천하를 통일하는 데 디딤돌이 되기도 했다.

이처럼 '암도진창' 은 그저 전시행정으로 잔도를 수리하는 것과 같은 것이다. 그리고 전혀 예상치 못한 길로 가서 적을 치는 것인데 잔도를 닦는 것은 일종의 속임수이고 가상이다. 허장성세로 적의 주의력을 모아 대거진공의 태세를 보이며 뒤로는 '진창을 건너' 적의 옆구리를 찔러 치명타를 준다.

여기 또 한 예가 있다. 일본의 야마하(YAMAHA) 악기회사는 1887년 설립된 회사로 1987년 창립 100주년을 맞이하여 '일본악기제조' 라는 회사 이름을 '야마하' 로 바꾸었다. 그런데 이 악기회사가 1954년 20억 엔이라는 거액을 투자하여 일본 전역에서 야마하음악학원을 세우고 수백만 명의 음악 아마추어들을 받아들였다. 사람들은 이상한 눈길로 악기회사를 보았다. 악기회사가 학원을 세운다는 것은 당시 전례로 볼 때 기상천외했기 때문이다.

야마하 제품

하지만 이 악기회사는 겉으로는 수백만 명의 학생들을 받아들여 열심히 음악 교육을

시키는 척하면서 이 학생들을 상대로 장사를 했다. 그렇다고 학원 강사들이 시간마다 일본 악기회사의 광고를 하는 것은 절대 아니었다.

악기회사는 학생들의 이름을 모두 판촉부에 넘겼다. 그리고 판촉부 직원들은 그 이름을 이용하여 방문판매를 시작했다. 이것뿐이 아니었다. 학원에서 배우는 학생들이 이 악기회사의 악기를 사용하지 않으면 강사의 요구에 따라가기 어렵고 요구에 부합되는 곡을 연주하기 어렵게 만들었다. 배운 정도가 높으면 높을수록 악기에 대한 의존도는 점점 더 심했던 것이다.

그러니 야마하음악학원의 학생은 모두 야마하 악기회사의 구매자가 되지 않을 수 없었다. 그러나 야마하 악기회사로서는 항상 자신들의 음악학원 개설이 음악교육의 발전을 위한 것이라고 선전하고, 뒤로는 악기판매를 늘리기 위한 장사에 몰두했던 것이다.

다시 말하면 거액을 투자하여 세운 야마하음악학원은 야마하 악기회사의 '잔도(棧道)'였다. 그들은 잔도를 이용하여 악기 판매라는 '진창'을 건넜다. 경쟁상대가 그것을 느꼈을 때는 야마하 악기회사가 일본 악기시장의 절반을 점령한 뒤였다.

우리는 무슨 일을 하던 '잔도'를 잘 닦아야만 진창을 건너 성공할 수 있다. 또 '잔도'를 닦는 그 형체가 크면 클수록 거짓으로 만든 가상이 진실로 보이고 더욱 상대를 미혹시킬 수 있으며 자신의 진짜 목적을 감출 수 있는 것이다.

기병(奇兵)을 내어 적을 제압하라
_ 한큐전철의 승객 늘리기 작전

여러분은 만약에 '잔도(棧道)'를 수리하면서 적의 주의력을 돌리고 자신이 목적하는 바를 숨겼다면 그것이 바로 '암도진창(暗渡陳倉)'임을 알아야 한다. 그리고 집중된 병력을 기병(奇兵)으로 삼아 적의 방어가 허술한 옆구리를 공격하면 분명 승리를 할 수 있다.

일본의 어느 철도회사에서 있었던 일이다. 그 철도회사는 잘 알려지지 않은 작은 회사이고 또한 철로 연선(沿線)에 승객이 너무 적어 수입도 형편없었다. 회사 발전이라는 것은 기대할 것도 없었다. 그런데 새로 부임한 고바야시 이치조(小林一三) 사장은 너무나 비참한 현황을 타파하기 위해 '암도진창'의 계략을 사용하기로 했다.

그는 먼저 1920년에 건설된 이타미선(伊丹線) 철로 연선에 주택구역을 건설하였다. 그리고 개발한 아파트들을 아주 싼값에 팔아 사람들이 모이게 했다. 또 철로 연선에 동물원을 건설하고, 온천 구역을 만들었으며, 신인 가수그룹을 만들어 콘서트홀에서는 연일 공연도 이어졌다. 그 뒤로 그는 계속해서 각종 엑스포를 열었고 식물원, 극장, 식당, 대형 할인마트 등을 건설하였다.

그러자 철로 연선에는 자동적으로 사람들이 붐비기 시작했다. 새로운 상권이 형성되면서 그곳에 거주하는 사람도 많아졌고 관광객들도 구름처럼 몰려들었다. 신인 가수그룹의 콘서트는 유명세에 관계없이 사람들의 인기를 독차지했다. 그리하여 첫 해에 그곳을 찾은 사람은 19만 명에 이르렀고, 이듬해는 43만 명에 달했다. 주택구역도 점점 더 발전하였다. 따라서 그들의 열차를 타는 사람은 언제나 인산인해였다.

그 철도회사가 바로 오사카 키타의 중심지인 우메다(梅田)에 있는 한큐(限急)전철이다. 현재 일본 쇼 비즈니스계의 선구자로 불리는 고바야시 사장의 예를 분석해 보면, '잔도(棧道)'는 바로 철로 연선에 세운 시설과 건축물들이었다. 그는 이 '잔도'를 이용하는 사람들이 많아지면 자연 그 철로를 이용하는 사람도 많아진다는 것을 알고 있었다.

또 고바야시 사장의 '잔도'인 여러 시설과 건축물들은 그의 기병(奇兵) 노릇도 톡톡히 해냈다. 이런 효자 기병이 있었기에 경쟁 적수들은 속는 줄도 모르고 있다가 그들의 공격에 완전히 무너지고 만 것이다. 현재 이 철도회사는 일본에서 제일 큰 철도회사로 자리잡고 있으며 고바야시 사장의 이 책략도 철도 경영의 좋은 본보기로 되어 많은 사람들에게 보급되고 있다.

철저하게 시선을 돌려놔라
_ 노르망디상륙작전

노르망디상륙작전

'암도진창(暗渡陳倉)'은 쌍방이 첨예하게 대립하고 있을 때, 고의로 다른 목표를 설정하여 공격을 하는 것처럼 하여 상대방의 주의를 그곳을 유도하고 암암리에 다른 곳을 공격하는 계략이라고 했다.

즉, '암도진창' 이란 일종의 기만작전이다.

제2차 세계대전 중인 1944년 연합군은 프랑스 노르망디 해안에 상륙작전을 감행, 독일에 대한 공격을 시작하려 했다. 이때 영미 연합군은 노르망디상륙작전을 독일이 눈치채지 못하게 하려고 여러 가지 기만책을 구사했다. 우선 영국 동부에 미군의 3군사령부를 배치한 것처럼 꾸몄다. 그들은 며칠이고 거짓 무전을 끊임없이 치고 그 사령관이 바로 미국의 유명한 패튼(Patton) 장군이라고 소문을 퍼뜨려 놓았다. 또 독일군으로 하여금 연합군의 상륙 지점이 영국과 가장 가까운 파 드 칼레(Pas de Calais) 지역처럼 보이게 했다.

게다가 적으로 하여금 더 확실하게 믿도록 하기 위해 중립국을 통하여 파 드 칼레 지역의 상세한 지도를 수집하는 데 열을 올렸다. 심지어 용모가 흡사한 영국군 장교를 몽고메리(Montgomery) 장군으로 분

몽고메리(위) / 패튼(왼쪽) / 롬멜(오른쪽)

장시킨 다음 수상 전용기에 태워 전방을 시찰하기도 했다.

그러자 독일군은 연합군이 파 드 칼레 지역을 목표로 한 상륙작전을 준비하고 있는 것이 틀림없다고 판단했다. 그러나 그것은 기실 연합군의 '잔도' 계략에 불과했다. 그것을 알 리 없는 독일군은 파 드 칼레의 방위를 위해 병력을 증파하고 대신 노르망디 해안의 방어는 소홀히 했다. 심지어 프랑스 북부해안의 방어를 맡은 롬멜(Rommel) 대령이 아내의 생일잔치에 함께 하기에 이르렀다.

1944년 6월 6일, 미국의 D. D. 아이젠하워 대장의 지휘하에 미국 제1군, 영국 제2군, 캐나다 제1군 등을 주축으로 하는 연합군이 북프랑스 노르망디에 상륙했다. 상륙 당일은 수송기 2,316대와 많은 병력을 동원하여 공수부대를 독일군 배후에 투하시켜 거점을 확보하고, 그 엄호 아래 항공기 13,000대와 함대 6,000척을 동원하여 7개 사단이 상륙하는데 성공하였다. 그리고 7월 2일까지 병력 100만 명과 차량 17만 대가 동원되고 이 작전으로 제2차 세계대전 초기 서부 전선에서 패하여, 유럽 대륙으로 퇴각한 연합군이 독일 본토로 진격하기 위한 발판을 마련하였다. 독일은 연합군의 잔도 계략에 철저하게 속은 것이다.

'진창(陳倉)'을 잘 넘으려면 '잔도(暗渡)'를 잘 닦아라
_ 키신저의 중국 방문

키신저

미국 국무장관 키신저(Henry Alfred Kissinger)는 1971년 7월 9일부터 11일까지 비밀리에 중국을 방문했다. 그는 그때 언론과 여론의 눈을 피하기 위해 중국으로 바로 날아가지 않고 다른 나라를 경유하는 장거리 여행을 했다. 6월 30일, 백악관을 떠날 때 키신저의 제일 첫 방문 목적지는 남부 베트남이었다.

그리고 그는 태국과 인도, 파키스탄을 거쳐 파리로 날아갔는데 7월 3일, 베트남의 수도 사이공에 도착했다. 기자들은 키신저의 일거수 일투족을 그림자처럼 따라다니며 놓치지 않으려고 노력하였다. 그럼에도 그는 일정대로 4일에는 태국 수도 방콕에 도착했고, 6일에는 인도의 수도 뉴델리, 8일에는 파키스탄의 수도 이슬라마바드에 도착했다. 그런데 짧은 시간에 너무 많은 나라를 강행군으로 돌아다니자 키신저와 함께 동행했던 기자들은 하나둘씩 떨어져 나가고 나중에는 단 3명밖에 남지 않았다.

이때로부터 20세기 세계 외교사상 제일 유명한 키신저의 '탈출기'가 시작되었다. 이튿날인 7월 9일, 파키스탄 정부는 키신저의 건강이 좋지 못해서 어느 호텔에서 휴식하고 있다고 말했다. 그리고 '잔도(棧道)' 길닦이에 사람들의 이목을 끌기 위해 파키스탄 국기와 미국 국기를 단 자동차 행렬로 키신저가 투숙하고 있는 호텔로 향했다.

그때 키신저는 호텔에 있지 않았다. 9일 아침 그는 파키스탄 외교부 비서와 함께 비밀리에 이슬라마바드 공항에 나갔다. 공항에는 이미 중국의 고위급 외교관이 대기하고 있었다. 그가 중국 외교관과 비행기에 오를 때는 아무도 그를 알아보지 못했다.

하지만 단 한 명의 영국 기자가 그를 알아보았다. 버그라는 이름의 그 기자는 키신저가 중국 외교관과 비행기에 오르는 모습을 보고 급히 호텔에 돌아와 본사에 이 소식을 알렸다. 하지만 본사 담당 편집자는 키신저는 지금 파키스탄 호텔에 있는데 무슨 소리냐며, 버그가 술에 취해 오보를 송고했다고 여기고 이를 발표하지 않았다.

그 시각에 이미 키신저가 탄 비행기는 파키스탄과 중국 국경을 넘어섰고 얼마 지나지 않아 북경 공항에 도착하였다.

1970년대 초 미국은 중국에 대한 정책을 개변했지만 국제영향을 의식하지 않을 수 없었다. 그래서 키신저는 외교적 '암도진창(暗渡陳倉)'의 드라마를 연출했던 것이다. 파키스탄 정부의 '잔도(棧道)' 길닦이가 없었더라면 그는 결코 중국에 날아갈 수 없었다.

'암도진창'에서 성공하려면 먼저 '잔도' 길닦이부터 잘해야 한다. 길을 닦는다 해서 그냥 대강대강 닦는 것이 아니라 철저하게 닦아야 한다. 그렇지 않으면 사람들이 그 의도를 먼저 알아차리고 '암도진창'은 실패하기 때문이다. 따라서 진창을 잘 넘으려면 잔도를 잘 닦아야 한다.

제9계

격안관화(隔岸觀火)
적의 위기는 강 건너 불 보듯 한다

집안싸움을 일으켜라. 상대의 분란은 나에게 기회가 될 수 있다. 그러나 내분이 있는 상태에서 적을 기습하면 오히려 적이 단결되어 아군이 손해를 보게 된다. 따라서 어느 정도 적이 자멸하는 것을 기다리는 것이 좋다.

隔 멀 격

岸 언덕 안

觀 볼 관

火 불 화

기다려라, 그리고 주시하라
_후지와 캐논의 출혈 경쟁

적의 내부에 갈등이 일어나는 조짐이 보인다고 해서 무리하게 적을 밀어붙이면 적들은 힘을 합쳐 반격을 하게 된다. 차라리 내란이 일어나기를 기다렸다가 어부지리를 얻어야 한다.

도요새가 조개의 속살을 먹으려고 부리를 조가비 안에 넣는 순간 조개가 입을 다물었다. 도요새와 조개가 서로 싸우고 있을 때 지나가던 어부가 힘 안 들이고 둘 다 잡았다는 '어부지리(漁父之利)'는 많이 알려진 고사성어이다.

'격안관화(隔岸觀火)' 역시 어부지리와 비슷한 계책이다. 적들이 서로 죽기로 싸울 때 한쪽에서 수수방관만 하면 된다. 싸움을 말릴 필요도 없다. 속으로 실컷 싸우라고 기도만 하면 된다. 적들의 싸움이 끝나면 내가 챙길 것만 챙기면 된다.

이는 어쩌면 실리만 추구하고 의를 버린다는 비난을 받을 수 있으나 치열한 경쟁에서는 마음을 모질게 먹어야 한다. 생존경쟁에서 이기기는 방법도 이와 마찬가지이다. 다만 그것이 불법이 아니라 계략이어야 한다는 단서가 붙는다.

XEROX
Canon
후지-제록스와 캐논

동남아의 타이헝(泰恒) 회사에서 일본의 복사기를 대량으로 수입하려고 하였다. 이때 일본의 두 복사기 회사가 나타나 복사기 독점공급권을 두고 쟁탈을 벌였다. 그 회사는 바로 후지(Fuji)와 캐논(Canon)이었다.

이때 타이헝 회사는 어디에도 기울어지지 않고 묵묵히 저울질만 했다. 두 회사가 서로 다투며 아무리 낮은 가격을 제시해도 타이헝은 묵묵히 지켜만 보고 있었다. 그러자 두 회사간의 쟁탈전은 더욱 뜨거워졌고 가격은 점점 내려만 갔다. 마지막에 가서 후지 회사에서 가장 최저 가격을 내놓음으로써 가격전은 막을 내렸다.

그러나 후지 회사로서는 동남아에 복사기 독점공급권을 따냈지만 그 대가는 참으로 엄청난 것이었다. 복사기를 공장에서 사오는 가격보다 타이헝 회사에 파는 가격이 더 낮았던 것이다. 결국 두 회사의 경쟁에서 이익을 본 측은 타이헝 회사였고, 아무런 힘도 들이지 않고 제일 낮은 가격으로 복사기를 수입할 수 있었다.

그렇다고 '격안관화(隔岸觀火)'의 '관(觀)'이 보고만 있으란 얘기는 아니다. 시시각각 적들의 움직임을 주시하다가, 일단 쌍방이 모두 기진맥진했을 때 그물을 거두어야 한다는 뜻이다. 즉 최적화 시기를 잘 보아야만 한다는 것이다. 그러기 위해서는 매사에 서둘지 말고 분위기가 무르익을 때까지 기다렸다가 그때 내가 얻고자 하는 것을 취해야 한다.

또 한 가지 참고할 것은 '격안관화'로 어부지리를 노릴 때 자기 집 뒤뜰에도 불이 일어날 가능성이 있다는 것을 명심해야 한다.

불길의 중심에 기회가 있다
_ 협찬사 지정으로 돈을 번 위버로스

위버로스

강 건너에 한창 불이 날 때 우리는 시시각각 그에 대한 준비를 철저히 해야 한다. 너무 일찍 불이 꺼져버리면 내가 불필요한 힘을 빼게 되고, 너무 늦게 꺼져버리게 되면 불에 다 타서 건질 것이 없게 되기 때문이다. 이는 밥을 할 때와 같다. 화력을 너무 세게 하면 밥이 타고 너무 약하게 하면 죽이 되듯이 말이다. 그러므로 기회는 곧 '격안관화(隔岸觀火)'의 중심이고, 고기를 낚기 위해서는 그물을 잡아당길 시간을 확실하게 잡아야 할 것이다.

제23회 하계올림픽을 개최한 L. A. 올림픽 조직위원장 피터 위버로스(Peter Ueberroth)는 미국 정부의 돈을 일전 한 푼 쓰지 않고 자기 호주머니에 2억 달러를 챙겼다. 사실 이전까지만 해도 올림픽은 명예와 상징이지 이익과는 거리가 멀다고 여겼고, 역대 올림픽에서 모두 재정 적자를 냈지만 위버로스만 성공을 했다. 그것은 바로 '격안관화' 때문이었다.

당시 위버로스는 올림픽 사상 처음으로 올림픽 실황중계권을 경매로 팔았다. 그때 미국의 양대 방송인 ABC와 NBC는 중계권을 놓고 불

꽃 튀는 경쟁을 벌였는데, 최종적으로 낙찰된 중계권료는 2억8천만 달러였다.

위버로스의 '격안관화'는 여기에서 그치지 않았다. 마치 불구경을 즐기는 사람처럼 또 한 번 '격안관화'를 펼쳐 올림픽 협찬 회사 선정에 나섰다. 당시에는 협찬이란 것이 없었다. 그는 협찬도 기업 이미지나 상품을 알리는 데 있어서 광고 못지 않을 것이라고 판단을 하고 새로 규정을 만들어 판매에 나섰다. 그런데 이 역시 대히트였다.

최종 본회 올림픽 협찬 회사는 총 30개, 하나의 업종에서 회사 하나만을 선택한다 해도 선택된 회사에서 적어도 400만 달러를 벌어들일 수 있는 황금알이었다. 그리고 협찬사로 지정이 되면 올림픽 관련업종 상품의 전매권을 가지게 되어 있었다.

이 소식이 퍼지자 전세계 거물급 회사들은 치열한 경쟁을 벌였다. 서로 상품 전매권을 따내기 위해 협찬금을 올릴 수 있는 데까지 올렸다. 코카콜라는 1,250만 달러로 펩시콜라를 눌렀다. 일본 후지 회사도 700만 달러의 협찬금으로 필름의 전매권을 땄다.

위버로스는 그들이 치열한 경쟁을 벌이는 동안 불구경만 하다가 총 385억 달러의 거금을 호주머니에 넣었다. 위버로스가 총책임을 맡은 기적 같은 이 드라마에서 여러 거물급 회사들은 그의 의지에 맞춰 자기네끼리 치열한 경쟁을 벌였고, 그의 이러한 불구경은 오늘날까지 월드컵이나 각종 빅경기가 있으면 예외없이 이어지고 있다. 갈수록 그 수법도 다양해져서 '격안관화'가 최소한의 위험감수로 최고의 이익을 얻는 계책이라는 것이 증명되고 있는 것이다.

내 집의 불씨를 살펴라
_ 청바지 왕국의 쇠퇴

리바이 스트라우스

세계적인 청바지왕국으로 불리는 리바이스(Levi's) 회사는 한동안 전세계 패션계를 리드해왔다. 청바지는 1940년 경에 미국에서 크게 유행하여 하나의 패턴으로까지 자리를 잡았는데, 리바이스는 그 대표적인 회사라 할 수 있다.

설립자 리바이 스트라우스(Levi Strauss)는 1829년 독일의 바바리아 지방에서 태어나 1847년에 미국으로 이주를 하고 1853년에 다시 샌프란시스코로 이주하였다. 당시에는 서부개척의 붐을 타고 금광개발이 한창이었는데, 이 시점에서 1873년 광부들의 험한 생활에 잘 맞는 질기고 강한 옷을 만들게 된 것이 그 시초였다.

리바이스 회사가 한창 잘나가던 1900년대 후반 회사 경영자들은 새로운 경영이념을 내세웠다. 그들은 '혁신이념'을 내세우며 회사가 사회가치 문제를 더 많이 고려하도록 노력해야 한다고 주장했다. 그것은 경제 효과만 따지는 회사보다는 사회 가치를 더 소중히 하는 것이, 회사 발전에 큰 힘이 될 것이라고 확신했기 때문이었다.

그러나 결과는 점점 다른 곳으로 옮아갔다. 회사의 많은 규정들은 정상적인 경영궤도를 이탈, 사원들은 온종일 가족·친척 등의 문제들로 토론과 연구를 진행하는 바람에 오히려 회사의 발전에 장애가 되었다. 당시 대외적으로 치열한 경쟁을 벌여야만 생존할 수 있었던 회사로서는 내부에서 관료주의가 성행하고 사원들의 인심은 날이 갈수록 황폐해졌다.

더구나 리바이스의 경쟁 상대였던 카프 회사는 청바지 왕국의 쇠퇴를 흐뭇하게 지켜볼 뿐이었다. 1997년 리바이스 회사는 경영부진으로 유럽과 아메리카에 있던 29개 공장이 파산하고 16만 명의 인원감축을 했다. 1998년 회사의 판매액도 13% 하락했다. 결국 리바이스네 집에 불이 나는 바람에 카프가 횡재를 한 것이다.

추산에 따르면 리바이스 회사의 시장가치는 호황을 이룰 때의 140억 달러였던 것이 80억 달러로 감소했다. 반면 카프 회사는 원래의 70억 달러였던 것이 400억 달러로 치솟았다.

바로 이 사건이 리바이스의 가장 큰 위기였다고 할 수 있다. 하지만 리바이스의 명성은 여전히 건재하다. 리바이스는 산하 3개의 브랜드를 거느린 의류 생산 판매기업으로 샌프란시스코 본사에만 1,600여 명의 종업원이 있고 전세계적으로는 만여 명의 직원이 있다. 또 리바이스 설립자를 기념하기 위한 리바이 스트라우스 재단은 연간 2천만 불 이상을 40여 개 국 지역단체에 자선 기부하고 있다.

전쟁터에서 벌어들인 달러
_ 걸프전에 물품지원한 1,127개 회사

걸프전

어떠한 형식의 전쟁이든 전쟁 자체는 참혹하고 잔인한 것이다. 하지만 전쟁도 어떠한 시각으로 보느냐에 따라 달리 이해가 된다. 전쟁은 장교에게는 승진, 병사에게는 피, 국민들에게는 죽음이다. 하지만 상인들의 눈에는 돈 그 자체일 경우가 많다. 한국전으로 일본이 패전의 늪에서 일어서고, 걸프전으로 미국의 경제가 회복하는 것을 보면 알 수 있다.

통계에 따르면 미국에서 1,127개 회사가 걸프전을 이용하여 회사의 이미지를 높이고 거액의 달러를 벌었다고 한다. 코카콜라는 사막에서 전쟁을 벌이고 있는 사병에게 무료로 콜라를 제공하면서 이런 말까지 했다.

"집 떠난 외로운 인간을 도와주어 평생의 친구로 지내라. 이는 어느 기업에나 모두 유리할 것이다."

또 월드스포츠 사(社)는 구두 기름을 무상으로 제공, 먼지투성인 사막에서도 구두를 반짝반짝 빛나게 할 수 있다고 자랑하였다. 그 외 1

만 개의 트럼프, 2만 박스의 맥주, 10만 개의 선글라스 등 어느 전쟁에서도 이런 일이 있어본 적이 없었다. 날마다 새로운 제품들이 전투부대로 운송되고 있었다. 사병들은 날마다 본토에서 보내온 새로운 선물들을 받았다.

TV에서는 날마다 수만 리 떨어진 사막에서 통조림을 먹고 콜라를 마시며 소니 CD를 귀에 건 사병들의 모습이 보였다. 사병들이 귀국할 때 그 여러 회사들에서는 자신들의 성공을 위해 축배를 들었다. 당신이 만약 상인이라면 이렇게 전쟁이라는 불구덩이 속에서도 달러를 벌어 들일 줄 알아야 할 것이다.

특히 다국적 기업인 DHL은 이라크전쟁 중에도 적지에 뛰어들어 물류 수송을 통해 큰 수익과 광고효과를 얻었다. DHL은 원래 전세계 특송 및 물류 산업의 마켓 리더로서, 현재 230개 국의 약 12만 지역에 특급 운송을 포함한 종합 물류 솔루션을 제공하고 있다.

그런데 지난해 5월에 이 업계는 이라크 업무를 개시했다. 이미 3월에도 아직 전쟁이 끝나지 않은 아프가니스탄에 국제 특송 서비스를 개시했는데, 이라크에서 예기치 않은 문제가 발생했다. 그것은 바로 11월 22일에 사담공항에서 반군들에게 피격당한 사건이다. 그때 전세계 언론이 이 사실을 대서특필했는데, 당시 DHL의 화물기의 날개에 러시아제 스트렐라 미사일이 맞은 것으로 알려졌다.

하지만 DHL은 불과 6일 후인 11월 28일에 다시 미사일 피격으로 중단되었던 이라크 항공 서비스를 재개하였다. 물론

DHL 화물기

항공기는 거액의 보험을 들어 회사에 전혀 피해가 없었다. 결국 DHL은 세계 언론의 집중으로 천문학적인 자사 광고효과를 얻었으며, 직원들의 단결 또한 한층 더 강화되었다.

제10계

소리장도(笑裏藏刀)
웃음 속에 칼날이 숨어 있다

가슴에 비수를 숨기면서 겉으로는 웃음을 던져보라. 그러면 상대는 당신을 믿을 것이다. 그순간 상대를 공격하여 목적을 달성해야 한다. 여인의 웃음에 낭패를 본 황제며, 친절 속에서 사기를 당한 사람이 한둘이 아니다. 웃음을 조심하라.

笑 웃을 소

裏 속 리

藏 감출 장

刀 칼 도

한 번 한 약속은 끝까지 지킨다
_ 유효기간 하나로 빵 재벌된 주부

'소리장도(笑裏藏刀)'가 간혹 인간의 도리라 할 수 있는 인의(仁義)의 계책이 아니라고 비하하는 경우가 많은데, 그럴 필요는 없다. 다시 말해, 타인에게 해를 줘야 계책이 이루어진다고 생각해서는 안 된다는 뜻이다. 선의의 모략과 계략은 지략이 될 수도 있으며 시장경쟁에서 큰 역할을 할 수 있기 때문이다. 더욱이 여기서의 도(刀)는 사람을 해치는 수단이 아니라 돈을 버는 목표라고 생각하면 된다.

우선 돈을 벌려는 사람은 자신의 목적을 마음속에 감추고 친밀하고 선량한 경영방침이나 서비스를 고객들에게 펼친다. 그 다음 고객들에게 우의와 신임이 심어지면 고객들이 마음속으로부터 즐겁게 돈을 내놓게 하고 그 돈을 내 호주머니에 들어오게 해야 한다. 이것이 바로 '소리장도'의 정수이며, 우리가 따라 배우고 제창해야 할 고명한 수단이다.

캐서린은 미국의 평범한 주부였다. 그녀는 빵집을 꾸리면서 항상 '유효기간으로부터 신용을 얻는다'는 생각을 가지고 있었다. 그리고 그녀의 그러한 생각은 고객들의 감동을 불러일으켰고 많은 사람들로부터 신임을 얻었다.

　몇 십 년 후 그녀의 빵 가게는 거대한 기업으로 발전했다. 또 그녀는 '빵의 여왕'이라는 별명까지 얻게 되었다.

　그녀는 소비자들로부터 빵에 대한 신임을 얻기 위해 매일 포장지 위에 생산한 날짜를 박아 넣었다. 그리고 사흘이 지나도 팔리지 않은 빵은 모두 회수해 들인다고 광고를 했다. 사실 이 광고는 그녀의 빵집에 많은 일손과 낭비를 가져왔지만, 그녀는 계속 자기의 주장을 고집하며 빵 봉지에 날짜를 새기는 번거로움을 감수했다.

　그런데 어느 해 그녀가 빵 공장을 하는 도시에 홍수가 났다. 집이 떠내려가고 먹을 것이 없자 빵이 대량으로 소요되었다. 빵을 굽는 족족 팔려나가 날짜가 지난 빵도 없어서 못 팔 지경이었다. 하지만 그녀는 계속 소비자와의 약속을 지켰다.

　한번은 어느 편벽한 산골의 상점에 적치된 빵이 있어 되실어오게 되었다. 빵을 실어오는 중 직원은 기아에 시달리는 사람들을 만났다. 사람들은 어서 빵을 팔라고 요구했지만 그 직원은 빵을 절대 팔 수 없다고 했다. 사흘 지난 빵을 팔면 회사에서 해고를 당하기 때문이었다.

　한 기자가 지나가다 이 광경을 보고 사람이 먹어서 죽지 않을 거라면 팔아야 한다는 권고를 하고 나서야 직원은 빵을 팔기로 동의했다. 그 후 기자는 이 사실을 신문에 실었고 캐서린 빵 공장은 더욱 널리 사람들에게 알려지게 되었다. 판매액이 2만 달러였던 것이 몇 년 후 400만 달러의 판매액을 올리는 대기업으로 부상하였다는 것만으로도 '소리장도(笑裏藏刀)'의 계략이 얼마나 유효한지를 알 수 있다.

황제를 위하여?
_ 리필 성명으로 신용 얻은 케이크 회사

'여기 오시는 손님을 황제처럼 모시겠습니다.'

'손님은 우리의 가족입니다.'

어느 백화점이나 호텔에 가면 이런 말들을 많이 듣는다. 하지만 그 어떤 아름다운 인사말이나 찬란한 미소일지라도 그 내면에는 '나는 당신의 돈을 갖겠습니다' 라는 목적이 숨겨져 있다.

일본의 메이지 케이크 회사에서는 이런 사과성명을 발표하였다.

"저희 회사의 불찰로 며칠 전에 판매한 케이크에는 탄산칼슘의 함량이 표준 함량보다 초과되었습니다. 따라서 소비자들께서는 속히 물건을 교환해 가시기 바랍니다."

소비자들은 이 성명에 감격을 했을지 모르지만 속을 들여다보면 절대 감격할 일이 아니다. 이 회사가 소비자의 건강을 지고(至高) 무상(無上)의 위치에 놓은 것처럼 보이지만 내심은 그렇지 않았다. 빵에 탄산칼슘이 좀 많다고 해서 사람들의 건강에 해로운 것은 절대 아니기 때문이다. 단지 소비자들의 신뢰와 호감을 사서 돈을 벌겠다는 것뿐이었다. 즉 그들의 아름다운 미소나 친절 속에는 자기의 목적, 즉 판매액을 높이려는 계략을 숨겨놓고 있다.

결국 메이지 케이크 회사의 성명에도 불구하고 직접 찾아가서 케이크를 교환하는 사람은 거의 없었다. 대신 이 회사의 신용을 높여주어 오히려 물건을 사러 가는 사람이 더 많아졌다.

미국의 한 슈퍼마켓에서도 이와 비슷한 목적으로 이벤트를 연출한 적이 있었다. 하루는 슈퍼마켓에 사람들이 가장 많이 붐비고 있을 때 갑자기 직원들이 10여 통의 우유를 쏟아 버렸다. 그리고는 사람들 앞에서 이 우유들은 이미 시간이 지났기 때문에 소비자들의 건강을 고려해 아깝지만 버린다고 말했다.

이 역시 소비자들의 신임을 얻기 위한 것이었다. 신임을 얻어야 소비자들이 의심을 놓고 자기의 호주머니를 풀기 때문이다. 그때 버린 우유를 검사기관에 의뢰한 결과, 이미 버린 우유는 유효기간은 지났으나 위생검역 부문의 검사에서 그 질에는 절대 문제가 없다는 것이었다.

그러나 슈퍼마켓에서는 질은 문제없어도 유효기간이 지났기 때문에 소비자의 이익을 생각해서라도 버려야 한다고 역설했다. 그리고 언론들은 이 사실을 앞다투어 보도했고, 이 우유 사건은 한동안 사람들의 화제가 되었다.

사실은 이 슈퍼마켓에서 만들어낸 연극에 불과했는데 말이다. 그들이 우유를 버린 후 자진해서 검역을 받고 검역보고서가 아무 이상이 없다고 해도, 자기의 주장을 계속 고집한 것은 소비자들의 신임을 얻기 위한 목적에서였다.

'황제처럼 모시겠습니다.'

'황제를 위한 것입니다.'

이 모두가 '소리장도(笑裏藏刀)'를 이용하여 소비자의 신임을 얻어 소비자가 달갑게 주머니 돈을 꺼내게 하기 위한 아름답고 찬란한 미소일 뿐이다.

올림픽 금메달과 원가 상환
_ 올림픽을 이용한 소점포

제25회 하계올림픽은 1992년 스페인 바르셀로나에서 거행됐다. 그런데 이 도시의 한 전기재료 상회의 사장은 올림픽이 열리기 전날 밤에 전시내에 이상한 광고문을 내걸었다.

"만약 스페인 선수들이 이번 올림픽에서 금메달을 10개 이상 따게 되면 6월 3일부터 7월 24일 사이에 본 상점에서 사가는 모든 전기재료 값을 되돌려 드리겠습니다."

이 애국적 제스처는 하룻밤 사이에 매스컴을 타면서 모든 스페인을 흔들어놓았다. 사람들은 너도나도 그 상점에 찾아가 물건을 구입했다. 비록 전기재료들이 값이 비싸긴 하였지만 판매량은 계속 치달아 올랐다. 사장은 입을 다물지 못했다.

그러나 7월 4일에 이르러 뜻밖의 기적이 일어났다. 스페인 선수들이 그날까지 금메달 10개, 은메달 1개를 따낸 것이다. 이젠 이 상점이 약속대로 배상금을 돌려줘야 했다. 거기다 제한된 날짜까지는 며칠 더 남아 있었다. 사람들은 마구 벌떼처럼 몰려들어 이 상점의 상품을 거두어갔다.

그리하여 이 상점에서 배상해야 할 돈은 100만 달러를 넘어섰다. 이 배상금 때문에 상점은 파산할 것처럼 보였다. 사람들은 사장에게 배상금을 언제 돌려주느냐고 끊임없이 전화를 해댔다. 다른 사람 같으면 심각한 좌절이라도 했을 터이지만 사장은 여전히 태연자약했다.

"올림픽이 끝나는 9월부터 틀림없이 지불해 주겠으니 걱정하지 마십시오."

그렇다면 사장은 어떻게 이 궁지를 빠져나갈 수 있었을까? 그는 이미 광고를 하기 전에 보험회사에 전문 항목 보험을 신청해놓고 있었다.

보험회사의 스포츠 전문가는 스페인 선수들이 역대의 올림픽에서 금메달을 5개 이상 딴 역사가 없었다면서, 올해도 그것을 10개 이상 따지 못할 것이라고 단정하였다. 이리하여 보험회사에서는 이 보험 항목을 접수하였던 것이다. 하지만 대이변으로 보험회사에서는 부득불 100만 달러의 배상금을 지불하지 않을 수 없었다.

사장은 바로 '소리장도'를 이용하여 한꺼번에 전기재료를 팔아 벼락부자가 되었고 보험회사는 큰 손해를 보았다. 바르셀로나 올림픽에서 사장이 얻은 것은 돈뿐만이 아니었다. 그는 올림픽을 기회로 회사의 신용과 이미지를 올렸고, 그리고 많은 상품을 팔 수 있게 되었다. 이는 그가 돈을 돌려준다는 '미소' 속에 자신의 '칼'을 감추었기 때문에 가능했다.

또 그 도박에서 패한 곳은 보험회사이지만 사실 따지고 보면 그렇지도 않았다. 당장 거액을 물어주게 되어 손해가 많았지만 보험회사도 자신의 이미지를 널리 알리게 되어 신용과 이미지 부각에서 소기의 목적을 달성하여 결손을 최대한 감소시켰다.

이런 예는 우리나라에서 개최된 2002 한일 월드컵 4강 신화에서도 찾아볼 수 있다. 당시 우리나라가 폴란드, 포르투칼, 이탈리아, 스페인 등 강호를 차례로 꺾으며, 히딩크의 신화가 점점 이루어지자 어느 가

2002 한일 월드컵

전업체는 아주 싼값에 제품을 팔겠다고 했다. 전국의 술집과 음식점에서는 하루 동안 공짜로 음식과 맥주를 손님들에게 제공하기도 했다. 이 역시 기쁨 속에서 칼을 품는 '소리장도(笑裏藏刀)'의 전형이라고 할 수 있다.

제11계

이대도강(李代桃僵)
오얏나무가 복숭아를 대신해 죽다

작은 손실에 연연하지 말라. 어떤 일이든 손실은 따르게 마련이다. 문제는 그 손실이 장래 이익과 얼마나 결부되어 있느냐는 것이다. 작은 손실에 집착하다 보면 보다 큰 이익을 잃게 된다. 어느 것이 중요한가 먼저 생각하라.

李 오얏 이

代 대신할 대

桃 복숭아나무 도

僵 쓰러질 강

작은 것은 버리고 큰 것을 남겨라
_ 대형백화점에 맞선 소형백화점

오얏(李)나무와 복숭아(桃)나무가 함께 우물가에 살고 있었다. 그런데 어느 날 갑자기 벌레가 나뭇잎을 갉아먹기 시작했다. 이때 주인은 복숭아나무를 살리기 위해 복숭아나무에는 약을 치고 대신 오얏나무가 벌레들의 먹이가 되게 하였다. 따라서 나중에 오얏나무는 말라서 죽고 복숭아나무는 가지가 무성하게 자라 주렁주렁 열매가 달렸다.

'이대도강(李代桃僵)'의 계책은 자기의 사업이나 생활이 위험이나 곤경에 빠졌을 때 작은 것을 버리고 큰 것을 남겨 이후의 재기를 도모하는 것을 말한다.

그러나 '이대도강'의 계책을 펼쳐나가려면 먼저 자기 자신에게 먼저 칼을 대야 한다. 자기 살을 베어내는 아픔을 겪어야 하니 여간 독한 마음을 품지 않으면 이 계책은 성사시킬 수가 없다. 그러나 역설적으로 생각하면 베어낸 살이 굳어 더욱 단단해질 수 있기 때문에 자기 발전에 유리하다. 또 자신의 기를 금성철벽으로 단련할 수 있으니 장기적인 목표로 볼 때는 아주 유리한 것이다.

요 몇 년 사이에 일본 백화점 업계는 강대한 자금력과 최신 경영 기

대만의 백화점

술을 앞세워 대만에 상륙했다. 대만 백화점 업계는 전례가 없는 곤경에 부딪치게 되었고 판매액은 대폭 감소하게 되었다. 그들은 필사의 항쟁에 나섰다. 그중 원동(遠東)백화점의 행동이 제일 효과적이어서 동업자들의 눈길을 모았다.

원동백화점은 대만에 많은 체인점을 둔 대형 백화점이었다. 그들은 일본 백화점의 대만 상륙전이 시작되자 재빨리 '이대도강'의 계략을 펼쳤다.

더 큰 이익을 얻기 위해 상점을 새롭게 단장하는 한편 대담하게 '오얏나무'에 해당하는 여성복과 아동복을 모두 버렸다. 그리고 '복숭아나무'에 해당하는 남성복과 슈퍼마켓을 주요 경영 품목으로 정하고 고객잡기에 나섰다.

한때 우리나라도 창고형 외국 할인점이 들어와 국내 유통시장을 장악하려 한 적이 있었다. 하지만 이마트 같은 토종 할인점이 똘똘 뭉쳐서 그들에게 대항했고 지금은 잠식당할 염려는 없어졌다. 그들이 저가공세와 물량공세를 펼치는 동안 국내 할인점들은 단순한 할인점 형태를 벗어나 고급화와 대형화에 박차를 가했고, 일정 부분에서는 원가 이하의 판매도 감수해야 했다.

사실 이런 결단을 내리려면 누구나 뛰어난 용기와 예리한 눈길이 필요하다. 그러자면 갈매기처럼 높이 날아 멀리 바라보는 사람만이 다른 사람들은 엄두도 못내는 '이대도강(李代桃僵)'의 계략을 펼칠 수 있다.

옷을 바꿔 입으세요
_ 양아버지의 은혜를 보답한 한옥영

'이대도강(李代桃僵)'은 또 한편으로 자신에게 불리한 국면이 생겼거나 피하지 못할 위험에 빠졌을 때 남이 대신 그 재앙을 치르게 하는 수법을 말한다. 앞서도 얘기했듯이 비열하다고 생각하기 쉬우나 치열한 경쟁사회에서는 더욱 필요한 계책이라 할 수 있다. 단지 그것이 불법적이지 않다는 전제하에 말이다.

중국 청나라 말기 태평천국의 난이 일어났을 때, 석달개(石達開)는 태평천국의 문무를 겸비한 용장이었다. 그는 구이셴(貴縣)이라는 지주의 집에서 태어나, 20세에 태평군(太平軍) 거병(擧兵)의 중심 인물이 되었다. 태평천국이 난징(南京)으로 도읍을 옮긴 뒤 그는 안칭(安慶)에서 서정군(西征軍)을 지휘했고, 1854년에는 우창(武昌)을 탈환하여 양쯔강(揚子江)으로 쳐내려오는 상군(湘軍)을 포양호(陽湖)에서 격파하였다.

그리고 1856년에 태평군의 내분으로 양수청(楊秀淸), 위창휘(韋昌輝)가 살해된 뒤, 난징에 돌아와 정치를 거들게 되었으나, 홍수전(洪秀全)에게 소외당하여, 군을 이끌고 남방의 여러 성(省)을 전전(轉戰)하였다. 그러다가 쓰촨(四川)에 들어가 1863년 6월 다두허(大渡河)에서 청군(淸軍)에 붙잡혀 살해되었다.

석달개는 바로 태평군 내부의 반란이 일어나 전가족이 몰살되고 단신으로 성을 빠져 나와 도중에 한옥영(韓玉英)이라는 소녀를 구해준 적이 있었다. 그 소녀는 부모가 산적에게 피살당한 원수를 갚아준 석달개에 보답하고자 그에게 몸을 바치기로 했다.

그러나 그는 전가족이 몰살당하여 도의상 이를 허락할 수 없었고 또 나이 차이도 많이 나 수양딸로 삼기로 했다. 총명한 한옥영은 석달개의 비서로 일하면서 기밀문서를 취급했는데 빈틈없는 그의 능력에 석달개도 감탄할 정도였다.

하루는 한옥영이 석달개에게 말했다.

"저를 서기로 일하는 마감생(馬監生)에게 시집보내 주세요."

그러자 석달개는 웃으며 물었다.

"그 마감생이란 자는 재목감이 못된다. 문무에 뛰어난 내 부하 중 네 마음대로 한 명 골라잡지 하필 왜 그 자냐?"

"아버님 뜻은 알고 있지만 저로서도 따로 생각이 있습니다."

수양딸 한영옥은 단호하게 말했으며, 끝내 양아버지의 뜻을 거스르고 그와 결혼을 했다.

그런데 이 마감생이란 사람은 그 생김새가 석달개와 너무 흡사하여 누가 누군지 구별할 수 없을 정도였다. 그 후 석달개는 사천으로 들어갔다가 청나라 군사에게 포위됐다. 이때 한옥영이 마감생에게 말했다.

"이제 양아버지님의 은혜를 갚을 때가 왔습니다. 내가 당신에게 시집온 이유도 바로 여기에 있구요."

마감생이 어리둥절해하자 한옥영은 품에 안고 있던 아이를 땅에 던져 죽이고는 자신은 칼로 목을 찌르며 남편에게 말했다.

"빨리 부왕(父王)과 옷을 바꿔 입으세요."

그녀는 석달개에게 이렇게 말하고는 세상을 떠났다.

이렇게 되자 마감생은 아내의 말뜻을 알아차리고 석달개와 옷을 바꿔 입고 대신 청군에게 투항했다. 이 틈을 타서 석달개는 무사히 포위권을 빠져나와 목숨을 부지할 수 있었다.

나보다 잘난 사람에게 자리를 넘겨라
_ 크라이슬러의 재기전

아이아코카

'이대도강(李代桃僵)'을 실시함에 있어서 중요한 원칙의 하나가 바로 대세로부터 출발하는 것이다. 기업 발전도 대세로부터 출발하여 위기가 왔을 때는 대규모의 구조조정 등을 통하여 주저하지 말고 깨끗하게 정리해야 한다.

1925년 뒤늦게 미국자동차 업계에 진출한 크라이슬러 자동차는 한때 포드(Ford)와 GM(General Motors) 등 두 개의 대기업과 어깨를 겨루는 기업이었다. 월터 P. 크라이슬러(Walter P. Chrysler)는 철도 기관차 엔지니어였던 아버지 덕분에 어려서부터 기계에 관심이 많았고, 한때 GM 뷰익(Buick) 사업부 책임자로 일했다. 그는 GM에서 강철로 된 자동차 보디를 개발하고 수석 부사장이 되기도 했으나, 1919년 GM의 경영주 듀런트와의 불화로 사직하고 1924년 자신의 첫 모델 크라이슬러6를 개발했다.

또한 지프차로 유명한 윌리스, 맥스웰 등 부도 위기에 몰린 중소메이커를 살려내는 등 '기업의 닥터'라는 별명을 얻기도 했다. 그런데 크라이슬러6를 만들어 놓고 뉴욕에서 열린 모터쇼에 출품하려 했으나

크라이슬러 자동차

아직 양산이 안 됐다는 이유로 거절당했다. 그러자 그는 모터쇼가 열리는 장소로 통하게 되어 있는 뉴욕 커머더호텔(Commodore Hotel) 로비에 차를 전시하였다. 그리고 그해 6월 윌리스를 인수하여 자신의 이름을 딴 크라이슬러를 탄생시켰다.

그러나 1950년대 후반에 승승장구하던 크라이슬러는 시장 변화에 신속하게 대응하지 못해 포드에게 그의 자리를 내주고 부도 직전에 처하게 되었다. 소형차 위주의 시장에서 고급 대형차로 옮겨가는 와중에서 위축되었던 것이다.

이후 20년간 온갖 몸부림을 치며 회사를 살리려 했으나 금융회사, 부동산회사를 설립하는 등 자금 압박에 몰리고 1979년 2차 오일쇼크까지 겹치자 헤어날 수 없는 큰 시련을 겪어야 했다.

이때 포드 사의 회장인 포드 2세가 포드 사의 일등 공신인 아이아코카(Iacocca)를 해고했다. 그것은 크라이슬러의 우울한 얼굴을 활짝 개이게 만들었다. 아이아코카는 자동차 업계의 천재가 아닌가? 포드 쪽에서 싫다면 우리가 영입을 해야지. 크라이슬러는 곧바로 그의 영입에 들어갔고, 아이아코카는 그의 제의를 받아들여 크라이슬러로 자리를 옮겨 앉았다.

당시 크라이슬러 사장은 개인의 명예와 이익을 희생하고 회사의 무궁한 발전을 위해 설대석인 권력을 아이아코카에게 맡겼다. 웅심(雄心)으로 가득 찼던 아이아코카는 크라이슬러의 재기를 위해 자신의 모든 정열과 지혜를 바쳤다.

당시 크라이슬러의 내부는 아주 혼란스러웠다. 부사장만 해도 35명이나 되었고, 이들은 서로 자기의 그룹을 형성하여 군웅할거를 하고 있었다. 아이아코카는 3년 사이 33명의 부사장을 해고해 버렸다. 그리고 대규모의 인원감축이 시작되었다.

그는 전후 두 차례에 나누어 위로부터 아래에 이르기까지 8,500명에 이르는 인원을 감축했는데 대대적인 구조조정으로 5억 달러의 지출을 줄이게 되었다. 그리고 결손 기업에 대해서는 과감하게 문을 닫게 하고 낡은 설비들은 모두 팔아버렸다. 또 최고 관리계층의 노임을 줄였다. 그는 제일 먼저 자기의 연봉을 1달러로 규정하고 회사를 위해 의무적으로 일하였다.

거기다 연방정부로부터 12억 달러의 자금을 1990년까지 갚는다는 조건으로 얻어내 1983년 예정보다 7년이나 빠르게 융자금을 갚았다. 또한 자동차 연비의 경제성을 앞세운 마케팅 전략이 적중해 1983년 크라이슬러는 140만 대의 차를 생산 세계 8위의 자동차 메이커가 되었다. 또한 아이아코카는 취임과 함께 미니밴 차량 생산에 박차를 가했는데 1984년 세계 최초의 미니밴 '닷지 캐러밴'을 탄생 폭발적인 인기를 누리면서 전세계에 미니밴 열풍을 일으켰다.

아무튼 3년간의 끈질긴 노력 끝에 크라이슬러는 다시 생기를 회복할 수 있었다. 처음에 해고당했던 직원들도 하나둘씩 다시 복직을 했다. 1983년 들어와 회사는 한 해 약 10억 달러의 이윤을 올렸고 1984년에는 24억 달러로, 이는 크라이슬러가 지난 60년 간의 벌어들

크라이슬러빌딩

인 총 합계보다도 더 많았다.

또 크라이슬러의 성공적인 재기로 인하여 세인들은 아이아코카의 능력을 새롭게 평가하게 되었고, 숨어 있는 그의 '이대도강'의 계략에도 탄복을 하지 않을 수 없게 되었다.

크라이슬러의 성공에는 몇 가지 요인이 있었다. 우선 회사 발전을 위해 당시 담당 CEO가 '이대도강(李代桃僵)'으로 자기의 자리를 사심 없이 아이아코카에게 내준 것, 또 회사의 발전과 대세의 흐름을 위해 아이아코카가 '이대도강'으로 회사의 권력계층의 33명 부사장을 해고시킨 것 바로 그것이다.

더욱이 회사발전의 대세로부터 출발하여 아이아코카가 수많은 어려움 앞에서 '이대도강'으로 과감하게 인원감축을 하고 설비를 팔고 노임을 줄인 것은 오늘날 우리 기업들이 본받아야 한다. 이는 모든 것이 회사의 무궁한 이익과 대세로부터 출발한 것이다.

대세로부터 출발하여 버릴 것과 남길 것을 정확히 판단한 것이 크라이슬러의 재기를 성공시킨 아이아코카의 키포인트였다.

제12계

순수견양(順手牽羊)
기회를 틈타 양을 슬쩍 끌고 간다

쉽게 손에 들어오는 이익은 놓치지 말고 자신의 것으로 취하라. 단, 상황에 따라 유연하게 대처해야 한다. 고(高) 성장 때는 손에 잡히는 대로 취하다가도, 저(底) 성장이 시작되면 조그만 이익이라도 착실하게 쌓아가는 지혜가 필요하다.

順 순할 순

手 손 수

牽 끌 견

羊 양 양

굴러 들어온 복은 절대 놓치지 마라
_ 세계 금융계 풍운아의 자서전

'순수견양(順手牽羊)'은 길에서 놀고 있는 양을 살림에 보탬이 된다면 한 마리도 놓치지 않고 집으로 끌고 간다는 뜻이다. 다시 말해서 뜻밖의 '양'이 눈앞에 나타났을 때 주위를 슬슬 살피다가 보는 사람이 없으면 그대로 끌고 가 자기 집 '양 우리'에 집어 넣는 것을 의미한다. 이런 사람들은 종종 비난의 대상이 되기도 하지만, 항상 치열한 경쟁을 동반하는 사회에서 많은 권력자나 재계 거두들도 이 수법을 아주 거리낌없이 쓰고 있다.

니콜라스 히센은 20세기말 세계 금융계의 풍운아였다. 그는 규정을 위반하고 회계를 조작하여 1995년 영국 베른은행이 85억 달러의 적자를 내게 했다. 영국 금융계의 최대 은행인 베른은행은 끝내 파산을 선고하는 수밖에 없었다. 그리고 '악당교역원'이라고 자조하던 그는 끝내 감옥신세를 지게 되었다.

이 사건은 전세계 금융계를 놀라게 했다. 하지만 악당은 역시 악당이었다. 그는 그 기회에 '순수견양'으로 한몫 크게 잡았다.

그것은 감옥에 들어간 그가 베른은행을 파산에 이르게 한 과정을 책으로 엮어 펴낸 것이다. 《악당교역원》이라고 제목을 붙인 이 책으로 그는 75만 달러의 원고료를 받았다.

그가 양을 끌고 가는 것은 식은 죽 먹기였다. 그리고 살이 통통 오른 큼직한 양을 자기 소유로 만들었다. 일반적으로 생각하면 금융 스캔들은 내놓고 자랑할 일이 아니다. 그러나 이젠 그 스캔들이 그에게 있어서는 보물단지였다.

1999년 7월 3일 히센이 출옥하자 영국의 많은 크고 작은 출판사들은 앞다투어 그의 다음번 책의 판권을 얻으려 했다. 그래서 나중에는 쓰지도 않은 책을 팔아 10만 달러의 돈을 또 챙겼다.

히센은 자기 책을 팔아 달라거나 책을 펴내겠다고 누구하고 말할 필요도 없었다. 그냥 다른 사람들이 그에게 찾아와서 "책 써주세요" 하고 청하는 것이었다. 이런 '순수견양(順手牽羊)'은 바보가 아닌 이상 누구나 다 할 수 있을 것이다.

한 개인이든지 회사든지 제 앞에 굴러 들어온 복은 제때 챙겨야 한다. 이런 복마저 챙기지 못하면 다른 이익은 더 챙기지 못할 것이다. 그리고 굴러 들어온 복은 잘 잡아 빠져나가지 못하게 해야 한다. 다음번에 그런 복이 다시 굴러 들어온다는 보장이 없기 때문이다. 따라서 아무리 작은 복이나 이익일지라도 먼저 챙기고 봐야 한다. 어찌보면 '티끌 모아 태산' 이라 하겠다.

떡본 김에 절한다
_ 정화(鄭和)의 서양 정복기

중국 역사상 가장 유명한 '순수견양(順手牽羊)'은 바로 정화(鄭和)의 서양 정복기이다. 사서에는 이를 명성조(明成祖)의 위대한 업적이라고 기록하고 있다. 정화는 중국 명나라의 환관·무장(武將)으로 운남성(雲南省) 쿤양(昆陽)에서 태어났다. 그는 또 남해(南海) 원정의 총지휘관으로 본성은 마(馬)씨이고 법명은 복선(福善)으로 삼보태감(三保太監)이라 불렸다.

1382년 운남성이 명나라에 정복되자 명나라 군대에 체포되어 연왕(燕王) 주태를 섬겼다. 그리고 1399~1402년 정난(靖難)의 변 때에는 연왕을 따라 무공을 세웠으며, 연왕이 건문제(建文帝)의 뒤를 이어 황제에 즉위한 뒤에는 환관의 장관인 태감(太監)에 발탁되어 정(鄭)씨 성을 하사받았다.

정화는 이후 1405년부터 33년까지 영락제(永樂帝)의 명을 받아 전후 7회에 걸쳐 대선단(大船團)을 지휘하여 동남아시아에서 서남아시아에 이르는 30여 개 국에 원정하여 명나라의 국위를 선양하고 무역상의 실리를 획득하였다. 제1차 원정 때에는 대선 62척에 장병 2만7천8

백여 명이 분승하였고, 제7차 원정 때에는 2만 7550명이 참가하는 대규모의 원정대였다. 이 원정으로 중국은 남해에 대한 인식을 새롭게 하였으며, 동남아시아 각지에서의 화교들의 발전에도 크게 기여하였다.

그런데 사실상 정화의 서양정복기는 떡 본 김에 절하는 식의 '순수견양'이었다. 그는 많은 군사를 거느리고 남해를 항해했지만 환관이었던 그는 외교수단이 부족해 그곳 토착민족 수령들과 충돌이 발생하였다.

하지만 토착민족들의 무기는 모두 원시적인 것이었으며, 오랜 전쟁에서 기량을 길러온 중국의 병사들과 선진적인 무기들을 대적할 수 없었다. 그래서 여러 소국들은 자연스레 중국에 귀속되었다.

도대체 황제는 왜 해외에 군대를 파견하면서 아무런 실력도 그리고 또 사람 취급을 받지 못하는 환관에게 대권을 주었을까? 조정에 인재가 없어서일까, 아니면 정화가 환관으로 황제의 총애를 입어서일까?

정화가 서양(西洋, 기실 중국의 남서부에 위치한 열도)에 내려간 목적은 당시 폐위되어 도망중이었던 옛 황제인 건문제를 사로잡기 위해서였다.

성조는 당시 쿠데타로 자기의 조카 건문제를 황제에서 폐위시키고 자기가 황위를 찬탈하였다. 하지만 건문제를 잡아죽이지 못한 것이 성조에게는 근심거리였다. 그후 건문제가 승려로 변장한 채 도망을 갔다는 정보를 듣고, 성조는 건문제의 얼굴을 기억하고 있는 환관 정화로 하여금 그 뒤를 쫓아 화근을 뽑도록 한 것이었다. 즉, 정치적 타산으로 기인된 추격전이 서양정복으로 탈바꿈되었던 것이다.

잡은 양은 살을 찌워라
_ 주유소 옆의 매점

야마하

앞서도 말했지만 '순수견양(順手牽羊)'의 관건은 기회를 잘 틀어쥐는 것이다. 당신에게 뜻밖의 횡재나 성공을 가져다줄 기회는 유성(流星)처럼 잠깐 나타났다 바로 사라진다. 그러므로 제때 잡으면 성공이고 잡지 못하면 평생 한이 될 수 있다.

일본의 한 악기회사는 야마하(YAMAHA) 계열의 유명 브랜드를 성공적으로 출시하여 한동안 명성이 자자했다. 그리고 해마다 기업 신장과 함께 수익도 커서 거기에 만족할 만도 했다.

하지만 이 악기회사는 거기에 만족하지 않았다. 야마하가 한창 잘 나갈 때 이 브랜드를 이용하여 '순수견양'으로 더 큰 몫을 노렸던 것이다.

기회는 다시 돌아오지 않는다는 것을 안 그들은 즉시 야마하 브랜드를 다른 분야로 확산시켜 스포츠용품, 가구, 모터사이클 등 일련의 제품들을 출시하여 모두 성공하였다.

기회를 잘 이용한다는 것은 '순수견양'의 선제조건이다. 조금만 늦어도 안 된다. 일단 기회를 잡으면 놓치지 말고 끝까지 끌어서 자기 집 양 우리에 들여 놓아야 한다.

또 일본의 한 석유공사는 수십 년의 발전을 거쳐 전국 각지에 모두 주유소를 가지고 있는 대기업으로 발전하였다. 그런데 한 직원이 기발한 아이디어를 냈다. 즉 전국에 널려 있는 주유소들 옆에 매장을 설치하여 부업을 발전시켜 보자는 것이었다.

이 석유공사는 그의 제안을 받아들여 전국 자사의 주유소 옆에 음식점과 소매점 등의 시설을 마련했고, 주유소로 드나드는 운전기사들한테 편리하게 이용할 수 있도록 편의를 제공했다. 그 후 또 이 석유회사는 '귀빈 카드'를 만들어 유가(油價)와 음식, 레저 비용에서 10%의 할인을 받을 수 있게 하였다.

얼마 지나지 않아 석유공사 수뇌부는 깜짝 놀랐다. 부업으로 시작한 음식, 오락의 수입이 주업인 석유 판매 수입보다 더 높아졌기 때문이었다. 이처럼 처음에는 작은 것이라도 잘만 활용하면 생각 밖으로 살찌고 커다란 양으로 만들어 우리로 끌어들일 수 있다.

끝으로 다시 한 번 '순수견양'의 계명을 살펴보자. '순수(順手)'란 자연스레 손을 내미는 것이니 빠를 수밖에 없고, '견양(牽羊)'은 양을 끌어오는 것이니 힘들일 필요는 없다는 것이다. 이처럼 제 발로 찾아오는 것과 다름없는 기회를 맞아 잘 살려야 하는데, 그러지 못했을 경우 아까운 기회를 놓쳤다고 땅을 치며 통곡해봐야 소용이 없다.

제3장

자신을 알고 적을 안 다음 계책을
모의하여 적을 공격하는 전략

제13계 타초경사(打草驚蛇)

제14계 차시환혼(借尸還魂)

제15계 조호리산(調虎離山)

제16계 욕금고종(慾擒故縱)

제17계 포전인옥(抛磚引玉)

제18계 금적금왕(擒賊擒王)

攻戰之計

공전지계

제13계

타초경사(打草驚蛇)
풀을 베어 뱀을 놀라게 한다

적을 공격하기 앞서 상대의 동정부터 철저히 살펴라. 풀을 쳐서 뱀을 유인하듯이 거물을 잡기 위해서는 주변의 조무래기부터 잡아야 한다. 아무리 강한 상대도 부하가 없으면 무너지게 되어 있다. 그때 공격하라.

打 칠 타

草 풀 초

驚 놀랄 경

蛇 뱀 사

사자의 머리처럼 보여라
_가짜 부호 행세로 농장 사들인 커디

요즘 건강을 위해서 산에 오르는 사람이 많다. 등산은 사람들에게 정복이라는 쾌감도 주고 건강도 가져다주니 유명한 산은 평일에도 사람들로 붐빈다. 등산을 하다 보면 뱀을 만나는 경우가 많다. 뱀이 독을 품고 머리를 바짝 쳐들면 사람도 놀라 늘 나뭇가지 같은 것으로 길섶의 풀을 망가뜨려 뱀을 쫓는다.

이런 평범한 상식이 군사작전에도 자주 이용되고 있는데 이것이 바로 '타초경사(打草驚蛇)' 이다. 군사적으로 이용할 때는 바로 사자 머리와 같이 위풍이나 기세를 내세워 적을 놀라게 하여 퇴각시키는 수단을 말한다. 따라서 '타초경사' 는 싸우지 않고도 이기는 훌륭한 계략이며, 심리전의 전형적인 지혜의 계략이라 할 수 있다.

기업 전쟁에서 큰 고기가 작은 고기를 잡아먹는 것은 비일비재하다. 대기업들은 강대한 자금력을 등에 업고 '타초경사' 격으로 작은 기업들을 위협하여 쉽사리 합병해 버린다.

하지만 작은 기업이나 약자가 강자를 '타초경사' 로 격퇴시킨다면 그것이 바로 진정한 명승부가 아닐까? 강적이 공격해올 때 우리는 지리적·인화적 조건 등을 교묘하게 이용, 적보다 더욱 강대한 기세를 만들어 격퇴시켜야 한다.

볼 커디는 유명한 조지 커디 가문의 유일한 상속자였다. 그는 젊었을 때 어느 부잣집 귀공자처럼 공부는 제대로 하지 않고 떠돌아다니며 그저 즐기는 것이 특기였다. 그리하여 그는 부친의 엄격한 제재를 받았는데, 급기야 부친은 돈을 한 푼도 지원해 주지 않았다. 그러자 그는 어마어마한 일을 성사시켜 아버지에게 자신의 존재를 나타내 보이려 했다.

어느 날 볼 커디는 테일러 농장에 풍부한 석유가 매장되어 있다는 정보를 얻게 되었다. 사람들은 그 놀기 좋아하는 귀공자가 감히 테일러 농장에 눈독을 들이고 있다고는 생각지 않았다. 그는 바로 이때다 하고 테일러 농장을 개발하기로 마음을 먹었다.

테일러 농장에 도착한 그는 깜짝 놀랐다. 이미 막강한 실력을 가진 거대한 석유회사와 또 다른 스커다 가족이 농장을 호시탐탐 노리고 있는 것이 아닌가? 아무리 생각해도 두 개의 거대한 바위에 도전을 한다는 것은 무모하게만 여겨졌고 희망은 묘연하기만 했다. 게다가 경쟁자가 많이 나타나자 부르는 게 값이었다.

그러나 볼 커디는 이번만은 자신이 마음먹은 것을 꼭 해내고 싶었다. 아버지에게 자신이 그저 한량이 아니라는 것을 보여주고 싶었다. 그는 생각 끝에 계란으로 바위를 치는 한이 있어도 어마어마한 기세를 만들어 두 적수를 격퇴하기로 했다. 말하자면 허세를 극도로 부려 사자의 머리처럼 보이겠다는 것이었다.

볼 커디는 우선 세계적으로 유명한 은행가 크리터의 대리인인 게르만으로 변장했다. 또한 사람을 고용하여 그 사람을 땅 개발업자이자 대부호 파부로 변장시켰다.

드디어 가짜 대부호 파부가 테일러 농장에 나타났다. 그는 자신의 부를 과시하느라 동전을 길에 뿌려 가난한 집 아이들이 주어가게 했다. 그리고 테일러를 만나서는 농장을 사겠다며 거금 2만 달러를 제시했다. 탐욕스런 테일러는 승락하지 않았다. 그로서는 경쟁자가 늘수록 이익이었기 때문에 서두를 필요가 없었다.

며칠 후 게르만으로 변장한 커디가 더욱 사치를 뽐내며 나타났다. 지역신문은 커디의 출현을 연속으로 보도했다. 게르만은 2만5000달러를 제시하였고, 땅주인 테일러는 이번에도 역시 대답하지 않았다. 사실 커디는 전문가에게 미리 이번 농장의 가치를 의뢰해 놓은 상태였으며, 그 농장 밑에 매장된 석유의 매장량을 알고 있었던 것이다. 가격은 대략 4만 달러에 달했다.

그러나 만족을 모르는 테일러는 더 높은 값을 받기 위해 농장을 경매에 붙였다. 대부호 파부와 은행가 크리터의 뉴스는 금방 화제가 되었다. 그러자 석유회사와 스커다 가족 그리고 커디 가족은 두 사람의 위세에 눌려 아예 경매를 포기하고 농장 매입에서 손을 뗐다.

이제 경매는 가짜 대부호와 가짜 은행가가 맞붙게 되었다. 경매는 500달러부터 시작되었고 두 사람이 값을 부르기 시작했다. 게르만이 1,100달러를 부르자 파부는 침묵을 지켰다. 그게 낙찰 금액이었다. 따라서 테일러 농장은 1,100달러에 팔렸다. 이 광경은 장내에 모인 사람들을 깜짝 놀라게 했다. 농장주 테일러는 그 자리에 주저앉아 대성통곡을 했다. 그러나 때는 이미 늦었다.

게르만은 은행가 크리터를 위해 농장을 사들였고 그 농장을 다시 커디 가족에게 넘겼다. 커디는 이 농장에서 거액의 이익을 올렸다. 채굴해낸 석유의 가치는 10만 달러 이상에 달했던 것이다.

그리고 몇 년 뒤 이 드라마의 감독이 바로 커디 가족의 상속자 볼 커디라는 사실이 알려졌다. 이 사실이 있은 뒤로 커디는 다시 부친의 신임을 회복하고 회사까지 상속받아 60여 억 달러의 재산을 가진 그룹으로 발전시켰다.

가짜 정보를 흘려 취한다
_ 사마희의 달변

중국 전국시대 중산왕(中山王)에게 두 귀비(貴妃)가 있었는데 서로 왕후가 되겠다고 암투가 치열했다. 그리고 조정에는 사마희라는 대신이 있었는데 그의 뛰어난 모략은 소문이 자자했다.

어느 날 음희(陰姬)가 비밀리에 사마희(司馬喜)를 찾아갔다. 사마희는 달변으로 음희의 마음을 사로잡았고 음희에게 계책을 일러주었다. 그 즉시 사마희는 중산왕을 찾아가 나라를 강하게 하고 국민들이 안정된 생활을 할 수 있는 계책을 만들어 올렸다. 중산왕은 크게 기뻐했다. 이에 사마희는 중산왕에게 자신이 조나라로 가서 그곳의 군사, 지리와 인심 등을 알아보고 오겠노라고 했다. 중산왕은 이미 그를 신임하고 있었던 터라 쾌히 승낙을 했다.

사마희는 바로 조나라로 떠났다. 그는 공식적인 사무를 본 뒤에 조나라 왕과 한담을 나누게 되었다. 그는 은근히 중산왕의 귀비인 음희의 아름다움을 자랑하며 천하에 둘도 없는 미인이라고 밀어붙였다.

조왕은 마음이 동했다.

"그녀를 이곳에 데려올 수 없겠소?"

사마희는 은근슬쩍 자기가 취중에 실언했다며 말꼬리를 돌렸다. 그러자 조나라 왕은 더욱 마음이 동해 어떻게 하든지 음희를 제 품에 안아야겠다고 마음먹었다. 조왕은 사마희에게 꼭 데리고 오라고 명령했다.

사마희는 마지못해 승낙을 하고 본국으로 돌아와 왕에게 이 사실을 알렸다.

"조왕 이 망나니가 황제께서 총애하는 음희를 데려가려고 은밀한 수작을 부리고 있사옵니다."

그러자 중산왕이 버럭 화를 냈다.

사마희는 이때다 생각을 하고 왕의 분노를 말리는 척하며 말했다.

"조나라는 우리가 싸워서 이길 수 있는 나라가 아닙니다. 때문에 조왕이 음희를 요구한다면 우리로서는 안 내줄 도리가 없습니다. 그러나, 한 가지 방법이 있기는 하옵니다만……."

"무슨 방법이더냐?"

중산왕이 다그쳐 물었다.

사마희는 아주 느긋하게 말했다.

"그것은 바로 대왕께서 당장 음희를 왕후로 책봉하는 겁니다. 지금까지 국제 관례에서 남의 나라 왕후를 자기 처로 삼겠다는 자는 하나도 없습니다. 왕후로 된 음희를 조왕이 계속 요구한다면 그는 국제적인 공분(公憤)을 일으키게 될 것이옵니다."

중산왕은 노여움을 풀고 다시 한 번 사마희를 칭찬하며 음희를 왕후로 책봉했다.

이렇게 해서 음희는 그렇게 바라던 왕후 자리에 오를 수 있었고, 조왕은 음희에 대한 생각을 버릴 수밖에 없었다. 왕후의 은인이 된 사마희는 그 후 대단한 권세와 부귀를 함께 누렸음은 두말할 필요도 없다.

'타초경사(打草驚蛇)'에서는 '풀'을 잘 찾아야 한다. 뱀을 놀랠킬 풀을 찾아야 뱀을 쫓을 수 있고 일을 성사시킬 수 있다.

제14계

차시환혼(借尸還魂)
죽은 영혼이 다른 시체를 빌려 부활한다

세상에서 가장 가치 없다고 하는 사람을 리모델링해서 쓰라. 마치 삼국지의 조조가 권모술수에 능했지만 불우한 세상을 살고 있던 허수아비 황제를 끌어들여 자신의 세력 확대를 이루었듯이 말이다.

借 빌 차

尸 주검 시

還 돌아올 환

魂 넋 혼

회생불능이란 없다
_ 파산 기업만 사들이는 마법사

'차시환혼(借尸還魂)'이란 말은 중국의 신화에서 유래한 고사이다. 중국 신화의 팔선(八仙) 중에 철괴리(鐵拐李)라는 사람이 있다. 그는 원래 박식하고 잘생긴 소년으로 이름을 이현(李玄)이라 불렀다. 선도(仙道)에 몰입한 그는 태상노군을 스승으로 삼고 도술을 익혔다.

하루는 스승인 태상노군이 제자인 철괴리에게 말했다.

"내가 지금 신으로 화하여 태공에서 노닐다 돌아올 것이니, 너는 내 시신 옆에서 한 발자국도 떠나지 말고 지키다가 만약 7일이 지나도 돌아오지 않으면 내 육신을 태워라."

그리고는 금방 죽은 사람처럼 되어 버렸다. 그는 이미 선유(仙遊)를 떠난 것이다. 제자는 스승의 말을 따라 경계를 게을리하지 않고 밤낮으로 시신을 지켰다. 6일째 되는 날, 부인이 급하게 달려와 모친의 병세가 위급하니 빨리 집으로 돌아오라고 했다.

그러나 철괴리는 스승과의 약속 때문에 시신을 떠나려 하지 않았다. 그는 어머니한테 가지 못하고 그 자리에서 통곡을 하였다. 그러자 부인이 남편을 설득했다.

"사제의 정이 깊은들 어찌 부모에 미칠 수 있습니까? 게다가 사람이 죽어 6일이 지나 장기가 다 썩었는데 무슨 혼이 있겠어요. 어서 집으로 갑시다."

결국 철괴리는 스승의 시신을 태우고 집으로 돌아갔다.

7일만에 스승이 돌아오니 자기의 시신이 없었다. 무주고혼(無主孤魂)이 된 스승은 하는 수 없이 길가에 쓰러져 죽은 거지의 시체로 들어가 다시 소생했다. 혼은 대상노군의 혼이요, 형체는 거지 형체였기에 '차시환혼' 이라 일컫는다.

따라서 '차시환혼' 은 자신이 한 번 실패한 후 다른 사람의 힘을 빌리거나 이용해 재기한다는 의미이다. 새로운 힘을 빌린다는 뜻의 '차시(借尸)' 와 재기한다는 의미의 '환혼(還魂)' 이 결합된 것이다.

이와 같은 현상은 기업경영에서 가장 많이 적용되고 있다. 제일 보편적인 예로 사업이 위기에 직면했을 때 새로운 투자자를 찾거나 대출을 늘리는 실례가 이에 속한다.

미국 재계에서 '신기한 마법사' 로 불리는 도니르는 '차시환혼' 의 고수였다. 그는 전문적으로 거의 파산에 처한 기업들을 사들여 다시 회생시키는 수법으로 억만장자가 되었다.

그가 처음 사들인 공장은 거의 파산 직전에 있는 공예품 공장이었다. 그는 그것을 인수하자마자 곧바로 생산과 판매부터 메스를 대고 대수술을 벌렸다. 인원감축, 임금억제, 원가절감 등으로 생산을 높였고 주로 저가판매의 전략과 확실한 애프터서비스로 고객의 관심을 모았다.

그 결과 제품의 지명도는 점점 올라갔고 공장도 1년 사이에 적자에서 흑자로 돌아섰다. 그리고 몇 년이 지난 후 도니르는 또 한 번 '차시환혼'의 계책을 썼다. 이번에 그가 사들인 공장은 이미 생산을 멈춘 시 오래였고 황폐하기 이를 데 없었다. 하지만 도니르의 입에는 군침이 돌았다. 그에게는 그것이 곧 돈이었기 때문이다.

이는 고물장수가 동네를 돌아다니며 고장난 가전제품을 거둬 새로 수리한 뒤 다시 파는 것과 같다. 일례로 베트남에 가면 우리나라에서 굴리던 버스가 번호판만 바뀐 채 그대로 굴러다니기도 한다. 이 역시 도니르와 같은 사람의 손에 의해서 새롭게 태어나는 것이다. 물론 당사자에겐 돈을 안겨주고 말이다.

아무튼 그는 파산 공장에 대한 정밀한 분석과 수술에 들어갔으며 한 가지 회생시킬 방법을 찾아냈다. 그는 곧 공장의 지출을 줄이고 소비자의 수요에 따라 생산하는 제품의 디자인이나 구조를 과감하게 바꾸었다. 또 노동자들의 자질을 제고하여 생산성을 높이는 데 온 힘을 쏟았다. 그 결과 얼마 지나지 않아 기업은 다시 소생했다.

죽었지만 아직 식지 않은 기업들은 도니르에게 있어서 밥이나 다름없었다. 그는 '차시환혼'이라는 자신의 묘기로 하나하나 소생시켰던 것이다. 그는 이런 말을 했다.

"다른 사람이 경영하다 실패한 기업을 인수하면 실패의 원인을 찾는 일이 어렵지 않습니다. 더구나 실패의 원인만 찾아낸다면 또다시 그 원인을 극복할 수 있기 때문에 돈을 벌 수 있는 기회가 더 많지요. 자신이 처음부터 시작하는 것보다는 힘이 적게 든다는 겁니다."

그의 말은 많은 기업인들에게 새로운 용기와 지혜를 주었다. 그는 죽어가는 기업을 살리는 마법사로 널리 유명해졌다. 그는 여전히 죽어가는 기업을 아주 싼값에 사들여, 온기가 남아 있을 때 그 기업의 자원들을 이용하여 횡재를 했다.

하지만 도니르 같은 기업회생의 마법사는 아무나 되는 것이 아니다. 이런 마법사가 되려면 무엇보다도 면밀한 통찰력과 굳은 의지, 진지한 사업태도가 필요하다. '차시환혼(借尸還魂)' 이 주는 의미도 바로 그런 것이기 때문이다.

남의 유명세를 빌려라
_ 타이틀 하나로 유명해진 보석 도제공

가난한 가정에서 태어난 헨리는 15살 때 카이신이 경영하는 보석상점에서 도제공으로 일했다. 카이신은 당시 뉴욕에서 첫 손에 꼽히는 보석장인이었다. 헨리는 열심히 일했고 카이신의 지도를 받아 기술도 점점 향상되었다. 하지만 단 한 번의 사고로 그는 매정하게 쫓겨났다.

헨리는 골목골목을 누비며 사람들에게 장신구를 만들어주며 생계를 꾸려나갔다. 그러나 이름도 없는 젊은이한테 장신구를 맡기려는 사람은 없었다.

하지만 총명한 헨리는 이에 굴하지 않고 당당하게 자신이 '카이신의 제자'라는 조그만 간판을 내걸고 열심히 일을 하기 시작했다. 그랬더니 바로 효과가 나타났다. 사람들은 그 유명한 '카이신'이라는 이름 석 자만 보고 그에게로 와 장신구를 맡겼다. 점점 수입도 늘기 시작하였다.

시간이 지날수록 그의 이름이 점점 널리 알려지기 시작하자, 보석업계의 거두인 메신저가 그를 찾아왔다. 카이신의 제자라는 소문 때문이었다. 그는 헨리의 뛰어난 보석 가공 솜씨를 직접 보고 나자 탄복을 하고, 그 자리에서 자기 회사의 납품업자로 선정했다.

'메신저 기업의 특선 납품업자.'

이 타이틀만으로 뉴욕 상류층 사람들의 눈길을 끌기에 충분했다. 그의 가게 역시 하루가 다르게 손님이 붐볐고 수입도 늘어갔다. 헨리는 이제 홀로서기를 시도하고 '미키 반지회사' 라는 회사를 차렸다.

어느 날 뉴욕의 한 재벌이 유명한 여자 영화배우에게 보석반지를 선물할 것이니 하나 만들어 달라는 주문을 하였다. 헨리는 자신의 모든 기술을 다 동원하여 반지를 가공하였다. 그 반지는 영화배우의 하얀 손가락에서 더욱 빛을 발했다.

헨리는 이것을 기회로 그 보석반지를 대대적으로 홍보했다. 영화배우의 유명도에 힘을 얻은 '미키 반지회사' 는 일약 미국 액세서리업계의 거물로 떠올랐다. 그는 자신이 살아온 인생에 있어서 기회가 있을 때마다 '차시환혼(借尸還魂)' 의 묘기가 자신을 살려줬다고 후일 회고했다.

아이디어를 담보로 하라
_ 세계 선박왕 로비로

세상을 사는 데는 돈도 필요하고 능력도 필요하다. 하지만 돈도 없고 특별한 기술이나 능력도 없다고 했을 때 어떻게 돈을 벌고 성공할 수 있을까?

'차시환혼(借尸還魂)'은 이럴 때 써 먹을 수 있는 유일한 계책이다. 즉 남의 돈을 빌려 내 돈을 벌고 그 돈으로 다른 사람의 기술력을 이용하면 된다는 얘기다.

사실 누구나 한 번쯤은 은행이나 다른 사람의 돈을 빌려 뭔가 해보려는 생각을 한 번쯤은 했을 것이다. 우선은 은행에서 돈을 빌리는 것이 제일 편하고 쉬운 일이다. 하지만 이것도 보증이 필요하고 이자를 지불해야 되고 기한이 되면 꼭 상환해야 한다. 상환하지 못하면 신용도 문제가 생긴다. 하지만 '차시환혼'을 이용하면 그런 걱정을 안 해도 된다.

세계 선박왕으로 불리는 로비로는 40세가 될 때까지 찢어지게 가난한 사람이었다. 하루하루를 전전긍긍하던 어느 날 '차시환혼'의 정수(精髓)를 깨우치게 되었다. 그때부터 그의 운명은 기적 같은 변화를

맞이했다.

　우선 그는 은행에서 돈을 빌려 낡은 유조선 한 척을 샀다. 그리고 그 유조선을 한 석유회사에 세를 주어 임대료를 받았다. 보통사람이라면 그쯤에서 만족을 할 것이다. 하지만 그는 여기서 한 술 더 떠 돈을 빌려서 산 유조선을 담보로 다시 은행에 융자금을 신청했다.

　그가 매달 석유회사로부터 받는 임대료로 은행 이자를 갚을 수 있었고, 은행에서는 그의 계약서를 갖고 석유회사에서 이자를 받는데 지장이 없었다. 은행에서는 그의 대부금신청에 동의했다. 로비로는 그 돈으로 낡은 유조선 한 척을 또 샀고 그 유조선을 고쳐서 석유회사에 세를 주었다.

　그는 같은 방법으로 새로운 임대계약서를 갖고 다시 은행에 가서 대부금을 신청하고 또 배를 사서 석유회사에 임대해 주었다. 그러기를 몇 번 하니까 몇 년 사이에 그는 자기 돈 한 푼 들이지 않고 선박왕이 되어 부호의 행렬에 들어섰다.

　그는 여기서 그치지 않았다. 그의 아이디어는 또 한 번 비약을 가져왔다. 이번에는 아예 아직 만들어지지도 않은 배를 담보로 대부금을 신청했다.

　이건 사기에 가까웠으나 그래도 그는 또다시 은행을 찾았다. 그가 은행 문을 자신 있게 들어설 수 있었던 것은 바로 이전에 이미 배 한 척을 설계해 놓고 있었으며 그 배를 임대할 상대까지 찾아 임대계약서까지 체결한 상태였기 때문이었다. 은행은 그 배가 완성되면 그것을 담보로 임대료를 받아내면 되기 때문에 대출해주는 데 문제가 없었다. 그리고 로비로로서는 대부금의 이자와 원금을 임대료로 충당하고 이자와 원금을 다 갚게 되면 그때야말로 진짜 배 주인이 되는 것이었다.

은행도 그의 아이디어에 입을 다물지 못했다. 하지만 본전과 이자를 다 받아낼 수 있는 형편에서 은행은 그의 대부금 신청을 거부할 이유가 없었다. 그래서 그는 은행의 도움으로 배를 만드는 한편, 임대 상대와 계약을 체결하고 다른 한편으로는 은행과 대출계약을 체결하였다.

로비로는 이렇게 돈 한 푼 들이지 않고 자신의 원대한 목적을 달성했다. 행운은 언제나 그의 편이었다. 그가 해운 왕국을 건설해 가고 있을 때 제2차 세계대전이 터졌다. 전쟁은 미국 정부로 하여금 그를 최대 고객으로 만들었다. 정부에서 그가 만든 배들을 모두 정부에서 빌려갔기 때문이다.

전쟁이 끝났을 때 그는 기묘한 착상과 '차시환혼(借尸還魂)'으로 230억의 재산을 가진 최대의 선박왕으로 자리잡았다. '차시환혼'의 매력은 바로 여기에 있다. 총명한 사업자들이라면 실천해 보는 것이 좋을 것이다.

제15계

조호리산(調虎離山)
호랑이를 산속에서 유인해낸다

영웅호걸의 대명사 호랑이도 산속에서는 무섭지만 평지에 오면 처치하기가 쉽다. 적을 요새 안에 두지 말고 밖으로 유인하라. 요새 안에 있을 때는 난공불락이지만, 요새를 벗어나면 무용지물로 만들 수 있다.

調 고를 조

虎 범 호

離 떼놓을 이

山 뫼 산

적이 강할 때는 세력권 밖으로 유인하라
_ 막강한 항로 특허를 뺏은 월커

전쟁이나 기업 경영에서 견고한 진지를 구축하고 있는 적을 무작정 공격하는 것은 아둔한 작전이다. 총명한 장군은 어떤 수를 쓰든지 적을 진지에서 끌어낸 다음 다시 공격한다.

세상사는 법에 있어서도 마찬가지다. 막강한 적수가 그들의 절대적인 세력 범위 안에 있을 때 그들에게 무리한 공격을 한다면 오히려 패배를 할 수 있다. 하지만 총명한 사람은 그들을 익숙하지 않은 영역으로 끌어들여 시간, 지리적 위치, 인화적 조건 등을 고려해 공격할 것이다.

1940년대, 미국의 캘리포니아 주에서 대규모 금광이 발견되었다. 이 소식이 전해지자 미국뿐만 아니라 수십만 명의 유럽 사람들이 미국으로 건너와서 채금 작업에 달라붙었다.

당시에는 미국을 횡단하는 철로가 없었다. 그래서 캘리포니아로 가는 사람들은 악당들이 득실대는 사막을 가로지르거나, 배를 이용하여 남아메리카 칠레의 최남단을 통해 가고 있었다. 길도 밀고 시간도 많이 소모되었다.

그런데 판드비라는 상인이 기발한 아이디어를 냈다. 그것은 항로를 개발하는 일이었다. 니카라과와 파나마 운하를 횡단하는 항로를 만들어 그곳을 오가는 선박들이 내는 돈의 일부를 갖는 것이다.

판드비는 이 아이디어를 갖고 니카라과의 대통령을 찾아가서 설득을 한 후에 허락을 얻어내고 계약을 체결했다. 그리고 항로가 개통된 이후 판드비는 불과 몇 년 사이에 수백만 달러의 돈을 벌었다. 이 항로는 판드비에게는 보물단지와도 같았다.

판드비가 항로를 이용하여 돈을 버는 것을 본 상인 월커는 질투가 났다. 그는 그 항로를 자기 것으로 만들고 싶었다. 그러나 판드비를 상대하기가 만만치 않다는 것을 알고 있었기에 그는 궁리한 끝에 기발한 아이디어를 짜냈다. 그것은 판드비를 어떻게든 출국시키고 그 다음에 손을 쓰는 것이었다.

월커는 거금을 들여 판드비의 주치의를 매수했다. 그리고 그 주치의는 월커의 청탁을 받고 판드비에게 이렇게 말했다.

"회장님의 심장이 요즘 말이 아닙니다. 반 년간 휴식하면서 잘 조리하지 않으면 생명이 위험합니다."

평소 몸 관리에 관심이 많았던 판드비는 주치의의 말을 그대로 받아들여 파리로 휴양을 떠났다.

그러자 월커는 행동을 개시하였다. 그는 수백 명의 용병을 동원하여 니카라과를 공격하였다. 내부 간첩을 매수한 월커의 용병들은 손쉽게 니카라과 대통령 부(府)를 점령하였다. 니카라과 대통령은 너무나 놀란 나머지 심장병의 발작으로 숨을 거두었다. 대통령이 죽자 월커는 자신과 가장 친밀한 사람을 대통령으로 밀었고 곧 취임식이 거행되었다. 그리고 얼마 지나지 않아 새로 구성된 니카라과 정부는 판드비의 특허 항로를 취소하고 그 권한을 월커의 손에 넘겨주었다.

 월커는 애초 지략과 계략이 판드비에 미치지 못했다. 하지만 판드비가 먼저 따놓은 특허 항로를 월커는 주치의를 매수하여 판드비를 자신의 세력 범위에서 벗어나게 했다. 그리고는 그를 침몰시켰다.

 판드비가 돌아왔을 때는 이미 늦었다. 범이 다시 산으로 돌아왔을 때 산은 이미 옛 산이 아니었던 것이다. 기회는 이처럼 쉽게 왔다 쉽게 간다.

경쟁사의 참모를 제거하라
_독과점 횡포를 막은 건축회사

자신에게 위험한 경쟁상대일 경우 그에게는 반드시 한두 명 정도의 뛰어난 참모가 있게 마련이다. 그는 적의 부하일 수도 있고 합작 파트너일 수도 있다. 이럴 때 당신은 어떻게 하겠는가?

바로 '조호리산(調虎離山)'의 계략을 이용하면 문제는 아주 간단하게 처리할 수 있다. 즉 참모의 역할을 하는 그 사람을 자신의 경쟁상대에게서 떠나게 하면 된다. 나아가 그런 인물이 자신의 휘하에 들어오면 더할 나위 없이 좋을 것이다.

영국 맨체스터에 데이디와 모르비라는 두 건축회사가 있었다. 두 회사는 언제나 치열한 경쟁을 벌이고 있었다. 이 사이에 디르 강철회사 있었는데, 두 건축회사에 강철을 공급하고 있었다. 문제는 누가 철강을 더 싸게 가지고 오느냐였다.

그 점에 대해서는 데이디 회사가 매우 불리했다. 상대편 모르비 회사 사장이 디르 강철회사 사장과 아주 절친한 사이로 독점이나 다름없이 언제나 값싸고 질 좋은 강철 재료를 얻을 수 있었기 때문이다.

데이디 회사는 늘 디르 강철회사의 괴롭힘을 당했으며 자재공급도

제대로 되지 않아 공사 진척에 막대한 피해를 입고 있었다. 화가 난 데이디 사장은 앉아서 당할 수만은 없다고 판단하고 디르 사장을 제거하기로 결심했다.

데이디 회사는 즉각 유명한 상업스파이를 고용하여 방법을 찾아내게 했다. 그에게 고용된 상업스파이는 몇 달 동안 모르비 회사의 뒤를 캐는 한편 여러 동향을 살폈다. 그러다가 모르비 회사의 쓰레기 더미에서 모르비 사장과 디르 사장의 부인이 밀회하는 사진을 우연히 발견하였다. 어떻게 하여 그 사진이 쓰레기통에 들어갔는지는 모르지만 그 사진은 데이디 회사에 있어서는 황금과 같은 보물이었다.

남의 약점을 이용해서 자신의 욕심을 채우는 것은 나쁘지만 데이디 회사로서는 최소한의 공정한 거래라도 이루어지게 하려면 그 방법밖에 없었다.

데이디 회사는 그 사진을 디르 사장 앞으로 보냈다. 그 뒤로 모르비 회사는 디르 강철회사로부터 전에 없는 괴로움을 당해야만 했다. 디르 사장이 분을 삭이지 못하고 자재 가격을 터무니없이 올렸고 그나마 제때 공급해 주지도 않았다. 그리고 두 사람의 간통은 언론에까지 노출되어 소송으로까지 이어져 세인의 입에 오르내렸다.

처음에는 간통 사실을 완강히 부인하던 모르비 사장도 증거가 공개되자 모든 것을 시인하고 사장직을 내놓아야 했다. 기업윤리에 있어서 데이디나 모르비 두 회사 모두 비난을 받아 마땅하지만 기업 경쟁에 있어서는, 비열한 수단을 쓰시라도 자기에게 위협한 인물을 제거하지 않을 수 없었다. 이것이 바로 '조호리산(調虎離山)'의 핵심이다.

지금 새 차로 바꾼다면 너무 아깝습니다
_ 고객의 심리를 읽은 자동차 판매왕

상품을 판매할 때 그 상품의 우수성을 직접적으로 열거하며 파는 사람이 있는가 하면, 우회적인 수단으로 상품을 파는 사람도 있다. 말하자면 고객과 만나서 직접 상품을 소개하는 것이 아니라, 고객의 구매심리를 파악한 후 다른 방법을 이용해 심리적인 벽을 허문 다음 고객이 원하는 상품을 파는 것이다.

한 중년의 신사에게는 10여 년이나 타고 다니던 차가 있었다. 이제 곧 폐차장에 가야 할 때가 될 만큼 낡은 차였다. 어느 날 그 신사는 자동차 판매 영업소를 찾아 왔다.

영업소 직원들은 차 주인에게 성능이 좋은 여러 가지 자동차 모델을 소개해 주었다. 하지만 주인은 새 차를 사려고 하지 않았다. 그러자 영업소 직원들은 더욱 열을 올리며 말했다.

"선생님, 이렇게 낡은 차는 쉽게 고장이 생기고 교통사고가 생길 위험도 큽니다."

"이 차는 수리비가 새로 사는 값만큼 들겠는데요."

주인은 그 말을 들을수록 기분만 상했다. 이때 한 젊은 직원이 다가와 말했다.

"아닙니다. 선생님의 차는 아직도 몇 년은 잘 탈 수 있습니다. 지금 새 차를 바꾼다면 너무 아깝지요."

이 말을 들은 주인은 활짝 웃었다. 그리고 그 자리에서 새 차를 샀다.

일반적으로 자동차 영업소 직원들은 어떻게든 차를 팔 욕심으로 헌 차의 나쁜 점만 들추어내려고 한다. 그러나 차 주인의 입장에서는 낡았어도 그동안 애지중지하던 차였기에 더욱 아쉬움이 많아져 막상 새 차를 살려고 하면 망설여지기 마련이다. 이때 팔려는 사람과 사려는 사람 사이에 보이지 않는 장벽이 생겨난다.

유능한 영업 사원이라면 이 양면성을 잘 알고 있어야 한다. 그리고 그것을 어떻게 푸느냐에 따라 의외로 쉽게 자신의 목적을 달성할 수 있다. 그러나 욕심만 앞세우고 부정적인 면만 강조하다 보면 부정이 부정을 낳기 마련이다.

그런 의미에서 후자의 경우는 깊이 새겨볼 필요가 있다. 그 영업사원은 다른 사원들과 마찬가지로 차를 팔려는 목적은 같다. 그러나 낡은 차를 좋게 평가하여 주인의 호감을 샀고, 고객과의 이해와 공감대가 형성되면서 신임을 사게 된 것이다.

물건을 팔려면 그것이 싸든 비싸든 그 물건에 대한 풍부한 전문지식이 필요하다. 민첩한 통찰력과 판단력은 더욱 필요하다. 고객의 심리를 포착하고 그 유형에 따라 상대해야 고객을 끌 수 있기 때문이다. 따라서 이것도 '조호리산(調虎離山)'의 한 방법이며 계략이라 할 수 있다.

제16계

욕금고종(慾擒故縱)
큰 것을 얻기 위해 작은 것을 풀어준다

생쥐도 퇴로를 완전히 차단하면 죽기를 무릅쓰고 덤빈다. 하지만 퇴로를 조금씩 열어주면 생쥐는 스스로 지쳐 쓰러지고 말 것이다. 상대를 내 손안에 두되 공격은 하지 말라. 공격은 반격을 불러온다.

慾 욕심 욕

擒 사로잡을 금

故 옛 고

縱 놓을 종

우호적인 분위기를 만들어라
_작은 이벤트로 고객 유치한 보험회사

우리는 인생을 살면서 정말 이기기 어려운 강한 적수를 만날 때가 있다. 마음 같아서는 당장 달려들어 상대를 때려눕히고 싶지만 무모한 실패의 지름길일 뿐이다.

이때 제일 좋은 방법은 공격을 포기하고 적을 일시적으로 놓아주는 것이다. 그리고 그 뒤를 느슨하게 쫓는다. 그가 목숨 걸고 도망을 칠 때 그의 약점을 찾아내고 그가 지치기를 기다렸다가 일시에 공격하면 일거에 적을 죽일 수 있다.

이것이 바로 '욕금고종(慾擒故縱)'이다. 낚시할 때 낚싯대를 갑자기 들면 고기를 놓치기 쉽다. 하지만 낚싯대를 앞으로 살짝 당기면서 들면 고기를 효과적으로 낚아 올릴 수 있다.

잉어와 같은 큰 물고기가 물렸을 때 태공들은 낚싯대를 아예 호수에 던져 고기로 하여금 실컷 끌고 다니게 한다. 물고기가 지칠 때를 기다렸다가 줄낚시나 릴로 건져 올리는데, 이 역시 '욕금고종'의 계략을 이용한 것이다.

어느 대형 전기회사가 있었다. 그들은 생산규모를 확대하고 시장을 점령하기 위해 일부 중소기업들을 합병하려 했다. 그리하여 사내 전문인원을 파견하여 합병에 적합한 기업을 찾아냈다.

이 전기회사의 목적은 아주 명백했다. 인건비와 작업 효율이 높은 중소기업의 시설들을 이용하여 자기네들이 개발한 제품을 대량으로 생산하는 것이었다. 그래서 향후 발전이 있을 만한 기업을 선택한 그들은 그 회사들과 담판을 진행했다. 상대 기업이 말을 듣지 않으면 내버려 두었다가 그들이 자금난에 허덕인다든가 기술력에서 뒤져 경쟁력이 약화됐을 때 아주 싼값으로 상대 기업들을 손안에 넣었다.

그리고 나서 일정한 자금을 투입하여 기업의 생산시설에 대해 대대적인 개조를 하였다. 마지막으로 그 기업의 생산시설이 일정한 수준에 오르게 되면, 자신의 제품들을 그들에게 맡겨 생산하게 하거나 더 나은 값을 받고 팔았다.

여기서 모(母)기업인 전기회사와 자(子)기업인 중소기업들은 모두 일정한 이익을 얻게 된다. 즉 상대 기업은 자금의 수혈과 생산설비 증가로 안정적으로 제품을 생산할 수 있고 모기업으로서는 대량생산이 가능해지기 때문이다. 여기서 모기업이 합병한 자기업에서 자신들의 유명 브랜드를 생산하게 하는 것은 느슨하게 풀어주는 것이고, 그들을 손안에 넣고 그들이 낸 이윤을 챙기는 것은 상대를 영원히 잡아 놓는 것이다.

미국 브랜쉬 보험회사는 '욕금고종'에 대하여 더욱 기발한 아이디어를 내놓았다. 이 보험회사에서는 보험 증명서류, 설문지, 우대권 한 장을 동봉한 몇 만 통의 편지를 고객들에게 보냈다. 그리고 편지에 강제로 참가하라는 것이 아니며, 단지 일반적인 조사일 뿐이라고 밝혔다. 만약 고객이 설문지와 우대권을 동봉해서 회신하면 보험회사는 그들에게 작은 선물을 준다는 말도 덧붙였다.

많은 고객들이 설문지를 부쳐왔다. 보험회사 판매원들은 편지의 주소대로 한 집 한 집 찾아다니며 약속대로 선물을 나누어 주었다. 작은 선물이었지만 다양하게 준비해 고객이 직접 고르게 하였다. 그 사이 판매원들은 고객과의 거리를 좁히고 서로 어울리는 따뜻한 분위기를 만들어갔다.

판매원은 이런 분위기 속에서 고객들에게 은근히 보험에 가입하라는 권유를 하는데 선물을 받고 기뻐하던 고객은 부담없이 보험에 가입하였다. 이런 이벤트로 이 보험회사는 6,000여 명의 고객을 더 받아들였다.

고객들이 설문지에 따라 대답하게 하고 선물을 고르게 하는 우호적인 분위기를 만들어 가는 것이 바로 느슨하게 풀어주는 것이다. 그러고 나서 보험회사는 자신들의 목적대로 선물을 받은 고객들에게 보험을 파는 것이다.

유명인들에게 공짜 담배를 줘라
_ 담배 무상공급으로 매출 2위된 담배 회사

상대를 느슨하게 풀어준다고 해서 아무런 원칙이나 목적 없이 풀어주는 것은 절대 아니다. 풀어주는 것은 잡기 위한 것이므로 치밀한 계략이 필요하다. 강태공이 고기를 풀어주는 순간부터 고기의 동태를 끊임없이 살피듯이, '욕금고종(慾擒故縱)'도 상대를 풀어주면서 철저하게 동향을 파악하고 약점을 파악하여 정작 공격을 펼칠 때 유리한 위치를 점할 수 있어야 한다. 이때 상대를 자신의 시야에서 벗어나게 해서는 안 되며 내 손안에서 벗어나게 해서도 안 된다. 낚싯줄을 느슨하게 풀어주는 것뿐이지 놓아주는 것은 절대 아니기 때문이다. 덜렁 풀어주다가 놓치면 호랑이를 산으로 놓아주는 것과 다름없다.

일본 만사발(萬事發) 담배회사는 매월 2,000만 엔의 막대한 돈을 지불하면서 세계 각 도시의 유명인들에게 공짜로 담배를 공급했다. 그러자 불과 몇 달 사이에 만사발 회사는 유럽의 120여 개 도시의 유명인들과 교감을 갖게 되었다. 그러나 시장에는 아직 이 만사발 담배가 공급되지 않고 있었다. 그러니 일반 사람들의 눈에는 유명인들이 피우는 이 만사발 담배가 권위와 신분의 상징으로 보였다.

이때 회사의 몇몇 주주들은 경영진을 질타했다. 매월 2,000만 엔이라는 거액의 돈을 그대로 날려 버리면서까지 공짜 담배를 주는 것은 경영 방식의 실패라는 것이었다. 꿀과 채찍의 '욕금고종'이 좋기는 하지만 풀어주는 것도 한계가 있어야 한다는 것이었다.

자칫 너무 많이 풀어줬다가 나중에 잡았다 해도 자신들에게 이익이 없으면 하나마나였기 때문이다. 회사 내에서는 푸는 것과 잡는 것 사이에 일대 논쟁이 벌어졌다. 결국 회사는 처음에 계획했던 것보다 한 달 앞당겨 이런 무상공급을 취소했다.

그 사이 만사발 담배의 일반 소매점 출시가 시작되었다. 일반인들은 저마다 이 권위와 신분의 상징이 되어 버린 만사발 담배를 입에 물었다. 만사발 담배의 판매량은 수직 상승을 기록했다. 그리고 무상 담배가 중단된 유명인들에게는 간단한 공시가 전달되었다. 회사는 너무 많은 경비지출 때문에 무료 공급을 중단하며, 이미 어느 도시에나 모두 만사발 담배를 팔기 때문에 자유롭게 사서 피우라는 메시지를 보낸 것이다.

그때서야 유명인들은 자기네들이 속았다는 것을 알게 되었다. 그러나 때는 이미 늦었다. 몇 달 사이에 만사발 담배는 유럽 전체를 휩쓸고 있었다. 결국 만사발 회사는 매월 2,000만 엔이라는 투자로 세계 상업 사상 기적을 이루었다. 그들은 1년도 안 되는 사이에 이름 없는 만사발 담배의 판매량을 세계 2위로 올려 놓았으니 말이다.

매월 거액의 돈을 그대로 흘려보낼 사람은 아무도 없다. 그들이 이렇게 돈을 쓸 때는 쏙 그 뒤에 복적을 숨기고 있다. 소비자에게 단맛을 보이고 천천히 풀어주다가 때가 왔다고 생각되면 갑자기 낚아채는 것이 바로 기업의 고수들의 이용하는 '욕금고종(慾擒故縱)'이다.

제17계

포전인옥(抛磚引玉)
돌을 던져서 구슬을 얻는다

미끼를 던져라. 흐린 물속에서 늘 냉정한 판단을 하기는 어렵다. 따라서 상대를 잡을 때는 미끼를 쓰고 나를 위해서는 당장의 이익보다는 그 이면에 숨겨진 손해를 먼저 생각하는 여유를 가져야 한다.

抛 던질 포

磚 벽돌 전

引 끌 인

玉 옥 옥

천천히 유혹하라
_ 진품을 위해 가짜 미술품을 사들인 전형필 선생

흔히 사소한 것에 목숨을 건다는 말이 있다. '포전인옥(抛磚引玉)'은 바로 크게 보지 못하고 작은 이익을 탐내는 인간의 약점을 이용하는 것인데, 우선 달콤한 미끼를 던져 천천히 유혹하여 그들의 옥(玉)을 빼앗는 계략을 말한다.

'갖고 싶으면 먼저 주라'는 말이 있다. 그런데 이득을 보려면 작은 것을 주고 큰 것을 가져야 한다. 즉 '돌을 주고 구슬을 챙기다'라는 얘기다.

간송(澗松)미술관은 우리나라에서 몇 안 되는 민족미술관이다. 고(故) 전형필(全鎣弼) 선생은 일제 때 아까운 우리 문화재가 일본으로 흘러들어가는 것을 보고 사재를 털어 미술품을 수집했고, 이는 오늘날 민족문화의 보고(寶庫)가 되었다. 그런데 전형필 선생이 미술품을 수집할 때 꼭 사용하는 수법이 있다. 그것은 바로 '포전인옥'이었다.

간송미술관

하루는 미술품 수집업자가 전형필 선생을 찾

아와 조선시대 회화를 내놓으며 사라고 했다. 그는 진품임을 누차 강조했고 전형필 선생도 아무 군말이 없이 그가 달라는 값을 다 주고 그 회화를 구입했다. 그리고 그가 돌아간 후에는 집사에게 그 미술품을 갖다 버리라고 했다. 그것은 가짜 미술품이었다. 그런데 몇 달 후에 그 가짜 미술품을 판 사람이 다시 나타나 이번엔 더 좋은 물건이 있으니 사라고 했다.

전형필 선생은 그가 내놓은 미술품을 보고 또 말없이 달라는 값을 주고 샀다. 그것 역시 가짜였다. 미술품 수집업자가 돌아가고 난 후 이를 옆에서 지켜보던 집사가 답답한 마음에서 말했다.

"어른신께서는 왜 가짜인줄 알면서도 저 사람의 그림을 자꾸 사 주는 겁니까?"

그러자 전형필 선생은 이렇게 대답을 했다.

"내가 가짜를 가지고 왔다고 호통을 치면 저 사람이 진짜를 가지고 오겠는가? 가짜를 다 사들이고 나면 그때는 정말 진짜를 가지고 올 걸세."

전형필 선생의 예감은 적중을 했다. 매번 가짜 그림을 가지고 와 팔고 갔던 그 사람은 양심의 가책과 보은에 대한 보답으로 얼마 후부터는 진짜 귀중한 우리 선조들의 그림들을 가지고 와 내놓았다. 전형필 선생은 돈을 돌로 보고 그 미술 수집업자에게 줬고, 그 돌로 옥에 해당하는 귀중한 우리의 고 미술품을 후세에 전할 수 있었던 것이다.

상대가 노리는 것을 때론 내주어라
_ 필름 시장을 석권한 코닥

돌과 구슬을 비교해 보자. 돌은 작은 이익이다. 하지만 이 작은 이익을 그냥 대수롭잖게 생각하지 않고 계획적으로 다른 사람에게 맛을 보이다 보면 나중에는 큰 이익을 가져다주는 구슬이 될 수 있다.

따라서 상대에게 작은 이익을 주는 것을 우습게 보면 안 된다. 자기가 목적하는 바를 감추어 상대를 미혹하려고 했다면, 상대가 작은 이익에 열중하는 사이에 자신은 큰 이익을 얻게 된다는 점을 깨달아야 한다.

일본의 코닥(Kodak) 사가 바로 그런 회사였다. 코닥 사는 원래 미국의 사진관련 용품을 제조, 판매하는 회사로 미국 전체 기업 중 30위 이내의 대기업이다. 코닥은 1881년 사진의 대중화를 위해 G. 이스트먼이 뉴욕 주 로체스터에 이스트먼 건판필름회사를 설립했다. 그리고 대중 카메라도 개발하여 1963년 발매한 간이장전(簡易裝塡)식 카메라 '인스터매틱'은 세계 시장을 석권하여 1970년까지 5,000만 대가 팔렸다. 이에 의해서 필름 매출도 급증하여 회사 이익에 크게 기여하였다.

사업내용은 사진 감광재에서 출발하여 스틸·무비카메라, 프로젝터, 마이크로필름, 복사기, 합섬·플라스틱 제품, 산업용 화학제품, 비타민제, 담배 필터까지 이르고 있다.

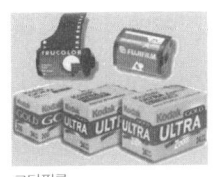
코닥필름

코닥의 컬러필름은 세계 시장의 70%를 차지하고 있으며, 1984년에는 8mm 비디오 카메라와 비디오 테이프를 생산하였고, 1986년에는 사진현상 회사인 폭스포토 사를 매입하였다. 그리고 1987년 인터내셔널 바이오테크놀로지 사를 인수하기도 했다.

코닥의 본사는 뉴욕에 있다. 그런데 1963년 2월 28일, 일본 현지 코닥 사는 미국과 유럽의 각국 수도 그리고 인도네시아, 싱가포르 등 세계 주요 도시들에서 동시에 연구발표회를 가졌다. 주제는 코닥이 10년간 비밀리에 연구해온 성과를 발표하는 것이었다. 사람들은 이번에도 코닥이 신제품을 가지고 큰 돈을 벌어들일 것이라고 생각했다. 하지만 그들의 생각은 빗나갔다. 코닥의 발표 내용은 이러했다.

"본 회사는 코닥 카메라의 특허권을 독점하지 않고 전세계 모든 기업들이 생산할 수 있도록 허가한다."

이 소식은 전세계 사진과 카메라 업계를 뒤흔들었다. 어쩜 이럴 수가? 하지만 코닥의 진정한 목적은 얼마 지나지 않아 드러났다.

발표가 있자마자 코닥이 개발한 값싸고 사용이 편리한 미니 자동카메라를 전세계 여러 기업들에서 너도나도 생산하기 시작했다. 사진사의 전용물이었던 카메라가 일반 가정에도 보급되자, 이로 인해 전세계 필름 수요량이 기하급수적으로 늘어났다. 코닥 필름도 전세계 곳곳에 스며들었고 코닥 사도 거액의 이윤을 올렸다.

코닥의 숨은 목적은 카메라가 아니라 필름 시장의 확대였다. 그들은 카메라 시장의 기득권을 포기함으로써 카메라 제작 특허라는 작은 이익 뒤에 숨은 필름 시장 확대라는 큰 이익을 노렸던 것이다. 그리고 지금도 코닥은 카메라 필름 시장에서 부동의 1위 자리를 지키고 있다.

90%까지 세일하라, 단…….
_ 90% 세일법으로 매출 늘린 신사복 상점

일본의 한 신사복 세일 상점에는 묘한 세일법이 있다. 그들은 먼저 세일 기간을 정한다. 첫날은 10%를 세일하고 둘째날은 20%, 셋째날과 넷째날은 30%, 다섯째날과 여섯째날은 60%, 일곱째날과 여덟째날은 50%……. 이렇게 15일간을 정하고 마지막날에는 10%를 할인한다.

이 정도 기간이면 고객들은 수시로 할인 혜택을 받게 되는 것이다. 첫째날이나 둘째날은 일반적으로 고객이 많지 않다. 그러나 셋째날부터는 고객들이 점점 모여든다. 다섯째날 60% 할인 때는 손님들이 상점 안을 메우고 그 뒤로는 서로 상품을 빼앗다시피 하여 있는 상품은 바닥이 난다.

이 방법이 절묘한 이유는 소비자들의 구매심리를 잘 잡았다는 데 있다. 누구나 80~90% 정도 세일할 때 물건을 구매하고 싶어한다. 그러나 제일 좋은 물건이나 맘에 드는 물건이 세일 마지막까지 남아 있으리라는 보장이 없다. 그래서 서둘러 사는 사람들이 있다.

구매를 할 생각이 있는 사람이라면 30% 세일 때부터 마음이 초조해지기 시작한다. 누가 먼저 사가지 않았을까라는 마음 때문이다.

이 세일 상점에서는 바로 이런 고객의 구매심리를 이용하여 '포전인옥(抛磚引玉)'의 효과를 활용하고 자신들의 목적 달성을 달성한 것이다.

제18계

금적금왕(擒賊擒王)
적을 잡으려면 우두머리부터 잡는다

모든 사물은 반드시 약점이 있게 마련이다. 그 약점을 캐야 한다. 그러면 교섭이나 설득에 있어서도 아주 유리한 고지를 점할 수 있다. 상대의 약점은 곧 손안에 든 무기이다.

擒 사로잡을 금

賊 도둑 적

擒 사로잡을 금

王 임금 왕

문을 열려면 열쇠구멍부터 찾아라
_ 마쓰시타 회사의 미국 공략기

적을 물리치고 싸움에서 이기려거든 '병사보다는 말부터 쏘고, 도적을 잡으려면 두목부터 잡아라' 하는 말이 있다.

'금적금왕(擒賊擒王)'은 36계의 가장 중간에 해당하는 18계이다. 모든 세부적인 것을 피하고 창날을 상대의 중심부로 겨냥하여 한꺼번에 적의 모든 기능을 마비시킨 다음 각개 격파한다는 계략이다.

마쓰시타 제품

일본에서 5대 전자회사 중의 하나인 마쓰시타 그룹은 미국 시장에 새로 생산한 자사 브랜드를 가지고 진출을 했다. 일본 국내에서는 소니와 함께 양대 산맥을 이루던 내셔널TV지만, 처음 미국시장에 발을 들여 놓을 당시에는 싸구려 가게에서나 볼 수 있는 정도였다.

그들은 미국시장을 점령하기 위해 연중 가격세일과 대대적인 광고 선전을 벌였지만 별다른 효과를 보지 못했다. 그러다 새로 부임한 내셔널TV 해외지부장이 고심을 하던 끝에 한 가지 해결책을 찾아냈다.

바로 소비자를 손에 넣기 전에 판매상부터 잡기로 한 것이다. 자신들의 브랜드가 거의 알려져 있지 않다시피 했기 때문에, 물건을 팔아줄 이들에게 알리는 것이 먼저라고 깨달았기 때문이다.

이러한 사정은 요즘 우리 기업들의 판매상들을 위한 대폭적인 지원에서도 엿볼 수 있다. 일례로 삼성전자는 IMF 이후에 더욱 많은 삼성대리점을 늘렸으며, 대리점과 할인마트에 들어가는 상품을 다르게 하여 그들의 몰락을 방지하려 애썼다. 또 김치냉장고의 대명사로 알려져 있는 딤채의 경우도 아예 마트와 백화점용을 다르게 디자인하여 소비자의 구매층을 다양하게 충족시키고 있다.

내셔널TV 일본지부장도 소비자를 잡기 위해서는 전국망을 가지고 있는 전자제품 대리점이나 판매상을 끼지 않으면 성공할 수 없다고 생각한 것이다. 먼저 시카고에서 제일 큰 전자제품 판매상인 마샬 회사를 찾았다. '두목'부터 잡으러 나선 것이다.

그러나 두목 잡기가 그리 말처럼 쉬운 일이 아니다. 마샬 회사 사장은 얼굴을 보는 것조차 힘들었다. 그는 내셔널TV가 아니더라도 소니를 비롯해 유럽과 미국의 유명 전자제품을 취급하면서 이미 몸값이 오를 대로 올라 있었다.

네 번째 방문 만에 겨우 사장을 만났으나, 마샬 사장은 이런 저런 트집을 잡으며 도무지 내셔널TV를 받아주려 하지 않았다. 하지만 내셔널TV 일본지부장은 사장이 잡는 트집을 하나하나 풀어나가며 끈덕지게 달라붙었다. 그러자 마샬 사장은 내셔널TV는 지명도가 너무 약해 팔 수 없다며 노골적으로 제품을 격하했다.

소니 / 삼성전자 제품

이에 일본지부장은 다른 방법을 쓰기로 하였다. 마샬 사장부터 브랜드를 인지시키기로 한 것이다. 그는 부하 직원들에게 하루에 적어도 다섯 번 이상 마샬 회사로 자신들의 TV를 문의하는 전화를 하라고 지시했다. 처음에는 시큰둥하던 마샬 사장도 내셔널TV를 찾는 전화가 연일 걸려오고, 또 신제품이 언론에서 대대적으로 기사화되자 태도를 바꾸었다. 그는 먼저 두 대의 내셔널TV를 시험적으로 매장에 진열하기로 했다.

이제 우두머리를 잡을 수 있는 발판을 마련했다고 생각한 일본 지부장은 여기에 그치지 않았다. 젊고 잘생긴 부하 직원 2명을 파견하여 마샬 회사 직원들과 함께 내셔널TV를 팔게 했다.

그날 오후 4시쯤 드디어 두 대의 내셔널TV가 팔려 나갔다. 마샬 회사는 다시 두 대의 TV를 주문했다. 그러기를 몇 번 하니 손님들이 본격적으로 몰려들면서 내셔널TV를 선호하게 되었다. 드디어 미국 최대의 전자제품 전문매장인 마샬은 전국 매장으로 주문을 확산시켰다.

그해 12월 내셔널TV는 한 달 만에 700여 대의 매출을 올리는 기록을 세웠다. 이때부터 파나소닉(Panasonic)으로 우리에게 널리 알려져 있는 내셔널TV는 미국시장에 완전히 발을 붙이게 되었고, 세계적인 TV브랜드로 발돋움하게 되었다.

냉혹한 시장경쟁에서 기업이 살아남으려면 어려운 문제들을 많이 만난다. 이때 지략이 필요한 것인데, 냉정한 사고와 분석을 거쳐 문제의 관건을 찾아내고 모든 정력을 쏟아 공략한다면 아무리 어려운 문제라도 해답이 반드시 있을 것이다.

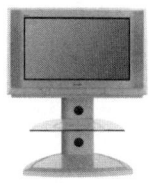

파나소닉 제품

'저 자를 두면 뒷날 큰 이득을 보겠구나'
_ 진시황을 등극시킨 여불위

여불위(呂不韋)는 중국 전국시대 말기 진나라의 정치가이다. 그가 양책(陽翟:河南)의 대상인(大商人)으로 조나라의 한단(邯鄲)으로 갔을 때 일이다.

그는 자기의 목적을 달성하기 위해 최고 결정권자인 왕과 그 나라를 상대로 장사를 한 희대의 장사꾼이라 볼 수 있다. 여불위가 장사차 조나라 수도 한단으로 갔을 때 그는 거기서 볼모로 잡혀 있는 진나라의 서공자(庶公子) 자초(子楚)를 만날 수 있었다. 진나라가 자주 조나라를 침공하는 바람에 볼모로 잡혀 있는 자초의 형편은 말이 아니었다. 그런데 자초를 만나본 여불위는 이런 생각을 하였다.

'과연 얻기 힘든 보배구나. 오늘 저 자를 사두면 뒷날 큰 이득을 볼 수 있겠다.'

여불위는 자초에게 말했다.

"당신의 아버지 진왕이 즉위하더라도 그대는 후계자 경쟁에 뛰어들 수 없을 것이오. 진왕은 화양부인(華陽夫人)을 사랑하지만 자식이 없소. 적통(嫡統)의 후계자를 세울 수 있는 사람은 화양부인이오. 내가 천금을 들여 진나라로 가 그대를 후계자로 삼도록 힘써보겠소. 이 일이 성공되면 나는 진나라를 당신과 함께 다스릴 것이오."

여불위는 곧 자초가 명성을 얻게끔 하려고 자기 돈을 주어 그가 천하의 빈객들과 사귀게 하였다. 또한 자신은 진나라로 가 화양부인의 언니를 통해 그녀를 만났다. 화양부인을 만난 여불위는 그녀에게 자초를 양자로 삼아 후계자로 삼으면 태자마마가 죽은 뒤에도 화양부인이 계속 부귀를 누릴 수 있다고 설득했다. 화양부인은 그의 설득에 넘어가 자초를 양자로 받아들이고, 여불위는 자초의 스승이 되어 정식으로 초빙되었다.

그후 여불위는 임신중인 자기 첩을 자초에게 주어 태자비로 삼게 하였으니 거기서 태어난 아이가 바로 훗날 진시황(秦始皇)이다. 그리고 몇 년 뒤 진왕이 죽고 자초가 왕위에 오르니 그가 바로 장양왕(莊襄王)이다. 장양왕이 재위 3년 만에 붕어(崩御)하니 곧 진시황이 즉위하였다. 당시 진시황의 나이가 어려, 대권을 여불위가 잡게 되었다. 여불위는 왕이 아닌 왕을 왕으로 만들어 자신의 목적하는 바를 이루어낸 것이다. 여불위가 반평생에 걸쳐 펼친 이 장사야말로 사상 최대의 장사가 아닐까?

진시황

그러나 여불위도 최고의 상국(相國)이 되어 중부(仲父)라는 칭호로 불리며 중용되었으나, 태후(太后, 진시황의 모후)의 밀통사건에 연루되어 파면당했다. 결국 여불위는 압박에 못이겨 자살하였다. 전국 말기의 귀중한 사료인《여씨춘추(呂氏春秋)》는 그가 식객들을 시켜 편찬한 것이다.

천자(天子)를 끼고 제후를 호령하라
_ UN을 포섭한 스위스 국민

제네바에 있는 UN센터

'도적을 잡으려면 두목부터 잡아라' 는 말을 더 깊이 풀이해 보면 '두목'을 잡고 그의 부하들을 나에게 복종시키는 것, 즉 '천자를 끼고 제후를 호령' 하는 것이 된다.

앞에서 예를 든 마쓰시타 회사도 마샬 회사라는 '천자'를 끼고 시장을 점령한 후, 뒤이어 미국 시장을 점령하였고 급기야 전세계 시장까지 점령하게 된 것이 아닌가?

'천자를 끼고 제후를 호령' 하는 데는 스위스 국민의 지혜에 탄복하지 않을 수 없다. 스위스 사람들은 UN(United Nations)에 무상으로 제네바를 빌려 주었다.

UN이 갓 성립되었을 때 회의센터는 물론 활동장소마저도 없었다. 많은 국제회의가 열릴 때마다 마땅한 장소가 없어 골머리를 앓았다. 이때 스위스 국민들은 거액의 자금을 투자하여 알프스 산록에 아름답고 실용적인 시설들을 지어놓고 UN에 정중하게 팔았다. 그 가격은 불과 1펜스였다.

이 교역을 단순하게 본다면 스위스 국민은 미쳤다고 볼 수도 있다. 거의 무상으로 UN에 자기 나라의 토지와 건물을 팔았기 때문이다. 그러나 다시 한 번 계산해 보면 그들의 지혜에 탄복이 절로 나온다.

UN이 제네바에 있으니 세계 여러 나라의 원수, 정부관리, 유명 상인들은 모두 밤낮없이 제네바를 나들며 많은 돈을 썼다.

국제 회의가 있을 때마다 외국 정당들은 서로 만나 회담을 했고, 국제 문제 해결이라는 명분 외에도 경제외교를 펼쳐 자국의 이익을 도모했다. 이때 많은 기업가들이 자국의 대통령을 따라 제네바로 몰렸는데, 그들이 뿌린 돈은 스위스가 관광 수입으로 벌어들이는 돈보다도 많았다.

그리고 UN이라는 국제 기구의 중심지가 되면서 스위스는 평화의 상징이 되었는데 이 무형의 가치는 돈으로 환산할 수 없을 정도였다. 비록 처음에 1달러에 제네바를 팔았지만 실상은 천문학적인 금액으로 제네바를 판 것과 다름없었다.

중국의 삼국시대 당시 조조는 한 헌제를 끼고 여러 영웅들을 호령하였는데 이는 너무나 노골적이다. 거기에 반해 스위스 사람들의 수단은 너무나 고명하지 않은가.

스위스는 UN이 제네바에 있음으로 해서 음식, 교통, 관광 모든 분야에서 전례 없는 발전을 하게 되었다. 만약 UN이 그곳에 없었다면 스위스의 오늘은 과연 어떤 모습일까?

제4장

적이 혼란한 와중을 틈타 승기를 잡는 전략

제19계 부저추신(釜底抽薪)
제20계 혼수모어(混水摸魚)
제21계 금선탈각(金蟬脫殼)
제22계 관문착적(關門捉賊)
제23계 원교근공(遠交近攻)
제24계 가도벌괵(假道伐虢)

혼전지계

제19계

부저추신(釜底抽薪)
가마솥 밑에서 장작을 꺼낸다

가마솥 밑의 장작을 치우면 불을 피울 수가 없다. 상대가 막강한 힘을 과시할 때는 그 힘이 어디서 나오는지를 먼저 파악해야 한다. 그리고 그 힘에 대한 원천을 없애야 내가 성공할 수 있다. 그 힘의 근원을 없애라.

釜 가마 부

底 밑 저

抽 뺄 추

薪 섶나무 신

상대의 명줄을 잡아라
_ 원료 하나로 대기업 굴복시킨 햄

가마솥에 한가득 물이 끓고 있다. 이를 식히려면 어떤 방법을 써야 할까? 거기에는 두 가지 방법이 있다. 하나는 가마솥에 더 많은 물을 쏟아붓는 것이고, 다른 하나는 가마솥 밑에서 타고 있는 땔감을 빼내는 것이다.

이 두 가지 방법을 비교했을 때 처음 방법은 빨리 물을 식힐 수 있다. 하지만 근본을 없애지는 못한다. 가마 밑에서 계속 불이 타고 있기 때문이다. 따라서 쏟아부은 물도 곧 끓게 된다. 따라서 물을 완전히 식히려면 아궁이의 불을 끄는 수밖에 없다.

'부저추신(釜底抽薪)'도 이와 같은 계략이다. 즉, 상대의 장점을 살려주는 것이 미덕이지만, 생존 경쟁에 있어서는 아궁이에 불을 끄듯이 상대의 명줄을 잡고 치명적인 일격을 가해야 한다. 이는 상대의 힘을 대폭 저하시킬 뿐더러, 잘만 되면 상대를 훼멸(毁滅)시킬 수도 있기 때문이다.

'만능상인'이라 불리는 미국의 대부호 햄은 샌프란시스코 동부에서 대량의 천연가스를 탐사해냈다. 그 천연가스 탐사를 위해 햄은

2,000만 달러를 투자했고, 이 유전(油田)은 캘리포니아에서 두 번째로 컸다. 햄은 태평양가스 전력공사를 찾아가 천연가스 판매의 장기합작 계약을 체결하려 했다.

그런데 뜻밖의 일이 생겼다. 그 회사에서는 이미 거액의 자금을 투자하여 캐나다에서 미국에 이르는 천연가스관을 건설했던 것이다. 그들은 캐나다의 천연가스 정도면 얼마든지 수요를 만족시킬 수 있다면서 햄의 천연가스를 쓰려 하지 않았다.

햄은 낙심했다. 천연가스를 찾는 일이 보통 어려운 일도 아니었거니와 2,000만 달러를 그냥 날려 버릴 처지에 놓였으니 말이다. 그래서 그는 자신의 생존을 위해 '부저추신'의 계략을 사용하기로 마음먹었다.

당시 태평양가스 전력공사의 천연가스는 로스앤젤레스 전역에 걸쳐 공급되고 있었다. 햄은 자신이 개발한 천연가스를 그곳으로 가져간다면 그들의 명줄을 끊는 것과 다름없다고 생각했다.

햄은 곧 로스앤젤레스 시의회를 찾아갔다. 그는 시의원들에게 자신이 채굴해낸 천연가스의 질을 설명하였다. 덧붙여 로스앤젤레스까지 직통하는 가스관을 건설하여 태평양가스의 가격보다 더 싼 가격으로 천연가스를 공급하겠다고 제의했다.

두말할 것 없이 시의원들은 그의 제의에 동의했다. 더 좋은 가스를 싸게 들일 수 있기에, 시의 재정면에서 반가운 일이 아닐 수 없었다. 그것은 또 태평양가스 전력공사의 '땔나무'를 빼버리겠다는 위협이었다. 햄으로서는 무모한 도전이었다.

이 소식을 들은 태평양가스 전력공사는 깜짝 놀랐다. 만약 시의회가 햄과 계약을 하는 날에는 그들이 힘들게 캐나다에서 끌어온 가스는 무용지물이 되고 마는 것이다. 다급해진 태평양가스는 햄을 찾아가 사과를 하였다. 그리고 그의 가스를 전부 사들이겠노라고 말했다.

사실 햄은 로스앤젤레스로 가스 수송관을 건설할 마음도 없었고, 그럴 만한 자금도 없었다. 단지 태평양가스에 으름장을 놓기 위한 것뿐이었다. 예상대로 상대가 자신의 계책에 말려든 것이다.

햄은 득의양양했다. 그는 여기에 더 자기의 조건을 붙여서 막다른 골목에 들어간 태평양가스 전력공사를 압박했다. 그들은 결국 추가의 각박한 조건마저 받아들일 수밖에 없었다.

80명의 가희(佳姬)들이 공자를 쫓아내다
_ 노나라를 떠난 공자

중국 춘추시대 노나라에서 공자를 중용하게 되면서 노나라는 날로 부유해지고 인구가 늘어나게 되었다. 하지만 변경(邊境)을 사이에 둔 제나라로서는 큰 위협이 아닐 수 없었다. 그래서 제나라는 마침 명재상 안영이 죽은 노나라에서 하루빨리 공자마저 제거하고 싶어했다.

하루는 대부 여미(黎彌)가 찾아와 제나라 왕에게 아뢰었다.

"폐하, 공자 스스로 노나라를 떠나게 하는 방법이 있습니다."

"어떻게 떠나보낸단 말이오? 지금 그는 노나라 임금의 신임을 얻고 있는데……."

"36계 중 '부저추신(釜底抽薪)'의 계책이면 족할까 하옵니다. 옛말에 '배가 부르면 음탕해지기 마련이고, 배가 고프면 도둑질할 마음이 생긴다'는 말이 있지 않습니까? 더구나 노정공(定公)은 호색한이 아니옵니까? 우리가 만약 미녀를 보내게 되면 그는 밤이고 낮이고 그 속에 빠져 놀아날 것입니다. 이를 참다못한 공자는 자연히 노나라를 떠나게 될 것입니다."

제나라 왕은 좋은 묘책이라 생각하고 여미에게 당장 추진할 것을 종용했다. 그래서 여미는 전국에서 80명의 미녀를 선발한 다음 그들에게 춤과 노래, 웃음을 가르쳤다. 그리고 그 미녀들을 120필의 준마와 함께 노나라에 보냈다.

미녀를 본 노정공은 너무나 마음이 흐뭇했다. 그는 총신을 시켜 제나라에 감사의 회신을 보내고 미녀들의 품속에 푹 빠져 지냈다. 국정도 등한시 한 채 후궁에서 미녀들과 시간 가는 줄 모르고 지내기 일쑤였다.

이 소식을 들은 공자는 한숨을 내쉬었다. 이에 자로(子路)가 떠나자고 했다. 하지만 조국에 대한 사랑은 공자로 하여금 바로 떠나지 못하게 했다. 공자는 몇 번이나 왕께 간하여 정사를 돌보라고 했지만, 이미 미녀들의 품속에서 헤어나지 못하고 있는 왕이 그의 말을 들을 리가 없었다. 일이 이쯤 되자 공자도 다른 방법이 없다고 여기고, 자신의 제자들을 거느리고 정처 없는 유랑생활을 시작했다.

절세의 위인 공자도 '부저추신(釜底抽薪)'의 계략을 뛰어넘지 못하고 고국을 등에 지고 떠돌이 생활을 시작하게 된 것이다.

공자의 국가 경영이나 노나라의 강대함이 갖는 관건의 소재는 바로 대권을 틀어쥔 왕에게 있었다. 즉 끓는 가마솥 밑에 있는 땔나무가 바로 왕이었고, 그런 왕을 80명의 미녀로 잡아두고 제나라는 자신의 목적을 달성한 것이다.

제20계

혼수모어(混水摸魚)
물을 흐려놓고 고기를 잡는다

고기가 숨어 있는 곳을 일일이 알 수 없다. 그때 물을 휘둘러보라.
그러면 숨어 있던 고기들이 모두 정신을 잃고 뛰쳐나올 것이다.
적의 내부와 지휘본부를 혼란시켜 전력을 약화시킨 다음 공격하라.

混 섞을 혼

水 물 수

摸 찾을 모

魚 고기 어

질투는 판단을 흐리게 한다
_ 거란의 난 평정한 장수규

중국 당나라 개원 17년(서기 723년), 거란족 수령 커돌 한(可突干)이 대군을 거느리고 당나라의 국경을 침범하였다. 이에 당 현종은 장수규(張守珪)를 유주(幽州) 절도사(節度使, 지방의 행정·군사 최고장관)로 임명하고 거란을 치게 하였다.

장수규는 병마를 정돈하고 병졸을 훈련시키면서 한편으로 유주 성벽을 높게 쌓고 방어력을 든든히 하여 여러 차례 거란의 침공을 물리쳤다. 거란은 당나라 군사의 허실을 탐지하기 위해 유주성에 사절을 파견하고 다시 당나라를 섬기겠노라고 했다. 그러나 장수규는 기세가 높은 거란이 화해를 청하는 것은 필시 음모가 있다고 판단했다. 그래서 그는 거란 사절에게 말했다.

"당신들이 우리에게 사절을 보내왔으니 우리도 답례로 사절을 보내야겠소."

다음날 장수규는 왕회(王悔)를 거란에 파견하고 당나라 조정을 대표하여 커돌 한의 군영을 안무(按撫)하게 했다. 커돌 한이 연회를 베풀자 왕회는 그 자리에 참석한 장수들을 세밀하게 관찰했다. 장수 중에는 진심으로 술을 권하는 자도 있었고, 가짜로 아양을 떠는 자들도 있었다.

그런데 그는 한 사졸의 입에서 거란의 병권을 틀어쥔 이과절(李過折)이 수령인 커돌 한과 사이가 좋지 않다는 것을 알게 되었다. 왕회는 기회를 엿보고 있다가 이과절과 만났다. 그는 그 자리에서 커돌 한의 재능과 용맹을 높게 칭찬하며 그의 질투심을 불러 일으켰다. 그러자 이과절이 버럭 성을 냈다.

"커돌 한이 일으킨 이번 전쟁은 만백성을 도탄에 빠뜨리고 있는데 무슨 재능이 있고 용맹이 있단 말이오?"

그러면서 이과절은 이번 화해가 완전한 속임수라는 것과 커돌 한이 곧 당나라 유주를 공격할 것이라고 말했다. 이때 왕회가 말했다.

"이 장군은 일세의 영웅인데 누가 감히 장군과 재능을 비기겠소? 장군이 만약 커돌 한의 목을 베고 당나라에 귀순한다면 당나라 황제께 장군에게 왕의 작위를 내리게 하겠소."

왕회의 말은 이과절의 입맛에 딱 들어맞았다. 두 사람은 그 자리에서 거사 계획을 세우고 왕회는 유주로 돌아갔다. 이튿날 저녁 이과절은 과연 부하들을 거느리고 커돌 한의 처소를 급습하여 한참 단잠에 곯아떨어진 커돌 한의 목을 베었다. 이어 커돌 한에 충성하는 장수들과 이과절 군사들이 격전을 벌였다. 이 소식을 접한 장수규는 재빨리 군사를 풀어 거란의 본거지를 급습하여 대승을 거두었다.

왕회가 적군의 내부 모순을 이용하여 혼란에 빠뜨린 것은 전형적인 '혼수모어(混水摸魚)'이다. 강대한 거란이라는 깨끗한 물을 이과절과 커돌 한의 모순을 증폭시킴으로써, 물을 흐리게 하고 고기가 혼란에 빠지게 하여 당나라는 거란의 반란을 평정할 수 있었다.

적으로 변장하여 적진으로
_ 제4차 중동대전에서의 이스라엘

제4차 중동전쟁

1973년 10월 제4차 중동전쟁 당시 수에즈 운하를 사이에 두고 이집트와 이스라엘이 교전중이었다. 그때 운하 부교(浮橋) 건너편에서 이집트 탱크 부대가 하늘을 뒤덮는 모래먼지를 일으키며 다가오는 모습이 이집트 군사들의 눈에 띄었다. 그들은 부교 입구에서 탱크를 일제히 멈추었다. 선두에 있던 한 탱크에서 장교가 내리더니 유창한 아랍어로 소리쳤다.

"수고한다, 형제들."

보초를 서던 사병이 경례를 올리며 대꾸했다.

"반갑습니다. 그런데 이 부교를 건너실 작정이십니까?"

"우리는 ○○장갑 사단이다. 운하 서안에서 임무를 마치면 전선으로 다시 투입될 것이다."

"지금 전선은 어떻습니까?"

"알라께서 보호하시어 아주 좋다. 우리는 지금 이스라엘 군을 곤경에 빠뜨리고 돌아오는 길이다."

"잘 싸웠습니다. 장교님."

이집트 사병은 다시 한 번 정중하게 경례를 올렸다. 그리고 탱크부대는 다시 움직이기 시작했다.

그들은 별 어려움 없이 부교를 통과하고 속속 운하의 서안에 도착했다. 그런데 한참 뒤 사병의 뒷편 저 멀리에서 요란한 탱크 포 소리가 끊임없이 들려왔다.

어이없게도 그 탱크부대는 이스라엘 군이었다. 그들은 운하를 건너 전면에 있는 이집트 군의 유도탄 기기와 고사포 진지를 파괴하기 위해 아랍군의 장비와 복장을 갖춘 탱크부대로 변장을 했던 것이다.

그들은 운하를 사수하고 있는 이집트 군을 속이고, 도하(渡河)하여 일순간에 적진 깊숙이 침투해 들어갔고 이집트 군에 섞여 종횡무진을 했다. 이집트 군은 적과 아군을 구분할 수 없어 대혼란에 빠져들어 전멸하다시피 했다. 임무를 마친 이스라엘 군은 신속히 철수하였다.

이처럼 '혼수모어(混水摸魚)'라는 계략은 물고기를 잡아 본 사람만이 터득할 수 있으며, 적의 약점을 이용해 혼란에 빠뜨리고 자신의 목적을 달성하는 것이다.

배짱 하나로 대기업되다
_6대 건설회사 겐조

제2차 세계대전 이후 일본은 전쟁의 폐허 위에서 다시 일어서야만 했다. 사람들은 살기 위해서 발버둥을 쳤고 국가는 우선 파괴된 기간산업부터 일으켜 세워야 했다. 그 중의 하나가 바로 전력이었다.

일본은 도처에 산을 깎고 댐을 건설했다. 이는 미국의 뉴딜 정책과 같이 전후의 실업자를 구제함과 동시에 건설사업에도 크게 이바지하였다. 당시 일본에는 오세이 등 5대 건설회사가 있었다.

겐조 건설회사는 터널, 댐 등 전문 공사를 하는 이름 없는 소규모의 건설 회사로 그 존재는 잘 알려지지 않았었다. 그러니 각종 관급 공사를 따는 데 어려움이 많았다. 정부에서 이름 없는 회사라고 일감을 주지 않았다. 고부(신 사장은 늘 5대 건설 회사를 부러워했다.

그러던 어느 날 겐조의 고부 사장이 기발한 아이디어를 내놓았다. 그는 도약을 하려면 모험을 하지 않을 수 없다고 생각하고 즉시 자신의 아이디어를 실행에 옮겼다.

즉, 5대 건설회사가 자사 광고를 낼 때 그 밑에다 겐조 건설회사의 광고도 함께 실었던 것이다. 또한 언론의 뉴스나 평론을 통해 건설업계의 대회사를 얘기할 때 5대 회사에다 겐조 회사를 포함시켜 6대 회사로 불러달라고 했다. 물론 여기에는 엄청난 광고비와 로비 자금이 들어갔다.

겐조를 일본 6대 건설회사의 하나라는 이미지를 심어 주려는 데 목적이 있었고, 일종의 '물타기 작전' 과 같은 것이었다. 그런데 신문과 TV에 광고나 뉴스가 나가면서 고부 사장은 사람들의 조소와 비난을 받아야 했다.

"존재도 없는 회사가 무슨 6대 회사야. 그런다고 대기업이 될 수 있다고 생각한 모양이지. 한심한 인간 같으니라구."

또한 5대 건설회사들 역시 고부 사장의 돈키호테식 돌출 행동에 대해 일고의 가치도 없다고 생각하고 일체 대응을 하지 않았다. 하지만 고부 사장은 그런 조소와 멸시를 놀라울 정도로 잘 참아냈다. 계속해서 그는 6대 건설회사에 바로 겐조가 있다는 것을 알렸다.

그로부터 1년 후 드디어 고부 사장의 물타기 작전에 결과가 나타나기 시작했다.

사람들은 정말 겐조를 6대 건설회사로 인식하기 시작했고 일거리가 들어오기 시작했다. 겐조 건설회사는 그들을 실망시키지 않았다. 이렇게 시작하여 겐조의 고객들은 점점 많아졌고 회사 규모도 점점 커져갔다.

물이 흐려지니까 자연 고기잡기가 쉬울 수밖에 없었다. 겐조 사장은 그 점을 이용했던 것이다. 그리고 3년 후 겐조 회사는 일본에서 명실상부한 6대 건설회사로 성장하였다.

이처럼 총명하고 배짱이 두둑한 경영자는 자신의 목적을 이루기 위해 물타기 작전 등을 서슴없이 전개하고 때를 기다린다.

우리는 '혼수모어(混水摸魚)'가 주는 의미를 잘 알아야 한다. '혼수모어'의 첫째 조건은 먼저 물을 흐려 놓는 것이다. 그 다음이 고기를 잡는 능력을 보여주어야 한다. 그런 능력이 없다면 아무리 흐린 물에서도 고기를 잡을 수 없다.

만약 겐조 회사가 처음 찾아온 고객들의 요구를 만족시키지 못하고 실망시켰다면, 아무리 6대 회사라고 선전하고 다녀도 알아주는 사람이나 일거리를 주는 사람이 없었을 것이다.

제21계

금선탈각(金蟬脫殼)
매미가 허물을 벗듯이 위기를 모면하다

매미는 아무도 모르게 허물을 벗는다. 겉으로는 자신의 진지 구축을 강화해 끝까지 전투태세를 보이면서, 상대가 움직이지 못하는 틈을 타 먼저 고지를 점령하라.

金 쇠 금

蟬 매미 선

脫 벗을 탈

殼 껍질 각

명성만이라도 빌려라
_ 산 사마중달을 물리진 죽은 제갈공명

제갈공명

'금선탈각(金蟬脫殼)'이란 애벌레에서 나방이 될 때 '껍질에서 빠져나와 날아간다'는 의미에서 나온 계략이다. 이는 자신의 형세가 불리할 때는 앉아서 죽기를 기다리지 말고, 방법을 찾아낼 때까지 도망을 치거나 숨어서 재기를 노리라는 뜻이다.

그저 단순하게 껍질만 벗어놓고 무작정 도망치는 게 아니다. 진영은 그대로 있는 것처럼 속인 다음 은밀히 후퇴하는 것이다.

삼국지 후반에 제갈공명이 전사하자 강유는 제갈공명의 시신을 운구하여 촉으로 철수하였다. 그때 위나라의 사마중달이 추격해오자 강유는 양의에게 명령하여 기치를 되돌리고 북을 울려 사마중달과 맞서 싸우는 것처럼 보이게 하였다.

그러나 제갈공명을 심하게 두려워하던 사마중달은 그곳에 또 다른 계략이 숨겨져 있는 것으로 생각하고 물러났다. 이는 "죽은 공명이 산 중달을 물리쳤다"는 유명한 고사로 '금선탈각'의 가장 모범적인 사례다.

탄넨베르그 전투

또 제1차 세계대전 당시 탄넨베르그(Tannenberg) 전투에서 독일군이 러시아군에 썼던 교묘한 수법이 있다. 당시 러시아는 50만 대군을 동원하여 독일군 13만 명을 포위하려 하고 있었다.

이 정보를 입수한 독일군 수뇌부는 일부 병력으로 러시아 군의 동쪽을 저지하는 한편, 주력 부대는 남쪽으로 빼돌려 적을 격파하기로 했다.

이 작전이 성공하려면 동쪽에 있는 러시아군을 그대로 묶어두고 주력 부대를 몰래 남쪽으로 이동시켜야 했다. 천신만고 끝에 남방으로 주력부대를 옮긴 독일군은 부대이동을 까맣게 모르고 있던 러시아군을 기습적으로 포위할 수 있었다.

동쪽 러시아군과 대치하여 그들의 발목을 묶어두는 임무를 맡았던 독일군은 기병을 주축으로 한 약 1만 명의 병력에 불과했다. 그야말로 허물만 남겨놓고 빠져나간 것이다.

이렇게 사지(死地)에 처한 독일군은 승전을 했고 이는 '금선탈각(金蟬脫殼)'의 한 예로 후세에 남게 되었다. 이런 경우는 굳이 전쟁이 아니더라도 허다한데, 누구나 위기에 처했을 때 한 번쯤 시도해 볼 수 있는 계책이라 할 수 있다.

껍질은 많을수록 좋다
_ 금융계 거두의 사지(死地) 탈출

잔니니

살다보면 혹은 사업을 하다 보면 위기에 처할 때가 수없이 많다. 그래서 인생은 늘 바늘방석이고 칼날 위를 걸어가는 것과 같다고 했다. 하지만 이런 위기를 방치해 두는 것은 실패를 스스로 불러들이는 것과 다름없다. 따라서 빨리 위기에서 벗어나는 것이 가장 중요하다.

금융계에서 거두로 손꼽히는 미국의 은행가 잔니니(Amadeo Peter Giannini)도 한 번은 사지에 빠진 적이 있었다. 다른 사람 같으면 벌써 침몰하고 말았을 일을, 노련한 인생을 살았던 그는 '금선탈각(金蟬脫殼)'으로 자신을 구출했다. 그 내막은 바로 이러했다.

잔니니가 최대 주주로 있던 뉴욕 이탈리아 은행이 샌프란시스코 자유은행을 합병했다. 그러자 은행업계는 그가 미국 전역의 은행들을 독점해 버릴까 싶어 극도로 경계했다.

게다가 연방은행 측에서는 이탈리아 은행의 주식 51%를 내놓으라고 으름장을 놓았다. 그러자 며칠 사이에 잔니니의 이탈리아 은행 주식값이 50%로 폭락했다. 그에게는 전례가 없던 위기였고, 거의 파산 직전이었다.

잔니니는 급히 전략을 바꿀 수밖에 없었다. 그는 재빨리 다른 주에 가서 새로운 주식유한회사인 아메리칸 유한회사를 설립하였다. 그리고는 이 회사의 이름으로 한창 폭락하고 있는 이탈리아 은행의 주식을 대량으로 사들였고, 가까스로 위기를 모면할 수 있었다.

그는 '금선탈각'의 계략을 써서 이탈리아 은행이라는 빈 껍질만 남겨놓고 상대의 화살이 빈 껍질에 집중되는 사이에, 자신은 아메리칸 유한회사로 다시 회생한 것이다.

미국의 실리콘밸리에는 크고 작은 IT 관련 회사들이 뭇별처럼 널려 있다. 그러다 보니 작은 별끼리의 충돌이나 큰 별들과의 경쟁 역시 치열해 날마다 수천 개의 회사가 부도를 내고, 수천 개의 기업이 새롭게 일어선다.

하지만 이런 부도회사 가운데서도 상당 부분은 이튿날이면 또다시 새롭게 일어서곤 했다. 부도를 낸 기업인은 그 자리에서 물러서는 것이 아니다. 단지 얼굴만 바꾸고 다시 나타난다.

잔니니처럼 다른 목적이나 이유로 부도를 내는 기업인도 있겠지만, 시장 변화에 따라 새로운 제품으로 새로운 시장을 개척하기 위해 부도를 내는 기업인도 상당수다.

낡은 껍질을 벗어던지고 새로운 패션으로 갈아입는 것이다. 여러분들도 앞으로 나아갈 수 없을 때는 잠시 피하는 것이 좋다. 일보 후퇴는 이보 전진을 가져온다. 죽지만 않으면 꼭 다시 살아날 수 있는 '금선탈각(金蟬脫殼)'의 방법을 구사할 수 있는 시간을 벌 수 있기 때문이다.

옷을 바꿔 입어라
_초한 전쟁 유방의 탈출

유방

'금선탈각(金蟬脫殼)'이 적용될 수 있는 범위는 매우 넓다. 이는 사람이나 환경을 막론하고 모두 응용할 수 있다. 예를 들어 상담을 하는 중 일방적으로 몰릴 때, 은근 슬쩍 화장실에 가서 잠시라도 시간을 갖고 신중하게 빠져나갈 구멍을 생각해내는 것 역시 '금선탈각'의 계책에 속한다고 할 수 있다.

중국 춘추시대, 제(齊)와 진(晉)이 전쟁을 할 때 제나라가 대패하여 병사들은 혼비백산 도주하기에 바빴다.

제경공(齊景公)은 마차 위에 우두커니 앉아서 죽기를 기다렸다. 이때 마부였던 전부(田父)가 죽음을 선택한 왕에게 탈출하여 새롭게 시작하라고 권고했다. 이에 전부는 경공과 서로 옷을 바꿔 입었다. 왕 대신 자신이 포로로 붙잡히는 바람에 경공은 무사히 귀국할 수 있었다.

중국 진나라 말기의 초한(楚漢) 전쟁 때 유방(劉邦)과 항우(項羽)는 격렬하게 싸웠다. 한 번은 형양(衡陽)에서 유방이 항우에게 포위를 당했다. 양식은 떨어지고 구원병은 오지 않아 유방은 생사존망의 상황에 봉착했다.

　이때 모사꾼인 진평(陣平)이 계략을 써서 유방과 얼굴이 닮은 무장 기신(紀信)을 유방으로 변장시켜 투항하게 하였다. 항우와 초나라 병사들은 유방이 투항을 해온다고 하자 너무나 기쁜 나머지 방어를 소홀히 했다. 그 사이에 유방은 탈출했다.

　항우가 눈치챘을 때는 진짜 유방은 이미 문무관원들을 거느리고 멀리 달아난 후였다. 대노한 항우는 기신을 주살(誅殺)했으나 이미 도망친 유방을 어떻게 할 도리는 없는 노릇이었다. 모사꾼 진평은 기신이라는 껍질을 남겨두고 한고조 유방을 되살렸다.

제22계

관문착적(關門捉賊)
문을 잠그고 도적을 잡는다

힘이 약한 적은 포위해서 섬멸하라는 말이 있듯이, 상황에 따라 강약을 조절해가면서 계략을 펼쳐야 한다. 상대가 나중에 강대해져 내가 오히려 잡혀먹힐지도 모를 때 이 계략이 필요하다. 약하게 보일 때 섬멸하라.

關 빗장 관

門 문 문

捉 잡을 착

賊 도둑 적

상대의 5배면 공격하고 10배면 포위하라
_주코프 장군의 섬멸전(殲滅戰)

주코프

1943년 구(舊) 소련 최고 통수권자인 스탈린은 주코프(Zhukov) 장군에게 코르손 지역에 있는 독일군대를 전멸시키라는 명령을 내렸다. 당시 코르손 지역에는 독일군 12개 사단이 집결해 있었고, 소련군은 이 독일군을 북동남 세 방면에서 포위하고 있었다. 서쪽의 독일군은 우크라이나에 집결해 있는 주력부대와 연결되어 있었다.

이때 주코프 장군은 이 전투의 승전을 위해서 여러 차례 수하 장교들과 작전회의를 했고, 바로 '관문착적(關門捉賊)'의 계략으로 독일군을 섬멸시킬 수밖에 없다는 결론을 내렸다.

코르손 지역의 독일군과 우크라이나 지역의 독일군 주력부대의 연결을 끊어버리는 것이 그의 작전이었다. 그러려면 독일군이 그들의 주력부대와 연결돼 있는 서쪽 성문을 닫아버려야 했다. 그러나 성문을 닫는 일이 쉬운 일은 아니었다.

이 문은 길이만 해도 130km 정도나 됐고, 독일군은 이 문을 중심으로 많은 병력을 배치하여 견고한 방어선을 구축하고 있었기 때문이었다. 성문 안에는 독일군 10여 개 사단의 정예부대가 있었고, 문 밖에는 전투력이 강한 독일군 주력부대가 지키고 있었다. 사실 철옹성을 치고 있는 독일군을 격파한다는 것은 거의 모험이나 다름이 없었다. 하지만 물러설 주코프 장군도 아니었다.

1944년 1월 24일, 그는 우선 소규모의 소련군을 투입하여 진공을 펼쳤다. 이때 독일군은 소련의 주력부대가 진공해 오는 것으로 판단하고 코르손 지역의 대부대를 끌어와 수비진을 폈다.

치열한 격전이 벌어졌다. 주코프 장군은 독일군 수비진의 허점을 이용하여 탱크사단을 동원하여 적의 퇴각로를 막았다. 쌍방은 1주일 동안이나 격전을 벌렸다. 그리고 소련군은 끝내 포위를 해제하려는 독일군을 포위망에서 12km 떨어진 곳에서 견제하여 문을 꽁꽁 닫아버렸다.

2월 17일, 소련군은 포위망 안에 든 독일군을 완전히 섬멸하였다. 주코프 장군의 '관문착적'이 성공하는 순간이었다.

《손자병법》을 비롯한 가공 병서들을 보면 이런 말이 있다.

"상대 군사의 10배면 포위하고, 5배면 공격하고, 2배면 분산시켜라."

이는 '관문착적'을 말하는 것으로 아군보다 약세인 적군을 포위하라는 말이다. 주코프 장군이 만난 독일군은 결코 소련군보다 약세는 아니었다. 주코프 장군의 탁월한 군사적 계략이 없었더라면 '관문착적'은 소련군의 실패를 불러올 수도 있었다.

하지만 그는 성공을 했다. 후에 그는 독일 점령 총사령관을 거쳐 소련군 지상군 총사령관이 되었으나 스탈린의 신임을 잃고 좌천이 되었다. 그러다가 스탈린이 죽은 뒤 1955년 중앙에 복귀하여 국방부장관과 당중앙위원회 간부회원이 되었다.

아무튼 '관문착적(關門捉賊)'은 약한 상대에게만 사용해야 한다. 강한 상대를 포위하려다가 자기가 오히려 포위를 당하는 수도 있다.

상황을 먼저 제압하라
_ 새 자동차로 시장 선점한 포드 사

도적을 문 안에 가두어 놓으면 갈 곳이 없게 된다. 이때 도적은 필시 함정에 빠진 맹수처럼 날뛸 것이니, 그럴 때 맹수를 잡는 방법도 알아야 한다. 특히 문 안에 든 도적을 붙잡지 않고 지켜보다가는 도적에게 도망칠 기회를 주거나 도망칠 길을 열어주게 된다. 이럴 때는 먼저 나가 제압해야 한다.

시장경쟁에서 상대와 우리가 경쟁하는 도중에 무의식적으로 같은 문 안으로 들어갈 경우가 있다. 이때는 누가 먼저 손을 써 한 발 앞서 주도권을 잡느냐가 중요하다.

1950년대에는 대형자동차가 여러 자동차 회사의 주요 생산품목으로 자리잡고 있었다. 1903년 헨리 포드(Henry Ford)에 의해 설립된 포드사는 1931년 GM에게 업계 1위 자리를 내주었다. 그러나 이때 독특한 혜안(慧眼)으로 선더버드(Thunderbird, 1955) 등 소형자동차를 출시하여 시장을 장악하였고, 머스탱(Mustang,

선더버드55(위) / 머스탱64(아래)

1964) 등 또 한 번 새로운 품목의 자동차를 내놔 세계 자동차 시장을 주름잡았다.

이런 선발제인(先發制人, 신수를 쳐 상대를 제압)으로 포드 사는 매번 자신의 라이벌 GM을 이겼고 거액의 돈도 벌었다. 하나의 문 안으로 동시에 들어왔을 때의 전형적인 성공사례이다.

1920년대, 미국에서는 냉장고가 일종의 사치품이었고 일반 가정에서는 구매할 엄두도 못내 얼음덩이로 음식물의 신선도를 보장하고 있었다.

미국 전역에는 얼음만 파는 수많은 얼음 상점이 있었다. 모두 하나의 문 안에서 치열한 격투를 벌이고 있었다.

텍사스 주에 한 얼음 상점 주인이 있었다. 주인은 선수를 쳐서 얼음 외에 얼음과 관련된 용기라든가 아이스크림 같은 다른 상품들도 함께 팔기 시작했다. 바로 효과가 나타났다. 얼음만 팔 때보다 더 많은 돈을 벌 수 있었다.

다른 상점에서도 그의 뒤를 따르기 시작했다. 그러자 상점 주인은 또 다른 아이디어를 내놓았다. 영업시간을 늘린 것이다. 아침 7시부터 밤 11시까지 영업을 하여 직장인들의 불편을 덜어주었다. 직장인들이 출근 전과 퇴근 후 시간을 이용해 물건을 구입할 수 있게 되었다.

이 상점의 영업시간이 인근에 소문이 나기 시작하자 찾아드는 손님은 점점 많아졌다. 그후 상점 주인은 아예 상점의 이름마저 '7-11'이라고 바꿔 달았다.

휴스

곤경에 처한 상대의 심리를 파악하라
_ 대통령 선거전

'관문착적(關門捉賊)'은 상대의 심리 변화를 잘 관찰한 후, 한 발 앞서 대응을 해야 정확하게 상대를 말려들게 할 수 있다. 또 그래야만 이길 수 있다. 즉 상대가 곤경에서 허우적거릴 때 그 심리적인 약점을 틀어쥐는 것이 관건이다. 그렇게만 되면 아무 힘도 들이지 않고 상대를 굴복시킬 수 있다.

미국 공화당 참의원이었던 랄 브르스타는 대통령선거에 나설 준비를 하고 있었다. 그의 상대는 민주당 후보 트루먼(Herry Shippe Truman)이었다.

미국에는 공화당이 지지하는 아메리칸 항공사와 민주당이 지지하는 TWA(Trans World Airlines) 항공사가 있었다. 이때 브르스타는 직권을 남용하여 하워드 휴스(Howard Hughes)의 TWA 항공사를 찾아가서 재무 장부를 조사했다. 그는 전임 대통령 루즈벨트와 휴스 사이에 있었던 막후 교역 스캔들을 발견할 수 있었다. 그는 날 듯이 기뻤다.

트루먼 대통령(가운데)

브르스타는 아메리칸 항공사의 트리프 회장을 시켜 휴스를 방문하게 했다. 그는 그 스캔들을 빌미로 휴스를 굴복시키려 했던 것이다. 하지만 휴스는 굴복하려 하지 않았다.

그 사이 휴스는 상대가 자기를 위협하는 것을 알고 오히려 더 기민하게 상대를 더 많이 연구하고 샅샅이 파악했다. 그래서 겁이 날 것이 없었던 것이다.

그러자 브르스타는 자신이 직접 대권에 출마했다. 그리고 식당에서 만난 휴스에게 TWA와 아메리칸 항공사의 합병을 요구했다. 그렇지 않을 경우 자기 손에 있는 휴스의 스캔들을 공개하겠다고 협박했다. 하지만 휴스는 브르스타가 협박했다는 증거를 점점 더 많이 얻을 뿐이었다.

브르스타는 협박에 실패하자 이번엔 언론에 휴스의 스캔들을 공개했다. 이에 루즈벨트의 아들이 나서서 사실을 해명하기 시작했다. 미국인들은 고인이 된 전임 대통령에 여전히 끈끈한 감정을 가지고 있었기 때문에 브르스타의 음모에 넘어가지 않았다.

오히려 휴스가 참의원 회의에 참가하여 유력한 증거를 대며 대권 주자인 브르스타가 자기를 협박했다고 주장했다. 브르스타의 비열한 행위는 세상에 공개되었고 그는 사람들의 거센 비난을 받았다. 결국 그는 대통령 경쟁을 포기하고 고향으로 돌아가야 했다.

휴스는 패배를 승리로 이끈 과정에서 전혀 내색하지 않고 상대의 심리를 파악했고, 그것을 증거로 교묘하게 상대를 막다른 골목에 몰아넣었다. 이와 반대로 자신의 우세만 믿고 상대를 궁지에 빠뜨리려 했던 브르스타는 치밀한 연구가 없었기에, 우세를 점하고도 패배의 쓴맛을 볼 수밖에 없었다.

제23계

원교근공(遠交近攻)
먼 나라와 사귀고 이웃 나라를 공격한다

멀리 있는 적과 손을 잡는 것은 상대를 불안케 할 뿐만 아니라 가까이 있는 적을 포위하는 데 효과적이다. 또 멀리 있는 나라는 공격해 봐야 힘만 들고 이득이 적다. 가까이 있는 적을 섬멸할 때는 멀리 있는 적과 손만 잡으면 된다.

遠 멀 원

交 사귈 교

近 가까울 근

攻 칠 공

일본이 적이 아니다?
_ 미국 GM 회장 스미스

'원교근공(遠交近攻)'은 진시황이 여섯 제후(諸侯)를 평정하고 천하를 통일할 때 바로 이 계책을 사용해 유명하게 되었다. 그는 진나라와 멀리 있는 제후국하고는 동맹을 맺고 가까운 나라는 있는 힘을 다해 공격했다. 그리하여 중국 대륙을 통일하는 최초의 대왕이 되었다. 그 힘이 바로 '원교근공'에서 나왔다.

또한 '가까운 데는 치고 먼 데는 친해라'고 하는 이 계책은 후세 정치가나 군사전문가들이 앞다투어 배우는 전범(典範)이 되었으며 치열하고 변화무쌍한 시장경쟁 가운데서도 늘 재현되고 있다.

'원교근공'은 쉽게 말하면 곧 우방과 적군을 선택하는 것이다. 시장경쟁에서 누가 나의 우방이고 누가 나의 적인가를 명확히 하는 것은 생사존망과 연관되는 아주 중요한 문제이다. 적을 우방으로 착각하면 멸망의 길을 걷는 것이고, 우방을 적으로 착각하면 고립무원에 빠져 사면초가로 들어가게 된다.

이런 과오를 방지하기 위해서는 '원교근공'을 아주 적절하게 활용해야 하는데 그 핵심은 바로 공격 목표를 정확하게 선택하는 것이다.

GM자동차

일단 목표만 명확해지면 다른 상대들은 잠시 우방으로 하고 공격 목표를 고립무원에 빠지게 할 수 있다.

한때 저명한 세계자동차의 대명사로 지금도 건재함을 과시하고 있는 GM도 곤경에 빠진 적이 있다. 1992년에 들어 일본 자동차들이 미국 본토에 밀물처럼 밀려들었다.

도요타, 미쯔비시, 마쯔다, 혼다 등 유명 브랜드들이 미국시장을 석권하면서부터 100년 역사를 갖고 있던 GM은 풍전화촉이었다. 자동차 판매는 40%로 하락했고, 2년 동안 매일 5천만 달러씩 적자가 쌓여갔다.

일본자동차들의 우세는 바로 싼 인건비에 있었다. 미국 본토의 인건비는 일본에 비하면 엄청 비쌌다. GM이 생산원가를 낮추려면 인건비를 낮출 수밖에 없었는데, 그러나 미국에서는 거의 불가능한 일이었다. 일단 노임이나 복지비를 줄이면 미국자동차 노동자조합의 강력한 반대에 부딪힐 수밖에 없는데 이는 회사를 파산에 이르게 할 수도 있었다.

그때 이사들이 쿠데타를 일으켜 총수를 갈아치우고 제10대 GM 회장에 존 스미스(John F. Smith)가 취임되었다. 그는 이런 곤경 앞에서 모든 노력을 다하여 탈출구를 찾았다.

그는 다른 자동차 회사처럼 일본자동차를 적으로 만들지 않고 잠시 동맹을 맺었다. 그리고 현재의 공격 목표를 일본이 아닌 미국의 다른 자동차회사로 정했다.

이는 아주 고명한 선택이었으나, 당시 다른 미국자동차 업체들로부터 많은 비난을 받았다. 그들의 눈에서 스미스는 매국노나 다름이 없었다. 그러나 스미스는 자기 나름대로 꾸준히 계획을 실천해 나갔다. 그는 일본 자동차업체가 자신의 영원한 우방이 될 수 없다는 사실도 간과하지 않았다. 자신의 세력이 강해진 후에 언젠가는 맞붙어야 할 상대들이었다.

처음 GM은 일본의 도요타 사와 제휴를 했다. 동시에 그는 미국 자동차 업체들을 공격하고 나섰다. 이런 '원교근공(遠交近攻)' 은 얼마 지나지 않아 효험을 나타내기 시작했다.

스미스는 암암리에 자신의 계획을 실행에 옮겼다. 70억 달러를 투자하여 'GM-10' 중형자동차를 생산하여, 미국시장에서의 명성을 되찾음과 동시에 일본자동차를 몰아낼 길을 닦아놓았다. 스미스의 이러한 '원교근공' 은 진시황처럼 제나라만 남겨놓고 모두 섬멸해버렸다.

우방은 많을수록 좋다
_ 네슬레의 위기 탈출

이 세상에 영원한 우방이나 친구는 없다. 따라서 영원한 적도 없다. 현대 사회에서는 서로의 이익을 위해서 때로는 적이 되어 싸우고, 때로는 우방이 되어 또 다른 적을 공격하기도 한다.

그러나 우방을 찾아 많은 동맹을 맺는 것이 많은 적을 만드는 것보다 몇 배 더 낫다. 자신의 실력이 아무리 강하다 해도 한 손으로 하늘을 가릴 수는 없는 일이다. 천하 사람들의 공적(公敵)이 되는 것은 아무래도 바람직한 일은 아니다.

'원교근공(遠交近攻)'에서 '원교(遠交)', 즉 '먼 곳을 사귀라'는 말이 바로 이것이다. 많은 벗을 사귀면 가까운 곳의 적을 소멸하기는 쉽다.

네슬레(Nestle)는 스위스 식품회사이다. 1866년 스위스(Anglo-Seiss)에서 미국의 찰스 A. 페이지와 조지 페이지 형제가 설립한 앵글로 스위스 연유 회사와 같은 해 앙리 네슬레가 그 근처 브베에 설립, 우유를 재료로 한 유아식품 개발에 성공하

네슬레 계열사 브랜드

고 판매한 회사가 합쳐 네슬레 사의 모체가 되었다.

앵글로 스위스 연유회사와 네슬레 회사는 각자의 성공 여세를 몰아 유럽·미국 등지로 진출하였다. 하지만 1877년 앵글로 스위스가 네슬레의 주요 품목인 유아식품을 생산하기 시작하였고, 네슬레 역시 앵글로 스위스의 연유를 생산하기 시작하면서 이 두 회사는 치열한 경쟁에 돌입하였다.

그러다가 1905년에 두 회사는 '네슬레-앵글로 스위스 연유회사' 라는 이름으로 합병을 하였다. 1947년 조미료와 스프 제조업체인 알리멘타나(Alimentana) 사를 합병하였으며, 1950년에는 보존식품과 캔식품 제조업체인 크로스 앤 블랙 윌(Cross & Black Will) 사를 인수하고, 1977년 회사명을 현재의 이름으로 바꾸었다.

20세기 초부터 사업의 다각화에 힘써, 현재 세계 70여 개 국에 판매점·공장·창고 등과 그 밖의 시설을 확보, 운용하고 있다. 우리나라에도 합작회사인 한국네슬레 주식회사가 있다.

그런데 지난 1980년대 초, 네슬레의 많은 라이벌들이 연합하여 유언비어들을 살포하며 공격한 적이 있었다. 한때 네슬레는 미국과 유럽시장에서 생존할 수 없을 지경에까지 이르렀다.

네슬레는 거금을 들여 공공관계 전문가 파컨(Peiree Liotare Vogt)을 칭해 회사를 난국에서 선겨내도록 지시했다. 파컨은 곧 네슬레의 병근(病根)을 찾아냈는데 원인은 바로 네슬레의 오만이었다. 오랜 역사와 유명 브랜드를 앞세워 동맹군을 짓누르고 소기업을 괴**롭혀 소비자들의 반발을 일으켰던 것이다.**

따라서 파컨은 '원교근공(遠交近攻)'의 계책을 쓰기로 했다. 그는 미국을 중심으로 대규모의 이벤트를 열었다. 소비자들의 의견을 접수하고 그 의견을 철저히 따랐으며, 청문회를 조직하고 전문가의 권위와 신뢰가 담긴 증언으로 유언비어들을 격퇴하였다. '근공(近攻)', 즉 가까운 데를 공격하였다.

또 네슬레는 파컨의 건의를 접수하여 자세를 겸손하게 낮추고 개발도상국들에서 우방을 만들었다. 자신들의 시장으로만 보지 않고 호혜(互惠)의 동맹관계를 맺었다.

특히 인도에서는 우유제품 회사를 설립함과 동시에 수의서비스 센터를 건립하여 인도 정부와 국민들의 호감을 샀다. 그리고 이런 동맹을 다른 후진국들과도 맺었는데, 네슬레는 해마다 60억 스위스 프랑을 투자하여 이런 개발도상국들에서 원료를 구매하였다. 동맹국을 위해 8,000만 스위스 프랑을 투자하여 전문인재를 양성하기도 하였다.

이런 투자들은 동맹국들 사이에서 네슬레의 이미지를 한층 높여주었다. 뿐만 아니라 새 경영책임자 헬뮤트 마슈어(Helmut Maucher)와 함께 1984년에는 311억 스위스 프랑의 매출액을 올려 다시 세계 최강의 자리를 회복하였다.

헬뮤트 마슈어

우방이 많아서 해로울 것은 없다. 이기려면 많은 동맹군을 찾아라. 당신에게 그들은 성공의 날개를 달아 줄 것이다.

자전거 판매점에서 오토바이를 판다
_ 혼다의 창업 역사

 세계 4대 오토바이 가운데는 바로 일본의 '혼다(本田)' 오토바이가 있다. 오늘날 혼다는 방대한 판매 네트워크를 가지고 있는데, 이는 처음 자전거 판매점에서 시작되었다.

1945년 제2차 세계대전이 끝난 뒤였다. 혼다 오토바이 설립자인 혼다 선생은 전쟁이 끝난 후 일본군이 쓰던 500개의 야외용 발전(發電) 엔진을 얻게 되었다. 그는 이 엔진을 자전거에 부착해 팔았는데 500대의 자전거가 불이 나게 팔려나갔다.

여기서 혼다 선생은 오토바이의 잠재된 시장을 발견하였다. 그는 1946년에 혼다기술연구소를 창립하고, 오토바이 사업에 본격적으로 착수했다.

그리고 곧 자전거에 부착할 수 있는 '커퍼' 상표를 단 엔진이 생산되었다. 하지만 판매가 문제였다. 판매가 곧 그 기업의 생존을 좌우하기 때문에 혼다로서는 새로운 파트너를 찾아서라도 판매에 주력할 수밖에 없었다. 그는 고심 끝에 새로운 판매 파트너로 후지 사를 선택했다.

혼다 오토바이

후지 사와 전국적인 판매 네트워크의 구축을 논의할 때 그는 이렇게 말했다.

"현재 일본에는 200여 개 오토바이 판매점이 있습니다. 그들은 우리와 같이 공존을 하고 함께 노력하여 생존의 길로 나아가야 합니다. 그런데 지금 오만으로 가득 차 있어 그들과 판매 네트워크를 구축한다 해도 이익보다는 실이 더 많을 것입니다. 따라서 저희는 새로운 제안을 하고자 합니다.

일본에는 전국적으로 5만5천여 개의 자전거 판매점이 있습니다. 우리가 그들에게 엔진을 주면 200개 오토바이 판매점들의 오만함을 꺾을 수 있을 것입니다. 더불어 자전거 판매점의 영업 범위가 확대되어 큰 이익이 생길 것입니다. 우리가 그들에게 작은 이윤 양도만 해도 이 큰 고기를 싫어할 리 없을 것입니다."

가까운 곳, 즉 오토바이 판매점을 공격하고 먼 곳, 즉 자전거 판매점과 가까이 하라는 전략 '원교근공(遠交近攻)'이다.

혼다는 전국 자전거 판매점들에게 편지를 보냈다. 편지에는 먼저 자기가 개발한 엔진을 소개하였다. 아울러 그 엔진 하나의 판매가격이 25파운드이며, 이를 하나 팔면 7파운드의 이윤을 양도한다고 덧붙였다.

2주일이 지나자 1만3천여 개 판매점들로부터 회답이 왔다. 이렇게 혼다 오토바이의 판매네트 워크는 자기의 추형(雛形)을 갖기 시작했으며, 그 후로 혼다 제품은 일본 전역과 전세계를 휩쓸었다.

제24계

가도벌괵(假道伐虢)
기회를 빌미로 세력을 확장시킨다

큰 나라를 공격할 때는 작은 나라의 길을 빌려라. 작은 나라는 어려움이 많다. 이때 그들의 길을 빌리면 큰 나라 정복이 쉬울 것이다. 그리고 돌아오는 길에 작은 나라마저 정복을 한다면 그야말로 꿩 먹고 알 먹기다.

假 거짓 가

道 길 도

伐 칠 벌

虢 나라 괵

갈 때는 남의 길, 올 때는 나의 길
_ 진나라의 야심가 고남풍 황후

중국 춘추시대 희공 2년, 진(晉)나라 제후가 우(虞)나라의 길을 빌어 괵국(虢國)을 쳐서 멸망시키고 돌아오는 길이었다. 그 길에 우나라의 경계가 소홀한 틈을 타서 괵을 소멸한 일화에서 '가도벌괵(假道伐虢)'이라는 말이 생겨났다. 즉, '갈 때는 남의 길이요, 올 때는 나의 길'이라는 뜻이다.

진나라 가충의 딸 가남풍(賈南風)은 열다섯 살 때 백치 태자인 사마충(司馬衷)에게 시집을 가 태자비가 되었다. 그녀는 질투가 많고 권모술수를 부리기 좋아했다.

진무제 사마염(司馬炎)은 임종 전에 여남왕(汝南王) 사마량(司馬亮)과 황후의 부친인 양준(楊駿)에게 후사를 부탁했다. 양준은 워낙 음흉하고 야심이 많아 정사를 맡자마자 바로 권력을 장악하기 위해 야심을 드러냈다. 무제가 죽은 뒤 백치 태자가 왕위를 계승하자, 고남풍은 황후의 자리에 따라 올랐고 황후는 태후로 추대되었다.

권력을 잡은 양준의 오만함에 권모술수가 능한 새 황후 역시 하루도 마음 편할 날이 없었다. 새 황후는 심복들을 널리 배치하고 시사(侍

史) 둘을 매수하여 양씨의 부녀를 살해할 음모를 꾸미기 시작했다.

제일 먼저 가도(假途)의 대상이 된 사람은 진무제의 다른 아들 초왕 사마위(司馬瑋)였다. 당시 사마위는 형주 병권을 쥐고 있었기에 황제를 알현하고자 상소를 올려도 양준은 감히 거절할 수 없었다.

그가 낙양으로 온 후 고남풍 황후와 밀담을 나눈 후 백치 황제의 어명을 위조하여 양준으로 하여금 반역을 꾸미고 있다는 누명을 씌워 그를 죽였다.

이런 쿠데타가 있은 후 새 황후는 원래 조정의 대신이었던 사마량을 재상의 자리에 앉히고 개국공신인 형관에게 정사를 모두 일임하였다. 사마량이 국정을 맡자 그 역시 마찬가지로 야심이 생겨 전권을 휘두를 요량으로 백치 황제는 안중에 두지도 않았다. 그리고 고남풍 황후를 눈엣가시처럼 여기고 폐위를 결심한다.

이 사실을 알게 된 고황후는 남편에게 어명을 내리도록 하여 사마량의 직책을 박탈하고 사마위에게 군대를 일으켜 사마량과 형관을 체포하여 전가족을 몰살시켰다.

초왕 사마위는 두 번씩이나 황후를 위해 공을 세우자 기세등등하여 양준과 사마량보다 더욱 전횡을 일삼았다. 고황후는 더는 참지 못하고 마찬가지 수법으로 금군(황궁의 보위군)을 시켜 사마위의 일당을 소멸하였다.

이렇게 세 번씩이나 '가도벌괵(假道伐虢)'을 펼친 고황후는 끝내 대권을 손에 쥐고 심복을 요소에 배치하여 비로소 안정 국면을 맞이하게 되었다.

'길들이기'를 하라
_ 비날몽드 섬 폭격 작전

제2차 세계대전 때 연합군은 어느 날 무시무시한 소식을 듣게 되었다. 독일군이 아주 강한 위력의 신형무기를 연구하고 있다는 것이었다. 이 신형무기가 실제 전쟁에 사용되면 영국의 주요 도시들은 모두 초전박살이 날 판이었다. 이는 연합군이 곧 실시하기로 한 노르망디 상륙작전 등이 실패할 가능성이 높아진다는 의미도 포함된다.

따라서 연합군은 이 신형무기의 연구와 제작에 관련된 모든 지역을 초토화시키기로 했다. 그 작전 중의 하나가 바로 비날몽드 섬을 공습하는 것이었다.

연합군의 비행기들은 먼저 베를린에 야간공습을 하면서 늘 비날몽드 기지 상공을 지나갔다. 비날몽드 섬에서 일하는 독일의 과학자들과 관계자들은 늘 공습경보를 듣다 보니 연합군의 비행기를 보고도 피할 생각을 하지 않았다. 언제나 그렇듯이 연합군의 비행기가 베를린을 폭격하기 위해 지나가고 있다고 생각했기 때문이다.

하지만 베를린 공습에 이어 비날몽드 섬에 대한 작전이 시작되었다. 연합군의 폭격기들은 이전처럼 베를린을 공습하던 항로를 따라

비날몽드를 날아 지나갔다. 그리고 베를린에 도착하여 레이더 교란 장치를 이용하여 독일공군의 주력부대를 모두 베를린 부근에 묶어두었다. 그런데 갑자기 연합군의 폭격기 편대가 기수를 돌렸다. 이때도 비날몽드 섬에 있던 사람들은 연합군들의 폭격기가 되돌아가는 것으로 여기고 아주 여유 있게 쳐다보고 있었다.

연합군은 이 섬에 1,593톤의 폭탄과 281톤의 포탄을 투하, 불과 몇 분 사이에 비날몽드 섬을 평지로 만들어 버렸다. 작전은 대성공이었다. 그 습격작전으로 독일은 그 신형무기의 개발을 포기할 수밖에 없었고 당시 독일공군 총참모장은 자살하였다.

연합군의 승리는 바로 '가도벌괵(假道伐虢)'에 있었다. 즉 비날몽드 섬은 '우' 나라였고 베를린은 '괵' 나라였다. 연합군은 베를린을 습격하는 것처럼 보이면서, 실제로는 비날몽드 섬을 힘들이지 않고 습격하여 목적한 바를 이룬 것이다.

'지원(支援)' 한다는 명목의 길
_ 리비아와 미국 타이어 회사

인도주의적인 지원(支援)은 사람들의 존경을 받는다. '지원'이란 아주 듣기 좋은 말이다. 그러나 이 '지원'이란 명분 아래 부가적인 조건부가 붙어, 오히려 지원을 받는 쪽이 부득불 무릎을 꿇고 상대의 지배를 받게 되는 경우가 허다하다.

특히 기업들이 이런 계략을 많이 쓴다. 예를 들면 선진국의 대기업들이 해외시장에 진출했을 때, 그곳이 후진국일 경우에는 앞다투어 '지원'이라는 명분 아래 회사를 차린다. 그리고 나서 점차 그 나라의 경제를 틀어쥐고 자기의 배를 채우게 된다.

1936년 미국의 쵸스 타이어 회사는 지원이라는 명분을 내세워 리비아에 아주 큰 고무재배 기지를 개설했다. 그리고 그곳에서 자기 회사에서 필요한 고무 원료를 해결했다. 이전에는 세계 고무시장이 모두 영국 사람들 손에서 거의 독점되고 있었다.

영국은 자신들의 독점적 지위를 믿고 쵸스 회사를 여러 번 골탕 먹였다. 쵸스 회사 부회장인 필립스톤 2세는 영국의 횡포를 이기다 못해 해외 진출을 시도했다. 말이 해외진출이지 기실은 영국 사람들이 쵸스 회사에 씌운 멍에에서 벗어나려는 것이었다.

쵸스 부회장은 리비아를 가장 적지로 선정하고 많은 돈을 '지원'이라는 이름으로 투자하였다. 그래서 아주 쉽게 리비아 정부로부터 고무재배 기지 개발사용권을 따냈다. 쵸스 회사가 리비아에 고무재배 기지를 건설하고부터는 생산하는 타이어가 모자라 팔지 못할 지경이었다. 그들은 리비아 정부로부터 자신들의 살길을 빌린 것이다.

길을 빌린 쵸스 회사는 온갖 계략을 다 동원하여 리비아의 자원을 수탈하였다. 그러나 여기에 그치지 않고 영국까지 진출하여 자신들이 당했던 만큼 영국 사람들을 골탕 먹이기까지 했다.

'지원'이라는 이름은 참으로 듣기 좋다. 그러나 나한테도 유리하고 남한테도 유리할 때 받아들이는 것이 좋다. 그리고 '지원'이라는 명분 아래 누군가 파놓은 '가도벌괵(假道伐虢)'이란 함정이 없는지 잘 살펴보아야 할 것이다.

제5장

상황의 추이에 따라 적이 될 수 있는
아군을 배반, 이용하는 전략

제25계 투량환주(偸梁換柱)
제26계 지상매괴(指桑罵槐)
제27계 가치부전(假痴不癲)
제28계 상옥추제(上屋抽梯)
제29계 수상개화(樹上開花)
제30계 반객위주(反客爲主)

병전지계

제25계

투량환주(偸梁還柱)
대들보를 훔치고 기둥을 빼낸다

상대를 지탱하고 있는 대들보를 훔치면 기둥을 바꾸는 일은 식은 죽 먹기보다 쉽다. 상대 조직을 허수아비로 만들 때 누가 대들보인가 하는 것을 파악하라. 그리고 그들을 매수하여 내 편으로 만들라.

偸 훔칠 투

梁 들보 량

還 돌아올 환

柱 기둥 주

심장부를 바꿔라
_ 브래지어를 혁신시킨 로젠탈

'투량환주(偸梁還柱)'는 모든 수단을 동원해 자신을 세상에 알리고 명예를 낚는다는 그다지 좋지 않은 이미지를 갖고 있다. 뜻만 가지고 볼 때 '투량환주'는 단순히 집의 구조를 바꾸거나 개조시키는 것을 말한다.

인간 사회는 음모나 간계와 깊은 관계를 맺고 있다. 즉 가짜 상품이나 저질 상품, 부실공사, 병역비리 등과 같은 모든 부조리들이 '투량환주'와 연관이 있다. 하지만 잘만 이용하면 뛰어난 지혜와 계략이 있다는 것을 알게 된다. 모든 것은 사람이 하기 나름이고 마음먹기 나름인 것이다.

또 '투량환주'의 핵은 '아무도 모르게 중요한 부분을 바꾸는' 것이다. 그렇기 때문에 시장경쟁을 꿰뚫는 뛰어난 지략과 철저한 깨달음이 있어야 비난받지 않고 성공할 수 있다.

기업에서 시장 조건이 아직 성숙되지 않아 제품 출시에 어려움을 겪고 있다면 이 '투량환주'의 계략을 사용해 보라. 바로 그 효과를 볼 수 있을 것이다. 제품이 시장에 먹혀들 수 있는 상황이 외적으로 먼저 나타난 다음, 점차 그 제품이 사람들에게 익숙해질 때면 내적으로 그 성과를 확인할 수 있다.

'브래지어'는 프랑스어 '브라시에르(Brassiere)'에서 나온 말로 현대 여성에게 필수적인 속옷이다. 그러나 브래지어가 세상에 나와 지금의 필수품이 되기까지 몇 차례의 곡절을 겪어야 했는데, 그 과정에서 '투량환주(偸梁還柱)'의 계략을 톡톡히 보았다.

20세기 초까지만 해도 요즘과는 달리 미국 남성들은 오히려 가슴을 드러내지 않는 여성을 더 선호하였다. 즉 절벽 가슴이 미(美)의 상징이었다. 그래서 가슴 큰 여성들은 아픔을 참아가며 가슴을 동여매야 했다.

이 점에 관해서는 우리나라 여성도 가슴을 감추는 것이 미덕이었던 적이 있었다. 특히 한복은 가슴을 잔뜩 눌러줘야 저고리가 뜨지 않고 맵시가 났기에 대부분의 여성들이 가슴을 감추기에 여념이 없었다.

그러나 여성들의 가슴은 러시아에서 미국으로 이민 온 아이더 로젠탈이라는 여성에 의해 해방을 맞게 되었다. 그녀는 패션사업에 종사하면서 짓눌린 가슴 때문에 고통을 겪고 있는 수많은 여성들을 보았다. 억압받는 여성의 가슴을 해방시키기 위해 전통을 깨는 작업에 도전하였다.

그것은 바로 가슴을 원래대로 보이게 하는 혁신적인 패션의 등장을 의미했다. 그러나 처음에는 사회적인 저항이나 냉소를 감수해야 했다. 하지만 로젠탈은 여성해방이 바로 억눌린 가슴을 해방시키는 것에서 시작될 수 있다고 여기고, 그것을 무너뜨릴 수 있는 '투량환주'의 계책을 생각해냈다.

로젠탈은 먼저 가슴 부위에 작은 주머니를 만들어 달아 가슴을 조이던 띠를 대체하였다. 1910년에 프랑스 파리의 오트 쿠튀르와 폴푸아레가 처음 브래지어를 디자인하면서 세상에 등장하였다. 아마 이것의 현재 브래지어의 원조(元祖)가 될 것이다.

가슴을 드러낼 수 없었던 당시 여성들에게 로젠탈의 새로운 브래지어는 호기심을 자극하기에 충분했고, 이후 이 획기적인 패션은 나오자마자 미국 전역을 뒤흔들었다. 로젠탈의 브래지어는 크게 유행을 하였으며 수많은 여인들의 사랑을 받았다.

물론 일부 사람들은 히스테리에 가까울 정도로 반대를 하기도 했으나, 수많은 여인들의 찬사 속에 묻혀 버렸다.

이후 로젠탈은 '소녀주식회사'라는 여성속옷 회사를 세우고 대량생산에 들어갔다. 불과 몇 년 사이에 10여 명에 불과한 봉제공 규모의 작은 회사는 수천 명의 노동자를 가진 거대한 회사로 발전했다. 1930년대 경제위기가 미국 전역을 휩쓸 당시에도 이 회사는 홀로 우뚝 서 사람들의 감탄을 자아냈다.

작은 것에서부터 손을 대기 시작해 점차 깊이 파들어가다가 어느 시점에서 모습을 대폭 바꿔 버린 것이다. 이 방법은 충격을 단기간에 최소한으로 줄이고 아주 자연스럽게 새로운 것을 받아들이게 한다.

이것이 바로 '투량환주(偸梁還柱)'가 추구하는 최고의 방법이다.

고정관념이 깨지는 다음 상황까지 계산하라
_ 하얀 비누를 처음 선보인 P&G

프록터

유명한 P&G 회사 이야기다. 이 회사는 아주 평범한 비누를 생산하는 회사였다. 그들이 생산한 비누는 다른 회사에서 생산한 비누와 성분도 비슷하고 제품의 질도 비슷비슷했다. 사실 이런 비누를 갖고 시장경쟁에서 상대를 제압하기는 아주 어려운 일이었다.

그러나 그들은 대성공을 거두었고 제품과 회사 이름을 전세계 구석구석에까지 알렸다. 그렇다면 그 비결은 어디에 있는 것일까?

P&G회사 창립자인 윌리엄 프록터(William Procter)는 '투량환주(偸梁還柱)'의 고수라고 해도 과언이 아니다. 그는 자신이 생산한 비누의 질이 다른 일반 비누보다 다를 것이 없었지만, 대담하게 비누의 외형을 바꿈으로써 크게 성공하였다.

당시 비누들은 모두 검고 크기도 매우 컸다. 프록터는 이때 하얗고 손에 쥐기에 편리한 작은 비누를 만들었다. 그리고 이름을 '아이보리비누(Ivory Soap)'라고 했다.

그는 여기서 그치지 않았다. 아이보리비누를 알리기 위해 대대적인

아이보리비누

광고 전략을 펼쳤다. 광고 카피에 있어서도 파격적인 발상을 도입하였다. 판매전략에 있어서도 도안, 비누 포장지를 비롯해, 전문가를 위촉하여 제품의 질을 정밀하게 체크하는 등 모든 방법을 동원하였다. 이런 광고와 판매 전략은 '아이보리비누'의 인기를 하늘 높은 줄 모르고 치솟게 했다.

또 그의 파격적인 광고와 판매 전략은 특히 세계 광고업계에 큰 영향을 주어 광고업이 시장경영과 떨어질 수 없는 불가분의 관계라는 사실을 주지시켰다. 그리고 그러한 노력은 평범한 회사를 세계 최대의 글로벌회사로 발돋움하게 했다.

프록터는 자신이 구사한 계략 뒤에는 '투량환주(偸梁還柱)'가 있었음을 시인했다. 단지 평범한 비누의 외모를 바꾸어 놓고 이어 광고 전략으로 소비자들의 마음속에 '아이보리비누'는 최고라는 이미지를 심어준 것이 바로 '투량한주'의 계략이었다.

말하자면 프록터는 대들보와 기둥을 바꿨을 뿐만 아니라, 그 대들보와 기둥에 광고 전략으로 옻칠까지 했던 것이다.

서서히 기둥과 대들보를 들어내라
_ 미쓰이 vs 미쓰비시

미쓰비시 제품

일본의 미쓰이(三井) 회사와 미쓰비시(三菱) 회사는 오랜 라이벌이었다. 미쓰이는 1876년 일본 미쓰이 은행과 미쓰이 물산을 모체로 하는 재벌로 1888년 미이케(三池) 탄광을 인수하면서 사업을 넓혀가기 시작하여 제2차 세계대전이 끝나기까지 일본 최고의 기업을 자랑했다. 하지만 전쟁이 끝난 후 미군에 의해 해체되고 제국은행(帝國銀行)만 존속하였다.

또 미쓰비시는 이와사키 야타로(岩崎彌太郎)의 일족에 의해서 설립된 일본 제2의 기업으로 우편기선 회사를 바탕으로 재벌의 자리를 굳혔다. 그리고 패전을 하기 전까지 해운, 제철, 광업, 항공기, 화학, 석유 등에서 눈부신 비약을 했으나, 역시 패전 후 미군에 의해 해체되었다. 하지만 한국의 6.25 전쟁을 계기로 다시 일어서 현재에 이르고 있다.

이 두 재벌이 치열한 해운(海運) 경쟁을 벌인 적이 있었는데 모두 커다란 대가를 지불했다. 이때 미쓰비시가 최후 승리를 거두었고 미

미쓰이 제품

쓰이는 미이케 탄광만 달랑 남았다. 그러자 미쓰비시는 미쓰이의 마지막 보루인 그 탄광마저 합병하려고 하였다. 내친김에 미쓰이를 완전히 없애버리려는 심사였다.

미이케 탄광은 일본 최대의 탄광으로 경영권은 정부의 손에 있었지만 판매권은 미쓰이에 있었다. 미쓰비시는 끝내 정부를 설득하여 입찰 방식으로 미이케 탄광의 귀속문제를 해결하게 했다. 입찰 기한은 7월 30일까지였다. 8월 1일에 정식 입찰을 시작하는데 최저 가격은 400만 엔으로, 100만 엔을 보증금으로 선불해야 했다.

최후의 결전을 각오해야 할 미쓰이였다. 하지만 미쓰이는 경영부진으로 100만 엔도 낼 수 없는 형편이었다. 그래서 미쓰이 회장은 백방으로 뛰어다니며 사채까지 끌어다 겨우 100만 엔을 마련하여 보증금을 치뤘다.

하지만 문제는 여기서 그치지 않았다. 입찰 가격 때문에 그는 온갖 골머리를 앓았다. 입찰 가격을 미쓰비시보다 높게 내놓으면 문제는 간단한데 미쓰비시가 얼마를 써낼지 모르니 그것이 문제였다.

며칠이고 뜬눈으로 밤을 새운 미쓰이 사장은 결국 입찰 현장에서 자기 이름으로 410만 엔의 입찰 가격을 내놓았다. 그러나 이것으로 미쓰비시를 이길 것 같지 않았다. 그래서 그는 확실하게 낙찰을 받을 수 있는 금액을 제시한다는 생각에서 다른 사람의 이름으로 455만 엔의 가격을 제시했다. 그리고 자신도 다시 5천 엔을 더 붙여 455만 5천 엔으로 최종 입찰 가격을 제시했다. 이제 그는 다 끝났다고 생각했다. 그러나 막상 최종 입찰 시간이 다가오자 불안해지기 시작했다.

만약 미쓰비시가 내놓은 가격이 자기가 제시한 가격보다 엄청 낮으면 오히려 손해를 입게 되기 때문이었다. 실제 경매에 참가한 사람들의 얘기들을 듣거나 누구든 경매에 참가해보면 낙찰 가격에 대해서 상당히 민감해질 수밖에 없다고 한다. 단 몇 만 원이라도 더 써넣어 안전하게 낙찰을 받는 것은 좋으나, 이 경우 낙찰을 받고서도 손해를 보는 경우가 허다하기 때문이다.

더욱이 그것이 소형 주택 정도로 가격이 낮거나 여유를 가지고 행할 수 있는 물건이라면 조금의 손해를 보더라도 감수할 수 있을 것이다. 그러나 기업을 인수하거나 금액이 천문학적으로 큰 경우에는 오히려 고액의 낙찰이 족쇄가 되는 경우가 허다하다. 미쓰이는 이런 점을 우려하지 않을 수 없었다.

미쓰이의 이러한 낙찰방식은 소위 브로커들이 쓰는 수법과 같은 것이다. 경매장에 가면 마치 조폭들처럼 떼거지로 몰려와 여러 사람이 경매에 참가하게 하고 가격도 높은 가격에서 낮은 가격을 두루 적용해 입찰에 응하는 경우가 많다. 이를 두고 우리는 경매 브로커라고 한다. 미쓰이 사장은 그 정도는 아니더라도 그에 준하는 세 사람을 내세워 자신이 입찰에 유리하게끔 조치를 취한 것이다. 즉 자신은 410만 엔만 제시하고 나머지는 모두 다른 사람의 이름을 빌었다.

그런데 막상 경매가 끝나고 뚜껑을 열어보니까 미쓰비시는 455만 엔의 입찰가격을 내놓았다. 미쓰이 사장은 안도의 한숨을 내쉬었다. 겨우 5,000엔을 더 내고 탄광을 다시 손안에 넣게 된 것이다.

그때부터 미쓰이는 이 탄광을 발판으로 꾸준히 경영을 펼쳐 다시 생기를 되찾았다. 미쓰이 사장은 그때 '투량환주'의 계략이 기업의 경영에 얼마나 중요한가 하는 것을 깨닫게 되었다. 지금도 미쓰이와 같은 '투량환주'의 계략으로 기업을 운영하는 재벌들이 허다하다.

얼마 전 현대 정봉준 회장이 투신자살을 하고 난 후 그 부인이 경영에 나서자 시숙(媤叔)이 나서서 주력 기업인 현대엘리베이터의 주식을 대량으로 매입했다. 이 역시 시숙이 자사 임원들의 이름을 동원해 분산 매입을 함으로써 '투량환주'의 계략을 유감없이 발휘한 것이다. 그러자 남편으로부터 기업을 물려받은 정몽준 회장의 부인은 국민주를 발행하여 경영권 방어에 나서고 있으나 어려움이 많은 것으로 알려지고 있다.

'투량환주(偸梁還柱)'는 때로는 서서히 상대의 기둥과 대들보를 바꾸기도 하고, 도마뱀이 먹이를 낚아채듯 한순간에 들어내기도 한다. 이는 도덕적으로 문제가 있지만 그렇지 않고서는 목적을 이룰 수 없기에 최후의 수단으로 사용하는 계략이 아닐 수 없다.

제26계

지상매괴(指桑罵槐)
뽕나무를 가리키며 홰나무를 욕한다

상대를 비판하고 싶어도 상황이 여의치 않을 때 반대편에 있는 사람을 꾸짖어라. 가까운 나라나 조직을 정면으로 비판하거나 부하를 면전에서 욕하면 배반당할 우려가 있다. 상대가 눈치 챌 만한 것을 꾸짖어 효과를 극대화하라.

指 손가락 지

桑 뽕나무 상

罵 욕할 매

槐 홰나무 괴

화려한 옷이라면 빌려서라도 입어라
_ 상류사회 입성한 트랑부

'지상매괴(指桑罵槐)'는 한마디로 '갑을 가리키며 을을 욕한다'는 말이다. 사람을 욕하는 방법에도 여러 가지가 있지만 이건 좀 치졸한 방법이 아닐 수 없다.

이 '지상매괴'의 계략을 쓰면 을은 분이 상투까지 치밀어도 어찌할 도리가 없게 된다. 또 이는 전쟁으로 말하면 적과 정면으로 싸우지 않고 우회하여 적의 옆구리를 공격하는 계책이다. 그리고 기업으로 말하면 자기가 경영하는 진정한 목적은 덮어두고 친절한 내왕을 하다가 기회가 생기면 바로 예상을 뛰어넘는 수확을 얻어내는 계략이다.

26세의 트랑부는 1971년 혈혈단신으로 미국 맨해튼에 나타났다. 어느 시대나 부동산은 매력적인 투자처이고 일확천금을 얻을 수 있는 대상이다. 그 역시 사무실 하나를 세 얻어 부동산 시장에 뛰어들었다. 그가 하는 부동산업은 동네 복덕방 수준이 아닌, 요즘 강남에 가면 흔히 볼 수 있는 부동산 컨설팅회사 같은 것이었다. 그러나 그는 자금도 부동산에 관한 경험이나 지식도 없는 사람이었다. 그러니 당장 그를 알아줄 사람은 아무도 없었다.

하지만 그는 세상에는 나는 놈 위에 기는 놈이 있다는 돈키호테식의 패기로 먼저 뉴욕 상류층 인사만 드나든다는 '럭키 클럽' 에 가입을 하였다. 거기서 사회 유명인사와 부호들을 알게 되고 그들과 가깝게 지냈다. 그의 계획은 상류사회에 우선 발을 들여놓고 그 틈에서 자신이 바라는 일확천금을 노리겠다는 것이었는데, 그게 말처럼 그렇게 쉬운 것이 아니었다.

천하게 살아온 하인이 어느 날 갑자기 자신을 알아보는 사람이 없는 먼 곳으로 가서 양반 행세를 한다고 했을 때, 처음에는 먹혀들지 몰라도 갈수록 실수를 하게 되고 은연중에 드러나는 하인의 습성으로 상놈 취급을 받는 경우도 허다하다.

트랑부도 수단방법을 가리지 않고 상류 그룹에 들어가기는 했으나, 근본적으로 아무런 권세와 힘이 없는 터라 장기적으로 상류사회에 발을 들여 놓는다는 것은 무리였다. 그래서는 그는 몇 번을 '럭키 클럽' 문 앞에서 거절을 당하는 일을 겪어야 했다.

상대의 경멸에 찬 눈길은 그의 자존심에 커다란 상처를 입혔다. 그는 상류사회의 벽이 이처럼 높은 줄을 몰랐다. 그렇다고 포기할 수도 없었다. 상류사회 진입이야말로 자신의 생존과 직결돼 있다고 생각한 그는 더욱 돈키호테식의 행동을 하며 진정으로 '럭키 클럽' 에 멤버가 되는 기회를 노렸다.

그러던 어느 날이었다. 우연하게 그는 '럭키클럽' 의 대표이사를 만날 수가 있었다. 이사는 소문난 술꾼이었다. 알코올 한 방울도 입에 대지 못하던 트랑부였지만, 날마다 그 이사와 접촉하기 위해 몸을 아끼지 않고 술을 마시기 시작했다. 물론 몸도 많이 망가졌다. 술을 먹고 나면 돌아서서 토하는 날이 많았고 병원도 자주 드나들었다.

하지만 그런 노력 덕분에 그는 대표이사와 친구가 되었다. 트랑부는 럭키클럽 이사의 도움으로 비로소 상류사회의 일원이 되었고 많은 인사들과 교류할 수 있게 되었다.

이제 상류사회의 일원이 된 그는 자신의 계획을 실행에 옮겨 '트랑부 그룹'이라는 허울뿐인 회사를 만들었다. 그는 회사의 이름으로 펜실베이니아 주 중앙철도공사를 찾아갔다. 그곳에서 그는 능숙한 언변과 세련된 매너로 공사 관계자를 설득하고 6,200만 달러라는 거금을 빌려 펜실베이니아 주 중앙철로 옆의 땅을 샀다.

나아가 그는 '럭키 클럽'을 통해 만들어진 '연줄'을 통해 그 땅에 뉴욕의 새 명물이 될 수 있는 의회센터를 세워 분양을 하였다. 덕분에 빈손으로 83만 달러를 벌어들일 수 있었다.

최모 씨 같은 경우는 유명인사와 친분을 맺는 방법도 특이했다. 그는 유명인사가 투숙하는 호텔을 알아낸 뒤 1주일 전쯤 그 호텔에 묵었다. 그리고 벨보이에게 후한 팁을 줘 안면을 익혀 놓은 뒤 유명인사가 묵는 방을 알아내 그 옆방에 투숙했다. 그리고 유명인사가 그 방을 출입할 때마다 자신도 때맞춰 출입하면서 우연히 마주친 것처럼 인사를 나누었다. 여러 차례 마주쳐 어느 정도 눈에 익었다고 생각되면 그때서야 명함을 건네고 자신을 소개하였다. 상대방이 경계심을 풀면 그때 자신의 존재를 알리는 것이었다.

이후 특유의 친화력으로 상대를 자기 사람으로 만드는 데 걸리는 시간은 얼마 되지 않는다. 성공에 있어서 사람을 사귀는 일은 아주 중요하다. 그리고 그 사람이 누구냐에 따라 인생도 달라지는 법이다. 특히 우리나라와 같이 시연, 학연, 혈연 등으로 얽힌 사회일수록 사람은 돈보다 더 중요한 재산이 아닐 수 없다.

이럴 때 '지상매괴(指桑罵槐)'라는 계략을 쓰면 자신이 목적하는 바를 이룰 수 있는 것이다. 하지만 여기에는 어느 정도 거짓과 술수가 담겨 있기 때문에, 과욕을 부려서는 안 되고 최소한의 계략으로만 자신의 목적을 이루려고 해야 할 것이다. 약도 환부를 치료하는 반면 부작용이 따르듯이 '지상매괴'는 연구하고 응용할 가치가 있다. 또한 이를 막기 위해서는 백 배의 경계도 필요하다.

당신이 앉았던 의자에 앉아 있었습니다
_흐루시초프의 명답변

흐루시초프

1956년 구(舊)소련 공산당 제20차 당대표 대회에서 흐루시초프(Nikita Sergeevich Khrushyov)는 '비밀보고'라는 것을 통해 철의 독재자였던 스탈린(Losif Vissarionovich Stalin)을 비난하고 나섰다. 이는 소련 국내는 물론 세계인의 주목과 러시아 사람들의 강렬한 반향을 불러일으켰다.

하지만 구소련 내에서 많은 사람들은 또 다른 의문을 갖고 있었다. 즉, '흐루시초프가 이미 스탈린의 시대적 착오를 알고 있었다면 왜 그 때 그런 의견을 제출하지 않았을까?' 하는 점이었다. 그리고 스탈린이 범한 착오에 대해서 그를 비난한 흐루시초프에게는 과연 책임이 없을까? 이점에 관해서는 오늘날 정치학자들도 의견이 다양하다.

아무튼 흐루시초프는 스탈린에 대해 맹렬한 공격을 퍼부었다. 그런데 그가 한창 열변을 토할 때 누군가에 의해 한 장의 쪽지가 전해졌다. 그 쪽지에는 이런 말이 적혀 있었다.

"그때 당신은 무엇을 하셨나요?"

흐루시초프로서는 참 대답하기 힘든 질문이었다. 그 어떤 직설적인 대답도 그 상황에서는 흐루시초프가 궤변을 부린다고 여길 것이 뻔했다.

흐루시초프는 모두가 자기의 대답을 듣고 싶어한다는 것을 알고 있었다. 그렇기 때문에 우물쭈물 넘어갈 수도 없었다. 왜냐하면 의문을 제기했던 많은 사람들이 언젠가는 꼭 이 물음에 대답을 요구하며 그를 압박할 것이 분명했기 때문이었다. 아무튼 흐루시초프는 누군가 건네준 쪽지를 펼쳐들고 한참 생각에 잠겼다. 그러다가 갑자기 얼굴색을 바꾸고 테이블을 내리치며 소리쳤다.

"누가 이런 쪽지를 썼습니까? 당장 이 단상 앞으로 나와 주십시오."

장내는 갑자기 쥐죽은 듯 고요해졌다. 모든 사람들의 가슴은 쿵쿵 뛰었다. 쪽지를 쓴 사람은 더욱 안절부절 못하고 흐루시초프가 어떻게 나올지 두려워했다. 그는 분명 흐루시초프가 자신을 찾아내 보복을 할 것이라고 생각했다. 하지만 흐루시초프는 예상을 빗나간 말을 했다.

"이 쪽지에 대한 답을 말씀드리지요. 나는 스탈린이 시대적 착오를 일으키며 철의 독재로 역사를 거꾸로 돌릴 때 바로 당신들이 지금 앉아 있는 그 자리에 앉아 있었습니다. 그리고 방금 전과 같은 그런 억압된 분위기 속에 있었습니다."

흐루시초프의 이 말은 그에게 불만을 가지고 있던 사람들의 마음을 일시에 녹이는 명언이었다. 흐루시초프는 '지상매괴(指桑罵槐)'의 계략을 아주 적절하게 구사하여 사람들이 알고 싶어하는 민감한 문제를 피해 갔다. 뿐만 아니라, 자신이 스탈린을 공격하여 뒤숭숭해진 국내 정세를 슬기롭게 수습할 수 있었다.

스탈린

마음을 먼저 움직이게 하라
_국기 게양식을 하는 부동산 회사

시내 백화점이나 할인마트 등을 가보면 일년 내내 '고객 사은 잔치' 라는 플랜카드가 걸려 있는 것을 볼 때가 자주 있을 것이다. 가끔 이것이 주는 의미나 효과는 무엇일까라는 생각을 할 때가 있다.

특히 요즘같이 경제가 어렵고 장사가 잘 안 될 때는 고객 사은 잔치가 세일이나 판촉을 위한 최고의 수단일 수 있다. 그러나 이것을 깊이 들여다보면 지금까지 그들의 상점을 찾아준 고객들에게 그 은혜를 보답하는 차원보다는 불황을 타개해 보려는 고육지책이 숨어 있다.

"요즘 우리 상점에서 세일을 하니 많이 팔아 주세요. 그리고 솔직히 요즘 어렵거든요."

마치 이렇게 말하는 것처럼 보이기도 한다.

이처럼 자기가 목적하는 바를 감추고 다른 말로 사람들의 마음을 움직이도록 표현하는 것도 아주 적절한 '지상매괴(指桑罵槐)' 의 계략이다.

미국 텍사스 주에 본사를 두고 있는 의기회사는 중국 베이징에서 중국 사람들을 상대로 바로 감사세일 이벤트를 펼쳤다. 그들은 자신들의 상품이 베이징에서 큰 호황을 이루고 있었음에도, 베이징 시민들이 자신들의 제품을 많이 사준 것에 보답하고자 감사세일을 한다고 홍보했다.

그들은 이렇게 소비자들에게 감사세일이라는 당근을 주면서 한편으로 소비자들의 구매욕을 자극했던 것이다. 감사세일은 바로 회사의 호황을 감추고 더 많은 고객을 끌어 모으기 위한 술책에 불과했다.

뿐만 아니라, 이는 고객들의 구매심리를 부추김과 동시에 자기 회사에 대한 간접적인 홍보를 할 수 있어 일거양득을 얻게 된다.

미국 시카고의 한 부동산회사는 어느 한 섬에 초호화 별장을 지었고 '항구아파트'라는 이름까지 지었다. 하지만 외딴 곳에 떨어진 이 아파트단지를 누구도 찾는 사람이 없었다. 그러니 이 초호화 아파트가 팔릴 리 없었다.

더구나 많은 돈을 들여 아파트를 지은 부동산 회사로서는 큰 고민이 아닐 수 없었다. 그래서 그들은 미국 국기제정 200주년을 기념하여 대형 이벤트를 구상하여 미국 전체를 뒤흔들 수 있는 뉴스를 만들어내기로 했다.

드디어 미국 국기제정 200주년 기념식날 아침이 밝았다. 그들은 이미 짜놓은 계략대로 성대한 국기 게양의식을 펼쳤다. 시카고 시장이 파견한 대표가 이 국기 게양의식의 사회를 보았고 부근의 해군사관학교의 생도들은 의장대로 나섰다.

이어 장엄한 미국 국가가 울려 퍼지고 50개의 별이 새겨진 성조기가 하늘 높이 솟아올랐다. 신문기자들이 연신 사진을 찍어대며 모여들었다. 또 TV로 미국 전역에 방송되었다. 기념식을 하는 동안에 '항구아파트'의 아름다운 모습과 주위 환경은 전파를 타고 날아가 사람들의 뇌리 속에 깊이 박혔다.

드디어 항구 아파트는 순식간에 유명세를 타게 되었고, 분양을 신청하는 사람도 줄을 이었다.

사실 부동산 회사의 목적은 미국 국기 게양식이 아니라 아파트를 파는 것이었다. 여기서 국기 게양의식은 '지상매괴(指桑罵槐)'의 뽕나무 '상(桑)'자에 해당된다.

따라서 '지상매괴'는 단지 다른 사람을 욕하는 데만 쓰이는 수단이 아니라 더 깊이 있게 생각하고 지혜를 짜내면 군사, 시장경쟁, 인간관계에서 모두 예상을 뛰어넘는 수확을 거둘 수 있는 계책 중의 하나다.

제27계

가치부전(假痴不癲)
어리석은 척하되 미친 척하지 마라

실속도 없이 경거망동하기보다는 차라리 어리석은 척하라.
뛰어난 지도자는 자신을 자랑하지 않는다. 그러면 상대는 방심을 할 것이다.
빗장을 열어놓은 상대를 요리하는 것은 바로 지도자가 할 일이다.

假 거짓 가

痴 어리석을 치

不 아닐 부

癲 미칠 전

큰 지혜는 마치 어리석어 보인다
_ '경영을 모르는 상점' 이라는 상호(商戶)

흔히 못생긴 나무가 산을 지킨다는 말이 있듯이, 겉보기에는 하잘 것 없지만 속으로 알찬 것이 좋다. 또 어떤 일이든 하는 건지 노는 건지조차 모르게 처리하는 큰 지혜를 가진 사람들이 있다. 사람들은 이런 사람들이 어리석다며 마음의 경계를 더 푼다. 이를 두고 36계는 '가치부전(假痴不癲)' 이라고 한다. 즉 '바보처럼 보이지만 실속을 챙긴다' 는 뜻이다.

일본에는 '주인이 경영을 모르는 상점' 이라는 특이한 상점이 있다. 주인은 '내가 바보' 라고 사람들에게 알리는 것 같다. 한술 더 떠 그는 오는 손님들에게 경영비결을 알려달라고 한다. 그러면 사람들이 잘난 체하며 나름대로 경영에 대해 충고를 하는데, 주인은 그 점을 이용해 고객을 끄는 것이다. 일본에는 현재 이런 상점이 30여 개나 있다.

어떤 상점 주인은 일부러 간판 글자의 철자를 틀리게 쓴다. 밖에다 내놓은 작은 게시판에도 온통 오자(誤字) 투성이다. 지나가던 사람들은 주인이 얼마나 무식하기에 저런 간판을 내걸었을까 하고 호기심에서 상점에 들러본다. 간혹 무식한 주인에게서 작은 이익을 보려는 사기꾼들도 있지만, 일단 상점에 고객이 많다는 것은 장사가 잘된다는 얘기가 된다.

　우리가 누구를 어리석다고 생각한다면 바로 그때부터 함정에 빠져들기 시작한다. 따라서 큰 지혜는 마치 어리석어 보일 수 있다. 따라서 누구를 어리석다고 생각하는 것은 금물이다. 그 속에는 바로 '가치부전(假痴不癲)'의 계략이 숨어 있고, 그때부터 당신은 그 사람에게 당할 수 있기 때문이다.

고객을 가장 똑똑하게 만들어라
_ 바보 가게로 위장한 형제 가게

미국의 한 교외에 할인마트 두 개가 나란히 자리잡고 있었다. 두 집의 경쟁은 날이 갈수록 치열해져 늘 비슷한 상품을 내놓고 서로 값을 낮추며 고객을 부르고 있었다. 급기야 경쟁은 싸움으로 이어졌다.

두 상점의 주인들은 상점 문앞으로 나와서 서로 욕지거리를 해댔다. 그러나 고객들은 그들의 싸움을 말리지 않았다. 그들이 싸움을 하고 서로 자기 마트가 싸다고 하면서 가격 경쟁을 벌이는 동안에 사람들은 더욱 값싼 물건을 살 수 있었기 때문이다.

하지만 두 집 모두 망할 정도로 가격을 낮추지는 않았다. 어느 한 집이 물건을 들여오는 가격보다 더 내려가면 슬그머니 발을 빼기 때문이다. 그러면 이긴 쪽에서는 상대방을 더욱 미친 놈이라고 욕을 하고, 그 사이 고객들은 이긴 쪽 상점으로 몰려가 물건들을 구매했다.

손님들은 물건을 사면서도 두 상점주인 모두가 바보라고 생각했다. 경쟁하지 않고 적당히 타협하여 가격을 정하면 서로 싸우지도 않고 팔 수 있는 방법을 모르기 때문이라고 생각했다.

어느 날 한쪽 마트의 사장이 실종되었다. 며칠 후 다른 한쪽의 마트 사장이 그 상점이 망하여 자취를 감춘 것이라고 고객들에게 소문을 퍼뜨렸다. 그리고 그도 얼마 지나지 않아 사라졌다.

두 상점을 다른 새 주인이 넘겨 받았을 때 둘 사이의 비밀이 밝혀졌다. 두 상점 사이에는 비밀통로가 있었던 것이다. 두 상점 주인은 친형제나 다름이 없었고 서로 싸우는 척하면서 고객을 속였던 것이다. 그리고 이제 큰 돈을 벌었다고 판단한 그들은 동시에 상점을 팔아치우고 돈만 챙겨 나간 것이다.

더욱이 그들은 '싸움'에서 이기면 물건을 그쪽으로 옮겨다 팔았다. 그들을 바보라고 생각했던 사람들이 오히려 바보였던 것이다. 그리고 두 마트 주인이 바보처럼 보이려 한 것은 고객들을 끌기 위한 수단에 불과했다.

이처럼 '가치부전(假痴不癲)'의 계략을 펼치려면 똑똑해도 어리석다고 선전을 해야 한다. 그 어리석음 속에서 바로 자기가 얻고자 하는 것을 찾는 것이다. 바보 온달이 평강공주를 차지하고, 못난 흥부가 부자가 되듯이 말이다.

값은 묻지 마세요
_ 1펜스 상점

아마 여러분들도 한 번쯤은 벙어리가 물건 파는 것을 본 적이 있을 것이다. 그 사람이 진짜 벙어리이건 가짜 벙어리이건 칼을 팔 때는 일체 말을 하지 않는다. 우리는 이것을 '무성(無聲) 판매전략'이라고 한다. 가끔 지하철을 타고 다니다 보면 음악을 틀어 놓은 채 아무 말 없이 돈을 적선해 달라고 하는 맹인들도 있다. 그들 중에는 정말 눈이 안 보이는 사람이 있는가 하면 맹인인 척하는 사람도 있다.

이와 마찬가지로 칼을 파는 한 벙어리는 그저 묵묵히 앉아 칼로 철사를 그냥 찍어내리기만 한다. 그러면 철사가 툭툭 끊겨나가고 벙어리를 에워쌌던 사람들도 별 의심 없이 칼을 사간다.

기업에서도 이런 무성 판매 전략을 펼칠 때가 있다. 일부 경우에는 이런 무성 판매 전략이 신문과 TV를 통한 광고보다 낫다고 말한다.

영국의 마크 앤 스펜서(Mark & Spencer) 백화점은 '가치부전(假痴不癲)'을 통한 무성 판매전략에 대해서 너무나 잘 알고 있

마크 앤 스펜서 백화점

었다. 그들은 어떠한 형식의 광고도 하지 않았다. 이 백화점의 창시자인 마크는 폴란드의 유대인으로 맨주먹으로 인생을 일궈냈다.

처음에 그는 다른 사람에게서 돈을 빌려 작은 물건을 파는 장사를 하였다. 하지만 말주변이 없고 폴란드어를 잘 구사하지 못했기 때문에 그저 물건 앞에 작은 나무판을 세워 놓았는데 거기엔 이렇게 썼다.

"값은 묻지 마세요. 모든 물건이 1펜스입니다."

사실 1펜스라는 싼 가격이었지만, 물건의 품질이 좋았기에 그가 말한마디 안 해도 항상 손님들로 붐볐다. 2년이 지나자 그는 큰 자본을 갖게 되었다. 그리고 그것을 바탕으로 사업을 확장시켰다.

이른바 '펜스 상점'을 개업하여 분점을 몇 개 더 세웠다. 그는 계속해서 자신의 경영 방식을 고집하였는데, 물건값을 일일이 써 붙이고 손님이 다시 묻더라도 대꾸를 하지 않았다.

얼핏 보아 우매한 상거래를 하는 것 같지만 얼마 지나지 않아 그의 '펜스 상점'은 영국 전역에 널리 알려졌고 속속 체인점이 들어섰다. 지금까지도 그들은 어떤 형식의 광고도 하지 않은 채 영국에서 굴지의 백화점으로 자리하고 있다.

그러나 더루비크 형제 같은 경우는 그 반대이다. 그들 형제는 합작으로 대형 옷가게를 열었다. 형님은 날마다 문 앞에 서서 손님을 부르고 동생은 상점 안에서 손님들에게 상품을 소개했다.

일단 손님이 가게 안에 들어오면 형제는 열정적으로 상품을 소개했다. 그리고 손님이 어느 물건을 골라 가격을 옆에 있던 형님에게 물으면 형님은 다시 동생에게 물었다. 그런데 동생이 72달러라고 하면 형님은 귀가 먹었는지 42달러라고 손님에게 말했다.

사실 두 형제는 귀머거리도 아니었고, 잘못 들은 것도 아니었다. 결정적인 곳에서 무성 판매 전략을 쓴 것뿐이었다. 그러면 손님은 자기가 이익을 보았다고 생각하며 값을 치르고 부랴부랴 떠났다. '사오정 형제'를 만나 큰 횡재를 했다고 생각하며 말이다.

또 '사오정 형제'가 일을 마치고 상점을 나서면 거리에서 만난 손님들은 항상 반가워했고 '사오정 형제'도 서로 마주보며 웃음을 지었다. 거기다 손님들은 값을 깎아 달라며 조르지도 않았다.

무성 판매 전략은 이처럼 '가치부전(假痴不癲)'의 계략에 토대를 둔 것으로서, 실제로 요란하게 광고를 하는 것보다 수십 배의 효과를 내기도 한다.

남자들이여, 면도기가 공짜다
_ 질레트의 판매 전략

질레트(King Camp Gilette) 선생은 남달리 구렛나루의 숱이 많아 매일 면도질하기가 여간 힘든 것이 아니었다. 자루 달린 큰 면도칼로 아무리 조심스럽게 면도를 해도 언제나 얼굴에 상처가 났고 얼얼하게 아프기까지 했다.

그는 이 세상 남자들이 불쌍하다고 생각했다. 하루를 시작하기도 전에 얼굴에 상처를 내고 피를 보게 되니 말이다. 그래서 그는 어떻게 하면 간편하고 부드럽게 면도를 할 수 있을까, 나아가 면도가 하고 싶은 일 중의 하나가 될 수는 없을까를 고민하기 시작했다. 그러던 어느 날 그는 직접 면도기를 만들어야겠다고 마음먹었다.

그는 여러 차례 반복적인 실험과 연구 끝에 T형 안전면도기를 만들었다. 하지만 첫 해에 이 T형 안전면도기는 51개밖에 안 팔렸고, 칼날도 100개밖에는 팔지 못했다. 이유는 고사하고 원가도 뽑지 못하였다. 그러나 그것은 우수한 성능이 너무나 알려져 있지 않았기 때문이었다.

T형 안전 면도기

질레트는 고민 끝에 함께 팔던 면도기와 칼

날을 나눠 팔아보기로 하였다. 우선 면도기를 사람들에게 무상으로 나눠주었다. 사람들은 그에게 고마워하면서도 한편으로는 장사에 둔한 사람이라고 생각했다. 하지만 그곳에도 '가치부전(假痴不癲)'의 계략이 숨어 있었다.

일단 공짜나 아니면 말도 안 될 법한 매우 낮은 가격으로 면도기를 뿌려대니까 질레트는 금방 세상에 알려졌다. 그런데 얼마 안 가 무상으로 나누어 준 면도기의 날이 무뎌져서 털이 잘 깎이질 않자 사람들은 칼날을 찾기 시작하였다.

또한 안전면도기의 우월성을 알게 되면서 사람들은 잇달아 면도날을 대량으로 사들이기 시작하였다. 이때 질레트는 면도날의 값을 적당히 올리면서 공짜로 나눠줬던 면도기의 본전도 찾고 대량 판매로까지 이어갈 수 있었다.

질레트가 처음에 면도기를 사람들에게 나누어 줄 때는 밑지는 장사에 우둔한 것처럼 보였을 것이다. 하지만 그는 면도기를 나눠 줄 때 이미 면도날에 대한 수요를 짐작하고 있었던 것이다. 더 많은 이익을 위해서 먼저 주는 것, 그것은 어리석음이 아니라 '가치부전(假痴不癲)'의 또 다른 수단일 뿐이다.

제28계

상옥추제(上屋抽梯)
지붕으로 유인한 뒤 사다리를 치운다

상대에게 허술하게 보여 내 손아귀로 끌어들여라. 온갖 달콤한 술수와 아부로 상대를 지붕 위에 올려놓고 사다리를 치운다면 스스로 자멸을 할 것이다. 단, 어리석게 보이기 위해서 자신을 노출시켜서는 안 된다.

上 위 상

屋 집 옥

抽 뺄 추

梯 사다리 제

사다리를 찾아라
_ 항공사와 전력공사

우리는 지혜의 화신을 꼽으라고 하면 삼국지에 나오는 제갈공명을 꼽는다. 그는 일생 동안 무수한 계책을 내놓고 적을 무찔렀지만 그 자신도 그다지 눈에 띄지 않는 사람에게 당한 적이 있었다. 그것은 바로 '지붕 위에 올려 놓고 사다리를 치우라'고 하는 '상옥추제(上屋抽梯)' 때문이었다.

중국 삼국 정립이 이루어지기 전 형주지사(荊州知事) 유표(劉表)에게는 유기라는 맏아들이 있었는데, 유기는 계모로부터 미움을 받아 생명까지도 위험했다.

고민을 거듭하던 유기는 유비와 함께 유표한테 와 얹혀사는 제갈공명을 생각해냈다. 그는 제갈공명에게 얹혀사는 방법과 얹혀살 때 어떻게 처신해야 하는지를 물었다. 하지만 제갈공명은 들은 척도 하지 않았다.

얹혀사는 주제에 다른 사람의 집안일까지 참견하기는 싫었던 모양이었다. 그러던 어느 날 제갈공명과 유기가 높은 자리에 오르게 되었다. 유기는 이때 사람을 시켜 가만히 사다리를 치워버리게 했다. 그는 제갈공명에게 단도직입적으로 물었다.

"우리가 있는 이곳은 위로는 하늘이 닿지 않고 아래로는 땅이 닿지 않는 곳입니다. 당신의 입에서 나오는 말은 나의 귀에만 들어가니, 제발 엎혀사는 방법에 대해서 말씀해주시오."

제갈공명은 하는 수 없이 옛날 고사를 얘기해주면서 유기더러 목숨을 부지하려면 멀리 나가 있으라고 했다. 유기는 그의 말대로 강 아래로 내려가 그곳을 수비하면서 지냈다.

'상옥추제'를 실행하려면 모두 세 단계를 거쳐야 한다.

첫 번째는 지붕 위에 오르게 하는 것이다. 즉 상대를 유혹할 수 있는 미끼를 잘 만들어 상대가 자신의 요구대로 움직이게 해야 한다.

두 번째는 사다리를 없애는 것이다. 사다리는 타이밍을 잘 맞추어 제때에 완벽하게 없애야 한다. 그래야 후환이 남지 않는다.

마지막으로 사다리가 없어지는 동시에 상대를 공격하여 상대를 굴복시켜야 한다. 이 계책의 관건은 '유혹'과 '핍박'이다. 유혹은 전주(前奏)에 해당하고 핍박이 진짜 목적이다.

미국의 한 대형 항공사에서 자체 공항을 건설하였다. 그런데 전력공사의 높은 전기요금 때문에 공항 유지를 어렵게 만들었다. 그래서 전력공사에 전기요금을 낮춰달라고 여러 차례 압력을 넣고 담판을 벌였지만 그들은 끄떡도 하지 않았다.

화가 머리 끝까지 치민 항공사에서는 전력공사에 최후 통첩을 보냈다. 만약 자신들의 조건을 들어주지 않을 경우 항공사는 아예 자체 발전소를 세우겠다는 것이었다.

이번에는 전력공사가 다급해졌다. 대형 항공사 같은 큰 소비자를 잃으면 자기들의 수입에 엄청난 영향을 끼치기 때문이었다. 또 전기요금 우대와 그 수입을 대비하면 천양지차(天壤之差)였다. 결국 전력공사는 직원을 보내 사과하면서 전기요금을 낮추는 데 동의하고 말았다.

여기서 항공사가 지불하고 있는 많은 전기요금은 바로 '사다리'이다. 항공사에서 그 '사다리'를 빼가지 않았을 때 전력공사는 아주 편하게 돈을 벌어들이고 있었다. 하지만 '사다리'가 없어질 위험이 생기자 부득불 양보하지 않을 수 없었던 것이다.

결혼 한 번 잘못했다가
_ 히틀러와 브롬베르크

히틀러(왼쪽)와 브롬베르크(오른쪽)

1934년 히틀러는 대통령이었던 힌덴부르크(Hidenburg)가 죽자 대통령 지위를 겸하여 그 지위를 독일의 총통 및 수상으로 취임했다. 그후 그는 명실상부한 독재자가 되었고 그의 귀에는 이제 어떤 말도 들리지 않았다. 그에게는 히틀러의 오랜 동반자였던 브롬베르크(Blomberg) 장군이 있었다.

1936년 히틀러는 독일 군대로 하여금 라인강 비무장지대에 진입하라고 명령했다. 이때 브롬베르크 장군이 히틀러의 명령을 거역하고 나섰다. 이듬해 히틀러는 오스트리아와 체코슬로베니아를 공격할 계획을 선포했다. 이때도 브롬베르크 장군은 반대의견을 냈다. 장군이 반대를 하는 이유는 영국, 프랑스의 간섭을 두려웠기 때문이었다.

히틀러는 속으로 심히 불쾌해하며 조만간에 브롬베르크 장군을 제거하기로 결심했다. 때마침 히틀러의 측근이었던 공군 원수 그린은 브롬베르크 장군의 휘하에서 일하고 있었다. 그는 앞에서는 브롬베르크에게 아첨하면서 뒤로는 히틀러와 함께 암암리에 음모를 꾸몄다.

브롬베르크는 당시 59세였지만 미혼이었다. 그는 천민 출신의 한 여인과 친한 사이였는데 그린은 이를 이용하기로 했다. 그는 두 사람의 결혼을 적극 주선했다. 하지만 당시 독일은 고급 장교의 결혼상대에 대해 엄격하게 규정하고 있었다. 즉 출신이 비천한 여자는 고급 장교의 결혼 상대가 될 수 없다는 것이었다.

그것을 누구보다도 잘 알고 있는 그린이었지만, 그는 온갖 아첨과 모략으로 브롬베르크로 하여금 그 여인과 결혼할 것을 종용했다. 브롬베르크 장군도 그린의 계략을 알아채리지 못한 채 부하의 충성심으로만 이해하고 결국 그 여자와 결혼식을 올렸다. 한마디로 브롬베르크는 히틀러와 그린이 만들어 놓은 사다리 위로 올라간 것이다. 드디어 그가 사다리 위로 올라가자 두 사람은 재빨리 치우기 시작했다.

며칠 후 그린은 장군의 배우자가 출신이 비천하여 적합하지 않다고 소문을 퍼뜨렸다. 그 소문은 바람을 타고 온 군부 내에 퍼졌다.

이때 히틀러가 나섰다.

"그런 비천한 여자를 아내로 맞았으니 이는 부하들의 모범이 되지 못한 행동이다. 빨리 적당하게 처리하길 바란다."

브롬베르크는 사직하는 길밖에 없었다. 그린과 히틀러의 목적이 달성되는 순간이었다. '상옥추제(上屋抽梯)'의 계략은 바로 이런 것이다. 사다리를 놓는 데에도 계략이 필요하다. 탐욕스러운 자는 이익으로 유혹하고, 거칠고 우악스러운 자는 매복을 하여 함정에 빠지게 해야 한다. 브롬베르크 장군과 같은 사람에게는 생활적인 고무와 격려 그리고 지지가 함정이었다.

제29계

수상개화(樹上開花)
나무에 꽃피게 한다

모든 수단과 방법을 가리지 말고 있는 것처럼 보여라. 죽은 나무에 꽃을 피우기 위해서는 피할 수 없는 계략이다. 주도권을 잡기 위한 수단으로 병력이 소수이거나 약세일 때 자주 사용된다.

樹 나무 수

上 위 상

開 열 개

花 꽃 화

누가 나와 죽기로 싸워 보겠느냐

_ 조조 대군을 물리친 장비

'수상개화(樹上開花)'는 '철수개화(鐵樹開花)'라는 말에서 변화되어 나온 것이다. 소철나무에 꽃을 피우는 것은 두 가지 방법이 있다. 하나는 가짜로 만든 꽃이라도 나무에 꽂아 놓고 사람들의 눈을 속이는 방법이고, 다른 하나는 정말 살아 있는 나무에서 생화가 피기를 무작정 기다리는 것이다.

여기서 꽃이 필 때까지 기다린다는 것은 굳은 신념을 갖고 기다린다는 것을 의미한다. 비록 자기가 기다려 꽃을 피우지 못하면 아들이, 아들이 안되면 손자가, 이렇게 수십 수백 년이라도 기다리는 것이다.

알기 쉽게 말하면 하나는 '빌릴 차(借)'요, 다른 하나는 '참을 인(忍)'이다. 그러나 '참을 인'은 미련한 방법이라 취할 바가 못되고, '빌릴 차'는 계략이나 우선은 취할 만하다.

유비, 관우, 장비

중국 삼국시대, 조조는 대군을 이끌고 번성(樊城)을 공격했다. 유비는 성 안에 있는 백성들을 보호하기 위해 성을 버리고 달아났다. 자신이 도망을 가면 조조는 자신을 죽이기 위해 성을 버리고 추적해 올 것이기 때문이었다.

그런데 성을 빠져나와 도망치던 중 유비는 아들과 헤어지게 되었다. 이때 수하 장수였던 조운(趙雲)이 천군만마를 종횡무진으로 몰며 끝내 어린 주인을 찾아내어 장판교 다리를 향했다. 그러나 뒤에는 조조 수하장수 문빙이 군사를 거느리고 바싹 따르고 있었다.

조운이 장판교에 이르자 장비가 20여 기마 병사를 거느리고 기다리고 있었다. 장비는 조운을 보고 아들을 데리고 먼저 가라고 하고는 그 자리를 자신이 대신해서 막고 섰다.

수만 명의 조조 군사들이 점점 가까워오고 있었다. 장비가 데리고 있는 스무 명의 기마병으로는 조조의 대군을 막아내기란 역부족이었다. 그때는 정말 언제 꽃이 필지 모르는 나무에 가짜 꽃이라도 달아 놓아야 했다. 이때 장비는 수하 병사들을 풀어 뒤에 있는 산 속에 들어가 무작정 먼지를 일으키게 했다. 뒤에 복병이 있는 것처럼 보이려는 심사였다.

문빙이 장판교에 도착해 보니 장비가 눈을 치뜨고 수염을 쓰다듬으며 홀로 서 있었다. 그리고 뒤에 울창한 나무숲에서는 연신 먼지가 이는 것이 보였다. 문빙은 복병을 두려워해 앞으로 더 나가지 못했다. 하지만 바로 뒤 조조의 중군(中軍)이 도착했다. 그러자 장비는 위기를 탈출하기 위해 이미 속이기 시작한 허장성세를 최대한 더 부려야겠다고 생각하고 큰소리로 외쳤다.

"누가 나와 죽기로 싸워보겠느냐?"

조조도 문빙과 마찬가지로 장비가 일대 명장임을 알고 있는 터라 감히 나서지 못했다. 더욱이 뒤에서 하늘이 뿌옇게 먼지를 일으키는 것이 혹시 제갈공명의 유인 전술이 아닌가 하여 더욱 두려워했다. 조조 진영에서 아무런 움직임이 보이지 않자 장비는 또 한 번 소리쳤다.

"싸우지도 않고, 퇴각하지도 않는 이유가 뭐냐?"

장비의 벽력 같은 소리에 조조의 수하 장수인 하후걸(夏候傑)이 그만 기절해 죽어버렸다. 그와 동시에 조조의 천군만마는 기수를 돌려 죽기로 도망쳤다.

대통령 각하, 우리의 마음을 받아주십시오
_프랑스 브랜디의 미국시장 공략

얼마 전에도 미국과 프랑스는 포도주 전쟁을 벌였다. 미국이 이라크를 침공해서 후세인을 제거할 때 프랑스는 러시아, 독일과 함께 미국의 부시를 맹렬히 비난했다. 그것은 프랑스가 가지고 있는 석유개발권을 미국이 인정하지 않고 있기 때문이었다. 미국은 이에 대한 대응으로 프랑스 포도주의 수입을 끊고 수입 포도주에도 영어로 상표를 달았다.

이처럼 프랑스의 브랜디는 세계에서 왕성한 생명력을 갖고 있었다. 하지만 그 전에도 프랑스의 자존심 만큼이나 미국 시장에 침투하는 것이 쉬운 일은 아니었다.

미국 시장을 공략하기 위해 프랑스 브랜디 회사는 수만 달러를 써가며 미국인들의 음주습관을 조사했다. 그 결과에 따라 여러 가지 판매 전략이 나왔다. 하지만 그들의 전략은 아주 단순해서 실제로 큰 효과를 보지 못했다.

아이젠하워

크린스라는 세일즈맨이 그 판도를 바꾸어

대표적 브랜디인 아르마냑(왼쪽)과 꼬냑(오른쪽)

놓았다. 그는 브랜디 회사 사장에게 당시 미국 대통령인 아이젠하워의 67세 생일에 프랑스 브랜디를 선물하고 그것을 이용해 미국 시장을 공략하자고 제안했다. 프랑스 브랜디 회사는 즉시 이 방법을 채택하기로 하고 먼저 미국 국무장관한테 선물 카드를 보냈다.

"존경하는 미국무장관 각하, 프랑스 국민은 귀국 대통령인 아이젠하워 대통령의 67세 생일에 67년산 브랜드를 선물하고자 합니다. 대통령 각하께서 우리의 마음을 받아주기 바랍니다."

선물 카드를 받은 미국무부는 언론에 이를 공개했고 미국과 프랑스 두 나라의 언론들은 연속적으로 이 사실을 보도했다. 더욱이 하찮은 브랜드 선물이지만 자존심이 강한 프랑스가 미국에 조공을 바치는 것처럼 비춰졌고, 미국은 이를 더욱 선전하여 국민들 사이에서 끊임없는 화제가 되었다.

드디어 브랜디를 선물하는 날이 왔다. 백악관 앞 잔디밭에는 세계 각국의 외교사절과 수많은 사람들이 몰려들었다. 궁정복장을 한 4명의 프랑스 청년이 장중하게 67년산 프랑스 브랜디를 아이젠하워 대통령에게 선물로 올렸다. 주위에 모였던 사람들이 박수를 치며 환호성을 질렀다. 미국 대통령 생일 축하연은 마치 프랑스 브랜디의 환영연이 된 듯했다. 그때부터 미국시장에서 프랑스 브랜디의 구매 열기가 달아오르기 시작했다. 또 국가 공식연회나 가정연회, 가정의 식탁 등에도 브랜디가 빠지지 않았다.

제30계

반객위주(反客爲主)
손님이 도리어 주인 노릇한다

지혜롭게 차근차근 올라라. 그러면 손님도 나중에는 주인이 될 수 있다. 조급은 금물이다. 자신의 야망을 숨기고 철저하게 신임을 얻은 다음 정상에 오를 때까지 참아야 한다. 참지 못하는 자는 신임을 얻을 수 없고 정상에 오를 수도 없다.

反 되돌릴 반

客 손 객

爲 할 위

主 주인 주

어디에 있든 주도권을 가져라
_소련의 진짜 주인(?) 햄

레닌

'반객위주(反客爲主)'는 굉장히 독한 계략이다. 여기서 '객(客)'이란 손님이고 또한 종속된 사람, 예속된 사람을 말한다. '주(主)'는 주인 또는 지배하는 사람을 일컫는다. 예속 또는 종속됐던 몸이 천하를 통일하는 지배자가 되었다면 그 과정에는 피비린내 나는 혈투와 잔혹한 음모와 계략이 숨어 있을 것이다.

더욱이 이런 '반객위주'를 펼치려면 그만큼의 노력도 필요하겠지만 그 외에도 돌담만큼 두꺼운 얼굴을 가져야 한다. 그것은 손님으로 있는 동안은 주인을 미혹시키고 안정시키기 위해 아양도 떨고 순종도 해야 하니 말이다.

미국의 저명한 기업가이며 대부호인 아만브 햄은 구소련의 영웅 레닌으로부터 '홍색자본가'라는 평을 들을 정도로 유명한 사람이었다. 그런 햄이 1921년 23세의 나이로 놀라운 용기와 기백을 가지고 유동병원을 조직, 많은 의료기기와 약품을 가지고 소련으로 진출하였다.

그의 이러한 행동은 전미국을 놀라게 했다. 많은 사람들이 그를 보고 '달에 가서 모험'을 한다며 비난했다. 왜냐하면 적대국에 가서 의료사업을 한다는 것은 이적행위나 다름없었기 때문이다. 이 점에 있어서는 레닌에 의해 건국된 소비에트 정권도 그를 곱게 보지는 않았다.

햄은 당시 위험을 무릅쓰고 먼 곳에서 온 '손님'이었다. 그는 소련의 호감을 사기 위해 10만 달러어치의 의료기기를 무상으로 소련에 공급했다. 그 10만 달러는 소련의 호감을 사기 위해 충분한 것은 아니었지만, 경계심을 풀기에는 어느 정도 쓸모가 있었다.

바로 그 무렵 대기근이 전 소련을 휩쓸고 있었다. 그러자 햄은 미국으로부터 100만 달러에 달하는 보리를 수입하여 레닌에게 차관 형식으로 넘겨 주었다. 이 소식은 소련 전역에 퍼졌다. 레닌도 그에게 찬사를 아끼지 않았으며, 그가 소련에서 공업과 상업에 종사할 수 있는 특허권을 주었다.

이제 그는 손님에서 소련의 주인이 되었다. 소련의 무궁무진한 자원이 그의 손아귀에 들어왔고, 그는 미국에서 반공(反共)주의자로 이름 높은 포드 자동차회사를 설득시켜 소련에 트랙터를 수출하게 했다. 또 미국의 다른 30여 개 기업이 소련과 무역을 할 수 있도록 다리를 놓아주었다. 그는 자본주의 진영과 사회주의 진영의 모두에서 환영을 받았으며, 그 사이 어마어마한 돈을 벌었다.

그는 또 소련에 연필공장을 건설해 한 해 100만 달러를 벌었으며 소련에서 사간 골동품과 예술품을 전시, 판매하여 엄청난 돈을 벌었다. 그는 소련에서의 '반객위주(反客爲主)'로 완전히 주도권을 쟁취하고 미개발지였던 소련에서 거의 독점적인 투자를 진행하여 돈을 벌어들일 수 있었다.

　이는 '반객위주'의 주도권이 누구한테 있느냐에 따라 결과가 엄청나게 크다는 것을 보여준다. 다시 말하면 햄은 완전한 주인으로 레닌과 동반자 관계를 모색하여 성공하였다.

위기일수록 신속하게 행동하라
_ 코카콜라 중독사건

코카콜라 제품

1999년 6월 코카콜라 회사를 뒤흔든 사건이 발생하였다.

사건은 벨기에서 터졌는데 코카콜라를 마신 100여 명의 학생들이 속이 메스껍고 어지러워 병원에 입원한 것이다. 이 소식은 삽시간에 전세계로 퍼졌다. 그리고 여러 나라에서 코카콜라에 대한 판매금지령을 내렸다.

물론 벨기에 정부도 코카콜라에서 생산한 콜라, 환타, 스프라이트 등 모든 음료에 대한 판매를 금지시켰다. 그 다음 룩셈부르크, 네덜란드에서도 같은 행동을 취했다. EU도 성원국에 경고를 내렸다.

미국의 자존심이자 세계 음료시장에서 거대한 공룡으로 지배적인 위치에 있던 코카콜라가 흔들리기 시작했다. 그들은 어떻게 하면 이런 불리한 국면에서 벗어나 다시 시장의 주도권을 잡을 수 있을까 하고 동분서주했다.

6월 22일, 코카콜라의 경영을 책임지고 있는 애바스가 벨기에를 방문했다. 그는 공개적으로 소비자들에게 사과하고 최선을 다해 불멸의 명성을 되찾고 소비자의 신뢰를 회복하겠노라 밝혔다. 그리고 그는 그 자리에서 콜라 한 병을 몽땅 마셔버렸다. 이것은 코카콜라가 해가 없다는 것을 증명해 보이려는 노력의 일부였다. 또 코카콜라에 대한 소비자들의 신용 회복을 위한 첫 템포이기도 했다.

말하자면 '반객위주(反客爲主)'의 첫 발이었던 것이다. 이후 코카콜라는 세계 각국의 엄격한 검사를 받았고, 결과는 모두 코카콜라에게 유리하게 나왔다. 그러자 벨기에 위생 관련부에서는 코카콜라 판매금 지령을 철회했다. 이튿날 프랑스도 코카콜라에 씌운 올가미를 풀었다.

이렇게 코카콜라는 유사 이래 가장 심각했던 신용 위기에서 벗어날 수 있었다. 하지만 코카콜라는 엄청난 대가를 치렀다. 그들은 벨기에서만 6,000만 달러의 손실을 보았고, 이미 팔려나간 모든 콜라를 회수해야 했다.

그런 위기에서 코카콜라는 효과적인 운영과 신속한 행동은 다시 주도권을 잡게 했다. 우리의 삶이나 경영 모두를 막론하고 결코 순풍에 돛단 날만 계속되지는 않는다. 언젠가는 위기에 빠질 때가 있다. 이런 때 '반객위주'를 생각해 보면 좋을 것이다. 당황해하거나 맥을 푸는 것은 금물이며, 재빨리 다시 주도권을 잡는 것이 상책이다.

약한 고리를 찾아라
_ 가난한 사람과 탐욕스러운 여인

옛날 한 가난한 사람이 아라비아 만(灣)에서 진주를 캤다. 몇 해 동안 부지런히 진주를 캔 덕분에 그는 엄청난 돈을 벌었다. 그리고 그는 모든 진주를 금화로 바꾸어 주머니에 넣고 귀향길에 올랐다.

그런데 주막에 투숙한 그는 너무나 흥분한 나머지 밤중에 불을 켜 놓고 주머니 속에 든 금화를 세었다. 이때 이를 숨어서 지켜보던 주막집 과부가 그만 금화에 욕심이 났다. 이튿날 그가 다시 길을 떠나려는데 과부가 따라나오며 옷깃을 잡았다.

"여보, 못 가요! 집에 있는 재산을 다 털어 가지고 가면 어떡해요. 또 당신이 가면 나랑 애들은 어떻게 살아요?"

그는 깜짝 놀라 어쩔 바를 몰랐다. 여보라니……. 그는 어이가 없어 말문이 막혔다. 그때 지나던 길손들이 과부와 옥신각신 실랑이를 벌이고 있는 모습을 보러 몰려들었다. 그는 과부를 모른다고 하고 과부는 기어코 그를 자기 남편이라고 우겼다. 할 수 없이 두 사람은 관아를 찾아갔다.

법관은 과부의 두 아들을 불러왔다. 아들들도 그 사람을 보고 아버지라고 불렀다. 입이 열 개라도 할 말이 없었다. 법관은 금화를 그 여인에게 돌려 주어야 한다고 판결했다. 그리고는 이렇게 덧붙였다.

"여기 남아 있으면 아내와 애들한테 잘해주고, 떠나려면 금화는 두고 가야 한다."

그는 절망에 빠졌다. 그런데 한 노인이 그에게 다가와 금화를 찾을 수 있는 방법을 알려주었다.

그는 다시 법관을 찾아갔다. 아내와 함께 살 수 없으니 애들이라도 데리고 떠나게 해달라고 청을 했다. 법관은 그의 말에 일리가 있다고 생각하고 두 아이를 그가 데리고 가도록 허락했다.

아무리 탐욕스러운 여자라 해도 모성은 어찌하지 못했다. 관아에서 나온 그 여인은 '남편'에게 애들은 자기가 돌보겠으니 금화를 갖고 가라고 빌었다. 그리하여 그는 탐욕스러운 여인의 손에서 벗어났다.

아무리 포악하고 간사한 사람일지라도 모두 한두 가지의 약점을 가지고 있다. 위기에 빠졌을 때 상대의 약점을 틀어쥐고 그 약점만 공략한다면 필시 벗어날 수 있을 것이다.

제6장

최악의 경우, 열세를 우세로 바꾸어
패배를 승리로 이끄는 전략

제31계 미인계(美人計)
제32계 공성계(空城計)
제33계 반간계(反間計)
제34계 고육계(苦肉計)
제35계 연환계(連環計)
제36계 주위상(走爲上)

敗戰之計

패전지계

제31계

미인계(美人計)
총칼이 침대를 당하라

미인은 마약과 같다는 말이 있다. 미인계를 쓰면 적장을 쉽게 무너뜨릴 수 있다. 상대가 영특한 사람일수록 계책을 세워 의욕을 상실케 해야 한다. 그러자면 마음을 딴곳으로 돌려야 한다.

美 아름다울 미

人 사람 인

計 계획 계

여자가 남자를 지배한다
_ 여포, 동탁 그리고 초선

군사력이 강대하고 장수가 용맹과 지혜를 갖춘 나라와 대적해서 싸우게 되면 승산도 없을 뿐더러 국가의 생사존망도 위태로워진다. 따라서 이럴 때는 무모하게 덤비는 것보다는 형세에 순응해서 일시적으로라도 적을 섬겨야 한다.

하지만 섬기는 방식에도 여러 가지가 있다. 영토를 떼어주고 화(和親)친을 하거나, 금은보화로 전쟁배상금을 주며 섬기는 것 등이 있다. 그러나 이보다 더 최고의 방법은 아름다운 여자를 보내 적을 섬기게 하는 것이다.

'조물주가 남자를 창조한 것은 세상을 창조하라는 것이요, 다시 여자를 만드신 것은 남자를 지배하라는 것이다.'

이 말을 그대로 지략으로 사용한 것이 바로 '미인계(美人計)'이다.

중국 후한 말기 이 '미인계'를 써서 가장 완벽하게 성공한 예가 있다. 동탁(董卓)과 그의 의자(義子)인 천하맹장 여포(呂布) 그리고 그 사이에서 배회하는 초선(貂蟬)이라는 절세 미인의 이야기다.

후한말 천하가 어지러워지고 조정의 힘이 약해진 틈을 타 서량태수 동탁은 도읍을 점령하고 황제를 폐하고 어린 헌제를 왕위에 앉혔다. 그리고 더불어서 일인지하 만인지상(一人之下 萬人之上)의 막후 권력을 틀어쥔 동탁의 횡포는 날에 갈수록 심했다. 이때 사도 왕윤(王允)이 동탁을 제거할 계획을 세웠다.

우선 동탁을 제거하려면 그의 의자인 여포와의 사이를 분열시켜 놓아야 했다. 왕윤은 여포에게 자기의 수양딸 초선을 시집보내겠노라 약정해 놓고는 뒤로 동탁에게 주어 버렸다. 이를 알게 된 여포가 왕윤을 꾸짖었다. 그러자 왕윤은 되려 이렇게 말하는 것이었다.

"제가 수양딸 초선을 장군에게 주기로 하고 준비를 하고 있는데 동태사가 말하기를 오늘이 좋은 날이니, 내가 데리고 가서 혼인을 시키겠다고 하여 어쩔 수 없이 보냈습니다."

여포가 동탁의 거처에 가보니 초선은 이미 동탁의 첩이 된지라 그때부터 동탁에게 앙심을 품게 되었다. 그 후 초선은 여포만 오면 일부러 수심에 찬 모습을 보이며 여포를 유혹했고, 어느 날 여포를 만난 그녀는 자신의 생활을 하소연하였다.

"소첩이 듣자오니 장군은 천하무적의 용맹을 가졌다는데 어째서 동태사가 무서워 이토록 소첩까지 고생시킵니까?"

그 소리를 들은 여포는 동탁에게 더욱 분하기 그지없었다. 그러자 이를 눈치챈 동탁이 먼저 여포에게 초선을 넘겨주려는 뜻을 비치자, 초선은 칼로 자결하겠다며 자기는 동탁 한 사람에게만 속한다고 말했다. 동탁은 초선의 그 말에 그녀를 더욱 사랑할 수밖에 없었다.

초선의 손안에서 천하제일의 권력자와 천하제일의 장수가 서로 반목만 키우며 놀아나고 있는 셈이었다. 그 후 결국 동탁은 여포의 창에

찔려 죽고, 여포는 초선을 얻었으나 권력에서 소외되어 각지를 떠도는 초라한 신세가 되고 말았다.

담배를 사면 미인을 구한다?

_ 담배 회사의 판촉 전술

캐나다의 번화가 한복판에 자리 잡은 상점 앞, 유리로 칸막이를 한 작은 진열장이 마련되어 있었다. 그런데 그 진열장 안에서 갑자기 구원을 청하는 소리가 울려 나왔다.

"절 구해주세요. 절 여기서 구해주세요……."

미인의 처량한 구원소리에 사람들이 모여들기 시작했다. 그들의 눈에는 천사처럼 아름다운 여인이 비좁은 유리벽에 갇혀 있는 것처럼 보였다. 행인들은 점점 많이 모여들어 진열장을 에워쌌다.

여전히 진열장 안의 미인은 호기심 가득 찬 눈길로 자신을 바라보는 행인들에게 구원을 요청했다. 그리고 그녀는 진열장 주위에 산더미처럼 쌓인 담배를 가리키며 말했다.

"여기 제 주위에 있는 담배를 다 팔지 못하면 전 이곳에서 나갈 수 없어요. 제발 절 도와주세요."

미인의 가냘프고 처량한 목소리는 모인 행인들을 감동시키기에 충분했다. 먼저 몇몇 신사들이 이상한 일도 다 있다며 흥미 반 동정 반으로 호주머니를 털어 담배를 샀다. 그러자 다른 사람들도 앞다투어 담배를 샀다.

이 이야기는 몇 해 전 캐나다의 애더모던프 E. N 담배공사에서 펼친 판촉 전술 중의 하나이다. 그들은 새로 출시한 '스포츠맨' 담배를 홍보하기 위해 이런 묘안을 고안해냈던 것이다.

어두워진 후에도 그녀는 계속 진열장 안을 나오지 않았다. 며칠 동안 많은 사람들은 그녀가 잠자는 모습, 식사하는 모습을 넋을 잃은 채 바라보며 그곳을 떠나려 하지 않았다.

이렇게 해서 100만 갑의 담배는 5일여 만에 몽땅 팔렸다. 이런 판촉 수단은 이 도시 사람들을 놀라게 했다. 놀란 만큼 '스포츠맨' 담배의 브랜드도 사람들의 기억 속에 깊이 뿌리를 내렸다.

담배를 사서 미인을 구원할 수 있다는 것은 정말 기발한 아이디어가 아닐 수 없다. 구원을 바라는 미인의 가냘프고 간절한 눈길이 행인들의 눈길을 모으고 동정을 받기에 충분했다. 그리고 행인들이 미인을 구원하기 위해서는 담배 한두 갑 사는 것은 너무나 쉬운 일이었다.

제32계

공성계(空城計)
빈 성으로 유인해 미궁에 빠뜨린다

성을 비워놓아라. 상대가 잘 보이도록 성을 비워놓으면 공격해올 것이다. 그러면 일시에 공격하여 격멸하면 된다. 아니면, 상대는 또 다른 함정이 있다고 생각하고 아예 공격을 포기할 수도 있다.

空 빌 공

城 성 성

計 계획 계

철저히 비워 의심하게 하라
_ 성 문을 열어놓고 적군을 물리친 제갈공명

사마의

제갈공명의 '공성계(空城計)'는 너무나 잘 알려진 계략이다.

사마의(司馬懿)의 군사가 대거 공격해 올 때 제갈공명에게는 성(城)을 사수할 군사가 얼마 없었다. 그대로 둔다면 제갈공명은 사마의의 포로가 될 것이 분명했다.

위기에 몰린 제갈공명은 바로 '공성계' 계략을 내서 사마의의 군대가 다가오자 태연작약하게 성문을 크게 열고 군사들로 하여금 마당을 쓸게 하였다. 그리고 자기는 성루에 앉아 거문고를 켰다. 이것을 본 사마의는 오히려 성 안에 복병이라도 숨겨놨을까 두려워한 나머지 급히 회군하였다는 이야기다.

초조한 모습을 감추고 성문을 활짝 열어 있는 그대로 보여주니 상대는 오히려 의심을 한 것이다. 그것은 여간 간 큰 사람이 아니고서는 할 수 없는 행동이었다.

이처럼 초라하거나 빈약할 때는 자신을 감추고 허장성세를 부리는 것이 오히려 위기를 모면하는 최고의 방법일 수 있다. 우리는 이것을 '공성계'라고 한다.

'공성계(空城計)'는 불리한 형세에서 승리를 따내는 계략이다. 하지만 그 자체가 큰 모험을 내포하고 있기 때문에 70% 이상 자신감이 없을 때에는 무리하게 실행해서는 안 된다.

제갈공명이 '공성계'로 승리할 수 있었던 것은 바로 사마의를 너무나도 잘 알고 있었기 때문이다. 그는 의심이 많은 사마의의 약점을 이용했다. 만약 제갈공명이 조금이라도 방어 태세를 보였다면 사마의는 삽시간에 군사를 몰아 성을 함락했을 것이다.

프랑스 남부에 두 의류회사가 있었다. 그들은 같은 업종에서 서로 상부상조하여 회사를 키워나가야 하는데, 원수라는 말이 어울릴 정도로 늘 치열한 경쟁을 벌이고 있었다. 그런데 그 중 A회사는 새로운 패션의 신상품을 생산하려 했지만 자금이 달려 쩔쩔매고 있었다. 이 정보를 알아낸 상대편 B회사는 그 패션과 비슷하게 만들어 먼저 생산하여 A회사를 누르려 했다.

A회사로서는 시기를 놓칠 경우 도저히 B회사를 이길 수가 없었다. 그러자 A회사는 무슨 속셈이 있었는지, 어느 날 갑자기 아예 모든 생산을 중지했다. 패션 설계도마저도 이리저리에서 공장 바닥에서 나뒹굴었다. 이 소식을 전해들은 B회사는 발칵 뒤집혔다.

멋진 한판 승부로 A회사를 초토화시키려 했는데 너무 쉽게 게임이 끝나 버린 것이다. B회사는 A회사를 의심하기 시작했다. 그렇게 쉽게 무너질 A회사가 아니었다. 비밀스럽게 다루어야 할 패션설계도까지 내동댕이칠 정도면 무슨 계략이 숨어 있다고 생각한 것이다.

그래서 B회사는 여러 루트를 통해 A회사의 진의를 알아보려고 정보 수집에 나섰다. 그런데 B회사에서 예견했던 정보가 어느 날 파리에서 타전됐다. 그 패션은 이미 유행이 지난 것으로 파리 등지에서는 팔리지 않는다는 것이다. B회사도 즉각 생산을 중지했다. 그러나 사실 그 정보는 A회사가 일부러 B회사로 흘린 미끼였다.

B회사가 생산을 중지하자마자 A회사는 즉시 생산시설 복구에 나서 공장을 정상화하고 제품 생산에 들어갔다. 잠시 쉬는 사이에 A회사는 모자라는 자금을 모으고 생산준비를 다 해놓았던 것이다. 그리고 한편으로는 가짜 정보를 흘려 B회사가 그 정보에 확신을 갖도록 했다. 이것은 바로 A회사가 꾸민 '공성계(空城計)' 계략이었다.

제갈공명의 '공성계'나 의류회사의 '공성계'에 의한 승리는 모두 적에 대한 철저한 파악을 전제로 한다. 적을 알지 못하고 무리하게 '공성계'를 펼친다면 섶을 쥐고 불에 들어가는 것과 다름없다.

마음을 먼저 비워라
_ 적자를 벗어난 술집

방콕

태국의 수도 방콕은 여행자들의 천국이다. 태국은 동남아 관광의 중심지로 지금은 고도의 성장을 하고 있다. 우리나라 사람들도 해외여행에서 가장 많이 가 본 곳이 바로 태국일 것이다. 하지만 보신관광에서부터 매춘, 에이즈 창궐 등 좋지 않은 이미지를 안고 있는 것도 사실이다.

하지만 태국의 강점은 역시 여행의 천국이라는 데 있다. 값싼 여행비와 천혜의 관광자원은 여행객들의 발길을 끊이지 않게 하고 있다. 태국의 다양한 볼거리와 놀이 문화도 한몫을 한다. 그래서 요즘도 태국에 가면 새로운 호텔과 음식점들이 속속 생겨나고 있다.

어느 날 태국 방콕 시내 외곽에 새로운 술집이 하나 생겼다. 주인은 많은 돈을 들여 관광객들이 좋아하는 메뉴와 프로그램을 짜서 영업을 시작했다. 하지만 위치가 나빠 영업실적이 형편없었다. 날이 갈수록 적자는 눈덩이처럼 불어났고 관광객의 발길은 줄어들었다.

술집 주인은 당황했다. 이대로 계속 간다면 머지않아 길거리에 깡

통을 차고 나앉을 판이었다. 그는 아예 문을 닫고 새로운 방안을 모색했다. 가장 좋은 방법은 술집을 매각하는 것이었는데 헐값으로 매각하기에는 너무나 억울했다.

그는 장고 끝에 새로운 아이디어 하나를 생각해냈다. 그리고 커다란 술통을 술집 문 앞에 세워놓았다. 그 술통에는 "여길 보지 마세요"라는 글귀가 서툴게 씌어 있었다.

그러자 사람들이 한두 명씩 지나가다 호기심을 가지고 쳐다보기 시작했다. 또 며칠이 흘렀다. 이번엔 사람들이 좀더 다가와 술통을 들여다보기 시작했다. 술통에는 보지 말라는 글귀 밑에 또 다른 몇 마디가 더 적혀 있었다.

"저의 술집에는 향기롭고 시원한 호프가 있습니다. 한 컵에 5원. 마음놓고 들어와 드십시오."

사람들은 한바탕 웃었다. 별거 아닌 것을 가지고 호기심만 자극했다는 것이었다. 하지만 술값이 다른 곳보다 싸다는 데는 모두가 동감을 했다. 사람들이 하나둘씩 술집으로 몰려들었다. 그리고 얼마 안가 그 술집은 사람들로 문전성시를 이루었다. 술집주인이 노린 "여길 보지 마세요"는 손님들의 역반(逆反) 심리를 이용한 것이었다. 보지 말라고 하면 꼭 보고 싶어지는 것이 사람들의 마음이다.

이는 '공성계(空城計)'의 '철저히 마음을 비워 적의 의심을 자아내게 하라'는 계략과 일치한다. 무슨 일이 잘 풀리지 않고 꼬일 때는 내 마음을 비워두어야 주위 사람이 나에게 모일 수 있다. 그래야만 다른 사람의 의견을 받아들일 수 있고, 뛰어난 재능을 가진 인재나 계략을 내 곁에 붙들어 둘 수 있는 것이다.

위기를 태연하게 마주보라
_ 대불황을 벗어난 마쓰시타

마쓰시타(松下) 회사는 앞서도 여러 번 소개를 했듯이 70여 년의 역사를 갖고 있다. 창업주는 일본 1894년 와카야마 현에서 출생한 마쓰시타 고노스케(松下幸之助)로 9살 때 초등학교를 중퇴하고 친척들에게 더부살이로 전전하다가 1910년 오사카 전등회사에 입사를 하였다. 그후 회사를 그만 두고 개량형 전기 소켓 판매에 손을 대기 시작하여 1918년에 지금의 마쓰시타 그룹의 전신인 마쓰시타 전기기구제작소를 창업하였다.

그는 독특한 경영 이념과 수완으로 유명한데 사상적 계몽운동에도 크게 이바지하였다. 하지만 그가 창업을 하고 나서 70년 동안 여러 차례 생존위기를 겪었다. 그때마다 그는 늘 남다른 지혜로 위기를 무난히 넘기곤 했다.

1950년대 일본에는 대단한 경기 침체가 있었다. 마쓰시타 회사도 예외가 아니어서 재고는 산더미처럼 쌓여가기 시작했다. 회사는 특단의 대책을 세우지 않으면 안 되었다. 그때 누군가가 인원 감축을 할 것을 요구했다. 가장 손쉬운 방법으로 인원감축으로 지출을 줄이고 난관을 극복하자는 것이다.

때마침 마쓰시타 고노스케는 병원에 입원중이었다. 그때 그룹 내 사장 둘이 병문안을 왔다. 마쓰시타 회장은 자신의 병보다도 회사의 앞날을 걱정하며 두 사장에게 이렇게 말했다.

"회사를 곤경에서 벗어나게 할 만한 묘방이라도 있으면 말해주게나."

"인원감축밖엔 별 다른 도리가 없는 것 같은데요."

그러자 마쓰시타 회장은 힘겹게 병상에서 몸을 일으키며 말했다.

"난 한 사람도 해고할 생각이 없네."

두 사장은 깜짝 놀랐다. 경기 침체에 빠졌을 때 인원감축은 당연했기 때문이다. 마쓰시타 회장은 계속 말을 이었다.

"만약 우리가 인원감축을 한다면 다른 사람들은 우리도 곤경에 빠졌다는 것을 알게 될 것이 아닌가? 그렇게 되면 다른 회사들은 우리 회사를 공격하게 될 것이고 우리의 형편은 더욱 어려워질 것이네. 그리고 다른 기업이 대량해고를 할 때 오히려 인원감축을 하지 않음으로써 우리 회사가 아직 든든하다고 판단할 것이네. 나아가 우리에게 경거망동하지 못할 것이네."

"그럼 할 일은 없고 직원은 많은데 어떻게 할까요?"

"방법은 이미 생각해 놓았네. 8시간 근무제를 4시간제로 하고 임금은 그대로 두게."

두 사장으로서는 충격적이었다. 근무시간은 줄이고 임금을 그대로 준다는 것은 너무나 큰 모험이었다. 그들은 곧장 회사로 돌아가 전체회의를 열었다. 회의에서 마쓰시타 회장의 결정이 그대로 선포되었다.

　직원들은 이 소식을 듣고 우레와 같은 박수를 쳤다. 너무나 감동한 직원들은 최선을 다해 회사를 위해 일을 하겠노라는 결의대회를 열었다. 회사의 상하가 모두 일심동체가 되어 난관을 극복할 열의로 가득했다.

　다른 회사들도 마쓰시타가 인원 감축을 하지 않고 오히려 4시간 근무로 8시간의 노임을 준다는 소식을 듣고 깜짝 놀랐다.

　"역시 마쓰시타는 일본에서 최고야, 우리는 상대도 안 되겠어."

　그 후 마쓰시타는 2개월 만에 창고에 쌓인 상품을 몽땅 팔아치웠다. 그리고 4시간 근무제도 얼마 가지 않았다. 재고가 바닥이 나면서 다시 8시간씩 일하지 않으면 안 되었기 때문이었다. 그리고 나중에는 제품의 수요가 엄청나 연장 근무까지 해야 할 형편이었다.

　재난이 눈앞에 닥치는데도 태연자약하게 '공성계(空城計)'를 펼치는 마쓰시타는 역시 경영의 천재였다. 그는 마음을 완벽하게 비워 외부에서는 의심을 하지 않고, 내부에서는 단결과 동시에 회사를 한 차원 더 높게 끌어 올릴 수 있었다.

제33계

반간계(反間計)
적의 첩자를 역이용한다

상대 첩자에게 역정보를 흘려서 상대를 혼란케 하라. 그러자면 상대를 매수하거나 눈치 채지 못한 체하고 고의로 거짓 정보를 흘려야 한다. 철저하게 보안을 유지하고 성공할 때까지 어느 누구도 모르게 해야 한다.

反 되돌릴 반

間 이간할 간

計 계획 계

역이용하라
_ 영국의 이중간첩

'반간계(反間計)'는 적이 보낸 스파이를 역이용하는 것이다. 자국의 실정을 정탐하러 온 적국의 간첩과 우연히 부닥쳤을 때 그를 처벌하는 것이 아니라, 많은 선물과 뇌물로 그를 매수하거나 강제로 굴복시키는 것이다. 나아가 그에게 거짓 정보를 제공하여 정작 그로 하여금 직간접적으로 우리를 위해 봉사하게 하는 것이다.

제2차 세계대전 때 영국 해군 정보기관은 무터와 제푸라는 두 노르웨이 출신의 간첩을 체포했다. 이 두 사람은 독일의 첩보부 소속의 스파이인데 영국에 잠입한 목적은 영국의 군사정보를 빼내 테러활동에 쓰기 위함이었다. 그런데 영국 사람들은 어떤 수단을 썼는지 이 두 간첩을 체포하고 나서 그들이 영국을 위해 봉사하게 만들었다.

그것은 '반간계'를 이용한 고도의 첩보작전이었다. 우선 영국의 정보국은 이들 두 간첩을 이용해 독일의 가짜 정보를 보내기로 했다. 하지만 독일 첩보부가 이들이 보낸 가짜 정보를 인정하느냐 하는 문제에 있어서는 또 다른 계략이 필요했다.

그래서 그들은 독일 첩보부로 하여금 이들 두 간첩을 믿게 하기 위해서 영국 해군정보기관은 두 차례의 폭파사건을 만들어냈다. 독일의 눈을 속이려는 목적이었다. 한 번은 식료품매장에서 폭파사건이 일어났고 또 한 번은 군수품창고가 폭발했다.

일이 이렇게 되자 독일은 이 두 간첩을 완전히 신임하게 되었다. 그리고 독일은 그때마다 아주 중요한 정보를 이들 두 간첩에게 주곤 했는데, 이들의 이중간첩 행위는 영국을 비롯한 연합군이 승리하는 데 커다란 도움을 주었다.

우리는 흔히 고기를 잡을 때 미끼를 사용한다. 그 미끼가 바로 이중으로 고기를 믿게 하고, 또 낚시꾼으로 하여금 고기를 잡게 하는 것이다. 이처럼 '반간계(反間計)'는 상대의 먹이나 간첩을 역이용하는 것으로 오늘날 기업전쟁이나 군사작전에 있어서 널리 이용되고 있다.

혜안(慧眼)을 가져라
_ 중동 붐과 현대건설

'반간계(反間計)'가 계략으로서 성공하려면 우선 사물이나 사건을 통찰할 수 있는 혜안을 가져야 한다. 그래야만 가짜 정보에 속지 않고 여러 가지 아이디어를 내어 역으로 상대를 속일 수 있는 것이다.

중동 붐이 일면서 세계 여러 나라의 건설업체들이 그쪽으로 많이 진출했다. 그중에는 우리나라도 한몫을 했다. 사우디아라비아 건설시장에서는 왕족을 중심으로 하는 대리인을 통해야만 공사 수주가 가능했다.

그런데 바로 그런 상황에서 현대건설은 단독으로 대형 공사를 수주했다. 국내 건설업계에서 20세기 최대의 역사라고 불리는 주베일(AL-Jubail) 산업항 공사가 바로 그것이다. 사우디아라비아의 동부 유전지역인 주베일에 건설된 이 공항은 무려 9억6000만 달러에 달하는 초대형 사업이었다. 수주 당시부터 국내는 물론이고 해외에서 지대한 관심을 불러일으켰던 공사였다. 과연 누가 수주를

주베일 산업항 공사 현장

할 것인가 하고 말이다.

현대건설의 제일 큰 장애 요인은 당시 입찰 풍토에 있었다. 그런 대규모 공사의 경우 미국이나 영국, 독일, 네덜란드 등 대형 건설업체들이 벌써 몇 년 전부터 물밑작업을 벌이며 독점하다시피 했기 때문에 현대건설처럼 작은 업체는 매우 불리한 입장이었다.

1975년 7월 현대는 사우디아라비아에서 대규모 입찰이 있을 것이란 것을 뒤늦게 알았고 당시로서는 달리 손쓸 방법이 없었다. 그냥 총력을 기울여 입찰에 참가하는 것도 감지덕지였다. 다만 그간 아랍조선 수리시설 등의 건설을 통해 쌓아온 신뢰 하나만을 믿고 현대건설은 적극적으로 입찰에 참가하기로 했다.

그리고 그해 12월, 현대건설은 미국의 브라운 앤 루트사와 산타페, 레이몬드 인터내셔널, 영국의 코스테인, 타막, 서독의 보스카리스, 필립홀스만 등 쟁쟁한 건설업체들과 어깨를 나란히 하며 입찰에 초청을 받았다.

이때 대한항공의 조중훈 회장이 정주영 회장을 찾아왔다. 그들은 오랜 친구였다. 조회장은 그 자리에서 이번 입찰에서 물러난다면 1,000만 달러의 사례금을 주겠다고 했다.

정주영 회장은 깜짝 놀랐다. 옛 친구가 다른 나라 회사를 위해 나서는 사실을 이해할 수가 없었다. 하지만 조회장은 자신은 외국 회사의 부탁을 받았을 뿐이라고 하면서 오해는 하지 말아 달라고 했다. 사실 조회장이 온 것은 우정을 나누기보다는 자기의 허실을 탐지하기 위한 것이었다.

그때 정주영 회장은 일부러 4,000만 달러의 보증금을 준비하는 중이어서 이틀 뒤에 다시 만나자고 했다. 조중훈 회장은 곧장 그 외국 회사에 가서 정주영 회장에게서 보고들은 이야기를 그대로 전했다. 그 외국회사는 4,000만 달러의 보승금이면 입찰가격은 16억 내지 20억 달러라고 단정했다. 하지만 그것은 정주영 회장이 쓴 '반간계'의 하나일 뿐이었다.

정주영 회장은 무심코 거짓 정보를 흘려보낸 것이었다. 하지만 외국회사는 그것을 액면 그대로 받아들였다. 그리고 입찰이 시작되었을 때 정주영 회장은 그 덕분에 10억 달러도 채 안 되는 가격으로 입찰에 성공했다.

정주영 회장은 오랜 친구인 조회장이 외국 회사의 청탁을 받고 왔을 것이라고 생각했고, 이를 역이용하여 경쟁 상대인 외국 회사에 잘못된 정보를 흘린 것이다. '반간계(反間計)'는 이처럼 상대가 '반간계'로 친구를 매수하면 자신도 '반간계'로 다시 그 친구를 이용하는 것이다. 이는 어찌 보면 모사에 가깝지만 생존경쟁에서 살아남으려면 자주 이용하는 필요악이라 할 수 있다.

제34계

고육계(苦肉計)
자신을 희생해 적을 안심시킨다

자기 몸에 상처를 내라. 내 자신에 대한 희생이 없이는 상대를 제압할 수 없다. 이는 조직에서 가장 신임하는 사람을 희생시킴으로써 더 큰 이득을 얻고자 함이다.

苦 쓸고

肉 고기육

計 계획계

'고육계(苦肉計)'의 극치
_ 합려와 요기

춘추전국시대

'고육계(苦肉計)'는 먼저 자신에게 상처를 입히고 나서 그 피와 상처를 이용하여 적에게 접근한 다음 적을 속이고 소기의 목적을 달성하는 계략이다. 역사상 '고육계'를 사용한 사람은 무수히 많지만 성공한 예도 있고 실패한 예도 있다. 설사 성공했다고 해도 참으로 처참하고 비장한 승리이다.

중국 춘추시대 오(吳)나라에서 벌어진 일이다.

오왕인 합려는 춘추전국시대 오나라 제24대 왕으로 오원과 전저의 힘을 빌어 아우인 료를 죽이고 왕위에 오른 인물이었다. 죽은 료에게는 경기라는 용맹한 아들이 있었다. 아버지가 죽자 다른 나라로 망명한 경기는 탈취당한 왕권을 되찾기 위해 부흥운동을 벌이고 있었다.

오늘날로 말하면 티벳의 정신적 지도자인 달라이 라마와 같은 처지였는데 합려에게 있어서 경기는 입안의 가시였다. 그는 무슨 수를 써서든지 경기를 제거하려고 했다. 이때 오원이 무사 요리를 추천했다. 요리는 얼굴이 못생기고 무사라고 하기에는 말이 안 될 정도로 키가 작고 허리통이 굵었다.

그러나 합려를 만난 요리는 이렇게 말했다.

"경기를 죽이자면 그에게 접근하지 않고는 죽일 수 없습니다. 마침 경기가 천하의 인재를 섭렵한다고 합니다. 제게 계략이 하나 있으니 우선 대왕께서 저의 처자를 죽이고 저의 팔을 자르십시오. 그러면 제가 도망가 경기에게 접근하고 그 다음에는 얼마든지 그를 죽일 수 있습니다."

살벌한 '고육계'였다. 이미 자기 아우까지 죽였던 합려로서는 목적을 위해서 무엇이든지 해야 한다고 생각하고 그의 요구를 받아들였다. 그래서 요리는 합려에 의해 팔이 잘리고 외국으로 추방당했다. 다른 나라로 추방을 당한 요리는 합려를 비난하며 떠돌아 다녔는데, 어느 날 경기를 만나게 되면서 어렵지 않게 그의 신임을 얻어냈다.

그때 경기는 복수의 칼을 갈며 군사를 일으켜 오나라 정벌에 나섰다. 그리고 경기의 군사가 강을 건너게 되었을 때 뒤의 배들이 눈에 띄지 않자 요리가 경기에서 말했다.

"공자가 말하기를 장군은 뱃머리에 높이 올라앉아야 따르는 군사들의 사기가 백 배 충천할 것이라 했습니다. 그러니 뱃머리로 오르십시오."

경기는 그 말도 일리가 있다고 칭찬을 하고 자리를 옮겨 뱃머리에 앉았다. 하지만 경기가 한눈을 파는 사이에 요리는 창을 던져 경기의 가슴을 꿰뚫었다. 경기는 죽기 전 요리를 보고 이렇게 말했다.

"너는 용사답다. 감히 나까지 죽이려 하다니!"

그리고 부하들에게는 이렇게 명령하였다.

"요리는 진정한 용사다. 그를 놓아주라."

그리고 나서 숨을 거두었다. 그러나 임무를 완수한 요리도 칼을 꺼내 자결하였다. 정말 비장한 '고육계(苦肉計)' 였다.

미국 자동차 회사의 기밀을 빼내라
_ 일본 자동차 회사의 스파이

사람은 스스로 상처를 낼 수 없는 법이다. 따라서 스스로 부상을 당했다면 반드시 실제 상황으로 믿는 것이 상례이다. 특히 조폭의 세계에서는 두목에 대한 충성심을 보이기 위해 손가락을 자르기도 하는데 이것도 일종의 '고육계(苦肉計)'이다. 보스를 위해서 손가락까지 자르는데 동정을 보내지 않을 사람이 없고, 보스도 그에 대해 신임을 하지 않을 수 없다. 이것은 바로 심리를 이용한 '고육계'이다.

'고육계'는 일단 성공만 하면 상대는 아무런 의심이나 방어를 하지 않는다. 따라서 쉽게 자신이 목적하는 바를 이룰 수 있고 이때 생기는 반사이익은 '고육계'를 실시하면서 자기가 지불한 대가보다 몇 배, 혹은 수십, 수백 배가 많다고 할 수 있다.

지난 1960년대 초반만 해도 일본의 자동차 공업은 미국보다 많이 뒤떨어져 있었다. 그래서 일본의 한 자동차 회사는 자사의 자동차 공업을 발전시키기 위해 아주 철저하게 엄선된 엘리트 직원을 뽑아 미국으로 연수를 보냈다. 말이 연수이지 실은 미국 자동차 회사의 기술 정보를 절취하는 것이었다.

기무라도 스파이로 선정된 엘리트 직원 중의 한사람이었다. 그는 미국으로 건너 가 일 년 넘게 미국 자동차회사에서 연수를 받았지만 그 자동차 회사는 그에게 어떤 기회도 주지 않았다. 그 사이 귀국 날짜는 다가오고 기무라로서는 한 건의 기밀도 빼내지 못해 안절부절 못하고 있었다.

그러던 어느 날이었다. 그는 일본 본사로부터 한 통의 편지를 받았다. 그것은 정보를 얻지 못하고 귀국할 경우 바로 해고라는 내용이었다. 진퇴양난에 빠진 그는 술집에서 술을 잔뜩 마시고 홀로 밤거리를 헤맸다.

그냥 미국에 눌러 앉자니 미국 자동차회사가 자기를 받아줄 리 없고, 귀국하려 해도 해고라는 운명이 그를 기다리고 있었다. 그는 죽는 수밖에 없다고 생각했다. 그때 고급 자가용 한 대가 질주해 오는 것을 보고 그는 순간적으로 자동차를 향해 몸을 던졌다. 운전기사가 황급히 급브레이크를 밟았지만 자동차 바퀴는 이미 그의 한쪽 다리를 깔고 지나간 뒤였다. 그리고 그는 정신을 잃었다.

그가 다시 정신을 차렸을 때는 병원의 침상에 누워 있었다. 그런데 그를 친 자동차 주인이 공교롭게도 바로 미국의 한 유명한 자동차회사의 사장이었던 것이다. 그 사장의 비서가 문병을 와서 그에게 무슨 요구든 다 들어줄 테니 말하라고 했다. 그는 그 자동차 회사에서 청소부로만 일을 해도 여한이 없다고 했다.

그 뒤 미국 자동차 회사에는 열심히 일하는 일본인 청소부 한 명이 생겼다. 그는 한쪽 다리를 제대로 못 쓰는 장애인이지만 정말 열심히 회사의 구석구석까지 깨끗하게 씻고 닦았다. 그리고 일 년 후 기무라는 고국으로 돌아가 부모님을 만나고 싶다고 회사에 요청을 했다. 회사는 그에게 비행기표까지 사주었다.

일본에 돌아온 기무라는 의족(義足) 안에서 소형 필름 하나를 꺼냈다. 그 필름에는 미국 자동차 회사의 중요한 기밀사항들이 모두 담겨 있었다. 그는 그 필름을 자신이 원래 일하던 회사에 넘겼다.

그로부터 2년 뒤 이 일본 자동차회사는 선진적인 기술로 우수한 자동차를 만들게 되었다. 그 회사의 차들은 미국 시장에 뛰어들어 큰 호응을 얻음과 동시에 미국 시장을 개척해 나가기 시작했다. 미국 사람들도 깜짝 놀랐다.

어느날 그 미국 자동차 회사의 사장이 일본 자동차 회사의 수석대표와 담판을 위한 자리에서 만났다. 그런데 수석대표가 바로 한 쪽 다리가 없는 기무라였던 것이다. 미국 자동차회사 사장은 그제야 자신이 당했음을 알았지만 때는 이미 늦은 뒤였다.

술병이 아니라 술이다
_ 중국의 마오타이 주(酒)

기무라의 '고육계(苦肉計)'는 자기의 다리 하나를 희생시킨 대가로 성공을 이루었다. 그의 '고육계' 역시 요리의 '고육계'와 마찬가지로 비장하다. 모두 자신의 몸을 상처를 내 신임과 동정을 받은 것이다.

상계(商界)의 '고육계'는 이토록 비장한 것은 아니지만 그 대신 교묘한 술책이 숨어 있다.

홍콩의 한 회사에서 시몬스 침대를 생산했지만 회사가 작고 이름이 없어 시장에서 늘 냉대를 받았다. 그러자 회사에서는 자신들이 생산한 시몬스 침대를 가장 사람이 많이 모이는 번화가에 갖다 놓았다. 그리고 1톤짜리 트럭을 그 위로 지나게 했다. 침대는 아무런 손상도 받지 않았다. 이 소식은 홍콩 전역을 뒤흔들었다. 얼마 지나지 않아 이 회사의 침대 판매량은 상승 곡선을 그리기 시작했다.

이런 파괴성 실험은 우선 높은 품질을 기반으로 한다. 그렇지 않다면 오히려 웃음거리만 될 것이다. 생각해보라. 자동차가 침대 위로 지나갔을 때 무너져 내린다면 얼마나 웃음거리가 되겠는가?

독일의 한 자동차 회사는 벽에 자동차 한 대가 들어갈 만큼의 구멍

마오타이 주

만 내고 거기에다 자사 자동차를 박아 넣었다. 목적은 자기네 회사의 자동차가 얼마나 견고한지를 자랑하기 위해서이다.

중국 귀주에 유명한 술이 있다. 마오타이(茅台) 주가 바로 그것이다. 그러나 20년 전까지만 해도 그 술은 국제적으로 널리 알려지지 않았다.

지난 1980년대 중반, 프랑스에서 세계 주류 품평회가 있었다. 그곳에는 최고급의 멋진 포도주를 비롯해 세계 각국의 내로라하는 술들이 멋진 장식과 훌륭한 미각으로 사람들의 관심을 끌고 있었다. 그때만 해도 포장을 중시하지 않았던 중국이었던지라 누런 호리병에 담긴 마오타이 술은 누구도 거들떠보지 않았다.

품평회가 바야흐로 막을 내리려 하고 있었다. 이때 급해진 중국 대표단 한 사람이 묘한 꾀를 생각해냈다. 그는 사람들이 모인 자리에서 진열대에 놓인 술 한 병을 땅에 떨어뜨렸다.

술병이 깨지는 소리에 사람들의 시선이 그곳으로 집중되었다. 엎질러진 술에서 나오는 진하고도 독특한 향기가 사람들의 코를 찔렀다. 세계 각지에서 온 주류 전문가들은 그때서야 마오타이의 진가를 알아보고 구매 의뢰를 하기 시작했다.

마오타이는 이후 일약 세계적인 명성을 얻게 되었다.

상계에서의 '고육계(苦肉計)'는 자기 자신에게 상처를 입히는 수단으로 경쟁 적수를 미혹하고 소비자들을 유혹하는 것을

시몬스 침대

제34계 고육계(苦肉計) **335**

목적으로 한다. 그러나 '고육계'는 아주 잔인한 수단으로 목적을 이루는 것이기 때문에 계책을 펼칠 때는 신중해야 한다.

이 계책을 사용해서 얻는 이익이 내가 지불하는 대가보다 훨씬 많다라는 판단이 서기 전에는 사용을 금하는 것이 좋다.

제35계

연환계(連環計)
여러가지 계책을 연결시킨다

먼저 적의 움직임을 제압하라. 그리고 연이어 제2, 제3의 계략을 구사하여 적을 꼼짝 못하게 만들어야 한다. 하나의 계략이 먹혀들지 않는다고 포기하는 것은 금물이다.

連 잇닿을 연

環 고리 환

計 계획 계

걸을 때마다 함정

_ 바비 인형의 매출 전략

'연환계(連環計)'를 직역하면 수단과 방법을 가리지 않고 적들의 내분을 일으켜 그들이 서로 싸우고 견제하게 하여 우리에게 유리하게 만드는 것이다.

그러나 수천 년의 전쟁과 경쟁을 겪으면서 '연환계'는 하나의 일을 성사시키는 데 여러 가지 계책을 동시에 사용하여 내딛는 걸음마다 함정에 걸려들게끔 변화되었다.

'연환계'는 36계를 완벽하게 이해하지 못하면 펼치지 못할 지혜의 극치라 해도 과언이 아니다. 무협소설에서 무공의 극치가 끊임없는 경지에 도달하는 것처럼 말이다. 그리고 이 경지야말로 이미 배웠던 모든 지략이 몸에 배어 능수능란하게 활용할 수 있는 경지를 말한다.

'연환계'는 특수한 사람만이 쓰는 계략이 아니다. 단지 그 수단의 고저에 따라 효과가 다를 뿐이다. 삼국지에 나오는 왕윤은 '연환계'를 써서 동탁을 제거했다. 그는 먼저 초선이라는 '미인계(美人計)'를 써서 동탁과 여포의 사이를 악화시키고 또 '차도살인(借刀殺人)'을 써서 동탁을 제거했다.

이런 '연환계(連環計)'는 시장경쟁에서도 무수히 나타난다.

영국 세이버 회사에서 파견한 메이저는 프랑스 아크센 회사와 강철 판매계약을 놓고 담판을 벌이게 되었다.

이때 아크센 회사는 먼저 '미인계'를 써서 메이저가 가지고 온 서류 가방의 비밀번호를 알아냈다. 그 다음 '조호리산(調虎離山)'의 계략을 써서 메이저를 외출시켰다. 그리고 메이저의 방안에 잠입하여 그의 비밀가방을 연 다음 세이버 회사의 최저 가격을 알아냈다. 결국 아크센 회사는 최저 가격으로 세이버 회사의 강철을 살 수 있었다.

미국의 한 인형 회사가 있었다. 이 회사는 처음에 원가에도 못 미치는 가격으로 '바비'라는 인형을 팔았다. '욕금고종(慾擒故縱)'이었다.

꼬마들은 인형을 갖고 놀다가 인형에게 새 옷을 입힐 수도 있다는 것을 발견한다. 그러면 부모들은 자식이 졸라대는 걸 이기지 못하고 인형에게 새 옷을 사 입혀야 한다.

그 다음은 '진화타겁(趁火打劫)'이다. '바비' 인형이 직업을 찾고 연애를 하고 결혼을 한다. 부모들은 자식의 성화에 견디다 못해 '바비'에게 교통 도구를 사주고 남자친구도 사주며 새 남편도 사주어야 했다.

마지막에는 '소리장도(笑裏藏刀)'로 바비의 아들이 태어났다. 이제까지 쓴 만큼 돈을 또다시 써야 했다. 걸음마다 함정이었다. 인형 회사는 '연환계(連環計)'를 사용하여 무궁무진한 판매액을 올렸다.

이처럼 '연환계'는 어느 계책을 단독으로 쓰기보다 더 엄청난 위력을 갖고 있다. '연환계'를 쓰기 시작하면 당신의 성공은 멀지 않을 것이다.

얼기설기 얽혀놔라
_조조 군대를 교란시킨 제갈공명

전쟁이나 처세, 정치, 상업 등을 막론하고 시대에 따라 변화도 많고 늘 서로의 관계는 얼기설기 얽혀 있다. 승자가 되려면 지도자 혹은 개인의 뛰어난 지혜와 판단력이 필요하다. 그때 간단하게 하나의 계책만 쓰게 될 경우 상대가 얼마든지 그것을 알아차리고 대응할 수 있다. 하지만 동시에 여러 계책을 쓴다면 상대의 판단을 흐려 놓을 수 있다.

'지혜의 화신'이라 불리는 제갈공명의 이야기다.

삼국시대, 유비의 군사가 한중에 들어가자 조조는 대군을 거느리고 방어에 나섰다. 두 군사는 한수(漢水)를 사이에 두고 진을 쳤다.

제갈공명이 조운에게 분부했다.

"군사 500명을 거느리고 상류의 구릉지대에 매복해 있다가 아군의 진영에서 대포소리가 울리거든 북을 치며 기세를 돋구되 싸우지는 말라."

이튿날 조조 군사가 나와 싸움을 걸었다. 하지만 촉나라 진영에서 아무런 반응도 보이지 않자 그대로 돌아갔다.

밤이 되었다. 제갈공명은 적군이 불을 끈 것을 보고 대포를 쏘게 했다. 그 소리를 들은 조운은 제갈공명의 시시대로 북을 치며 기세를 올렸다. 조조 군사는 제갈공명의 기습작전이라며 나섰으나 촉나라 군사는 한 사람도 보이지 않았다. 이렇게 연속 사흘 동안 조조 군사는 밤잠을 설쳤다.

그들은 이제 밤이 두려웠다. 그러자 조조는 하는 수 없이 군사를 30리 뒤로 물려 주둔시켰다.

이때 제갈공명은 유비더러 한수를 시켜 건너편에 진을 치게 해 조조의 군사를 치라고 했다. 조조 군사와 맞붙은 유비 군사들은 싸우지도 않고 퇴각하기 시작했다. 조조 군사들은 공격을 하는 듯하다가 나중에는 유비 군사들이 떨어뜨린 전쟁 쓰레기들을 줍느라 전열이 흐트러질 정도였다. 이때 유비가 다시 군사를 휘몰아 반격을 가하고 황충과 위연이 좌우로 뛰쳐 나와 유비 군사와 합세했다. 조조는 대패하고 양평관(陽平關)으로 퇴각했다.

제갈공명은 여기에 그치지 않고 장비와 위연을 시켜 조조의 군수 보급 통로를 차단하고 황충과 조운으로 하여금 양평 관아 주위의 산을 불지르게 하였다. 또 대군을 거느리고 양평 관아를 포위한 다음 동서 양쪽 문에 불을 지른 후, 서쪽문에서 함성을 울리고 북쪽문에서는 북을 치게 했다. 이에 당황한 조조는 성을 버리고 간신히 탈출하여 서울로 돌아갔다.

조조를 몰아낸 유비는 끝내 한중의 왕이 되었고 삼국 정립의 기초를 닦을 수 있었다.

이는 '연환계(連環計)'의 극치라고 할 수 있다.

우선 제갈공명은 먼저 의병(疑兵)을 써서 '만천과해(瞞天過海)'로 적의 군사를 피로하게 하여 적의 공세를 꺾었다. 그 다음 복병으로 조조의 군사를 무찔렀으며, 조조가 양평 관아에 숨자 유비는 '부저추신(釜底抽薪)'으로 조조를 괴롭히고, '타초경사(打草驚蛇)'로 양평 관아를 포위하고 불을 지르고 함성을 울려 조조 군사를 물리친 것이다.

강한 상대라면 힘을 모아라
_ 일본 정부와 컴퓨터 산업

'연환계(連環計)'에는 두 가지 서로 다른 형식이 있다. 하나는 마치 지뢰를 매설하듯이 곳곳에 함정을 파놓고 적을 괴롭히는 것이고, 다른 하나는 한데 모아 실체를 구성하는 형식이다.

적벽의 싸움에서 조조의 수군(水軍)은 쇠사슬로 배를 서로 이어 놓았다. 이런 형태는 화공에 대처하지 못하는 치명적인 약점이 있지만 현대의 항공모함 같은 강대한 위력이 있었다. 모든 힘을 한곳에 집중시킬 수 있기 때문이다.

오늘날 컴퓨터 시장에서의 일본의 눈부신 성공은 집중전략의 위력을 잘 활용한 덕분이라고 할 수 있다. 일본 정부는 세계 시장에서 경쟁해야 할 문제가 생기면 자신이 가지고 있는 모든 역량과 자원을 집중 배치함으로써 소기의 성과를 거두도록 조정을 한다.

1960년대초 당시 일본에는 NEC, 후지쓰, 히다찌, 도시바, 미쓰비시 등 5개 회사가 컴퓨터 산업에 막 발을 들여 놓고 있을 때였다. 이들이

IBM 제품

가진 컴퓨터 기술은 그야말로 걸음마 단계였으며, 당시 미국이 갖고 있는 기술과 비교하면 약 20년 정도나 뒤떨어져 있었다.

이에 일본 정부는 기술 도입이 필요하다고 판단했다. 때마침 미국의 IBM이 일본에서 컴퓨터를 생산하자 통산성이 선봉장이 되어 그 회사의 특징과 기술을 부단히 연구하고 철저하게 분석하였다. 그리하여 국내 회사들이 모방할 수 있는 단계로까지 만들었다.

비슷한 제품이 국내 기업에서 출시되자 통산성은 또 '국산품 애용'이라는 이름으로 국민들의 애국심에 호소했다. 이렇게 되자 일본 컴퓨터 업체들은 IBM을 쉽사리 능가했다.

국내시장을 장악한 일본 컴퓨터 업계는 몇몇 개발도상국들을 상대로 해외시장 개척에 나섰다. 물론 이들의 최종 목적지는 미국이었지만 바로 공략하기에는 아직 미비한 점들이 많았다. 호주를 시험무대로 삼아 수출을 시작했고 미국에 상륙하기 위한 힘을 서서히 길러 나갔다.

컴퓨터 시장이 날로 커지자 통산성은 또 국내 컴퓨터 업체들을 분야별로 나뉘 세 개의 그룹으로 통합했다. 그리고 그들이 서로의 영역으로 침범하는 것을 통제하여 각 회사가 철저한 협동정신을 발휘하게 했다.

뿐만 아니라 통산성은 이들 컴퓨터 회사로 하여금 자본주의 기업간에 있기 어려운 정보교환을 숨김없이 하게 했다. 그 결과 이들 5개 회사가 진행하던 컴퓨터 개발의 노하우도 공유하게 되었다.

그렇다고 이들 5개 회사가 형제처럼 협력을 한 것은 아니었다. 각자 어느 정도의 기술 축적이 완료되고 제품을 개발하여 국내시장에 뛰어들 때는 치열한 경쟁이 벌어졌다. 하지만 국제시장에서는 양보와 협조를 아끼기 않았다.

독자적으로 IBM의 상대가 될 수 없었던 일본의 컴퓨터 산업은 통산성의 지휘와 독려 아래 눈부신 성장을 해, 1980년대 중반에는 20년이라는 기술 격차를 4~5년으로 당겨 놓았다.

제36계

주위상(走爲上)
도망가는 것도 뛰어난 전략이다

일시 후퇴는 패배가 아니다. 힘이 열세라면 물러나고 승산이 없으면 일시적인 도망도 상책이다. 사람이 죽으면 승리도 패배도 없다. 용기 있게 후퇴할 줄 아는 사람이야말로 진정한 승리자이며 36계를 가장 잘 아는 사람이다.

走 달릴 주

爲 할 위

上 위 상

고향을 버려라
_ 전기 스토브 개발자

'주위상(走爲上)'은 36계 중에서 마지막 계책으로 흔히 '도망이 상책'이라 불리는 계략이다. 흔히 36계를 두고 우리는 '36계 줄행랑을 쳐라'는 말을 많이 한다. 언뜻 생각하기에는 비열하기 짝이 없는 도망도 때에 따라서는 계책 중에 계책으로 널리 쓰인다.

그렇다면 왜 중국 고전으로 수천 년을 내려온 36계가 앞에서는 모두 앞으로 나아가는 계책을 다루다가 마지막에 와서 도망이 상책이라고 했을까?

여기서 우리는 36계가 가지고 있는 큰 지혜를 엿볼 수 있다. 공격할 수 있다는 것은 좋은 일이다. 그러나 후퇴 역시 그에 못지않게 중요하다는 것을 보여주는 셈이다.

대나무는 너무 곧아 부러지기가 쉽듯이 무작정 공격을 하다 보면 어느 함정에 빠져 죽을지 모른다. 따라서 36계가 이제까지의 공격으로도 먹히지 않을 때 마지막으로 잠시 도망을 가는 것도 상책이라는 의미에서 '주위상'을 둔 것이다.

모든 계략이나 계책이 다 그렇듯이, 형세의 변화에 따라 공격할 수

최초의 가정용 전기스토브

있는 것은 끝까지 공격하고 후퇴해야 할 때는 깨끗히 후퇴하는 것이 가장 현명한 선택으로 꼽힌다.

미국 전기업계의 스트라이커로 주목받았던 시스는 가정용 전기스토브를 개발한 사람이다. 그는 처음에는 자기 고향에서 이리저리 뛰어다니며 제품을 판매했다. 하지만 전기스토브가 생각보다 전기를 너무 많이 사용하고 불이 날지도 모른다는 우려 때문에 애를 써도 판로를 개척할 수 없었다.

그는 4년 동안이나 고향의 구석구석을 뒤지며 제품을 홍보하고 판매에 나섰지만 사람들은 이 스토브를 받아들이지 않았다. 그는 낙심했다. 그동안 전기스토브를 개발하느라 많은 돈과 시간을 쏟아부었는데 팔리질 않으니 그는 일어설 힘도 없을 지경이었다.

그때 그는 단순한 사탕도 소비자가 있어서 팔려나가는데, 자신의 제품이 안 팔린다는 것은 이해할 수 없다고 생각하고 원인 분석에 들어갔다.

석탄이나 석유 난로를 대체할 유일한 난로가 바로 전기스토브이다. 그을음도 없고 냄새도 없고 가스도 없는 청정 난로가 아닌가? 그는 여러 가지 분석을 한 끝에 그 원인의 하나가 자기가 살고 있는 곳은 사람들의 생각이 너무 편협하고 교육수준이 낮아 전기에 대한 편견을 떨쳐버리지 못해서라는 결론을 내렸다.

그동안 전기스토브를 가지고 다니며 수십 차례 시범도 보이고 선전도 했지만 고집스런 사람들은 조상들이 쓰던 석탄 난로가 좋다고 주장했다.

그는 지역 사람들의 생각이 낙후되고 보수적이어서 더 노력해 봤자 아무런 희망이 없다고 판단하고 그곳을 떠났다. 그는 문화가 발달하고 생각들이 다양한 시카고로 가 전기스토브를 팔았다. 그의 예상은 적중했다.

그곳에서는 날씨가 추우면 추울수록 전기스토브를 찾는 사람이 줄을 이었고 그는 대성공을 거두었다. 시스는 얼마 안 가 독자적으로 전기스토브를 대량으로 생산할 수 있는 공장을 갖게 되었고 많은 돈을 벌었다. 그때 그는 이런 말을 했다.

"만약 내가 고향에 계속 있었더라면 오늘의 시스는 없었을 것이다."

여기서 시스는 고향에서 모든 수단, 즉 36계의 모든 단계를 다 써보았지만 실패를 거듭하자 결국 시카고로 도망을 갔다. 앞길이 막히자 총명한 그는 한 보 뒤로 물러서서 다른 길은 선택한 것이다.

그의 고향 사람들은 거지 시스가 고향을 버리고 도망갔다고 생각했지만, 그에게 도망이 아니라 한 보 뒤로 물러서는 것이었다. 마지막 계략인 '주위상(走爲上)' 을 펼쳐 성공을 한 것이다. 바로 그 마지막 후퇴가 성공을 가져다주었다.

1보 전진을 위한 2보 후퇴
_ 세제 업체의 각축전

우리는 '주위상(走爲上)'을 무조건 달아나는 것으로 생각하기 쉬운데 그것이 아니다. 후퇴의 목적은 힘을 기른 뒤에 시기를 맞추어 다시 공격하려는 데 있다. 즉 1보 후퇴는 2보 전진이라는 것이다.

미국의 해리얼 회사는 누구도 관심 갖지 않는 합성세제 시장에 뛰어들어 '409' 세제를 내놓았다. 그 세제로 덴버 시 절반 이상의 시장을 점령했다. 막강한 힘을 가진 일용품의 최강자 보젠 회사가 이를 보고 가만히 있을 리 없었다. 그들은 더 많은 돈과 인력을 투자해서 '신기'라는 세제를 만들어 시장에 내놓고 해리얼 회사가 이미 점령한 시장을 공격하기 시작했다.

일용품 대왕의 공격에 해리얼은 반격할 힘이 없었다.

해리얼 회사는 그래도 어렵게 얻은 시장이라 처음엔 끝까지 사수하겠다고 버텼으나 물량, 광고, 인지도, 가격 면에서 모두 뒤져 결국 깨끗하게 털고 덴버 시장에서 철수했다.

'409' 세제는 시장에서 자취를 감추었다. 이렇게 되자 '신기' 세제는 아무런 저항 없이 덴버 시장을 점령할 수 있었고 크게 성공을 하는 듯했다. 그리고 그들은 덴버 시에서의 성공을 바탕으로 미국 전역을 잠식하려고 더 많은 투자와 인력 등을 준비했다.

그러자 덴버에서 패배한 후 그 원인 분석을 끝낸 해리얼 회사는 전국을 상대로 또 한 번의 결전을 펼치겠다고 벼르고 있었다. 해리얼은 이번에도 신기보다 한 발 앞서 훨씬 싼값에 '409' 세제를 내놓고 천지를 뒤덮을 듯한 광고로 소비자들을 공략했다.

보젠회사가 '신기' 세제를 들고 전국 시장에 나타났을 때 이미 '409' 세제는 시장을 장악하고 있었다. 작은 지역에서는 보젠이 어떻게 술수를 써서 해리얼을 이길 수 있었으나, 넓은 지역에서는 한꺼번에 다 초토화시킬 수가 없었다. 보젠회사는 할 수 없이 합성세제 시장을 포기하고 실패를 자인하였다.

해리얼 회사가 덴버 시장에서 퇴각한 것은 바로 새로운 공격을 위한 '주위상(走爲上)'이었다. 언뜻 보기에는 도망을 가는 것처럼 보였지만 전국을 상대로 한 싸움을 위한 일보 후퇴였던 것이다.

보젠 회사 역시 실패한 후 '주위상'을 선택하여 깨끗하게 세제시장을 포기하고 다른 시장경쟁에 들어갔다. 즉 전반적인 전략에서 볼 때 이 역시 공격을 목적에 둔 일보 후퇴였던 것이다.

어느 때 떠나면 좋을까?
_ 잘되는 사업만 골라 바꾸는 유문한

사람이나 기업이나 국가나 그들의 목적을 달성하는 데 있어서 전진보다는 후퇴가 쉽다. 하지만 언제 어떻게 물러나느냐 하는 것이 제일 관건이다. 너무 일찍 물러나면 전략이 노출되고 오히려 설익은 과일을 따먹는 것과 같을 것이고, 너무 늦게 물러나면 대응할 힘을 상실할 뿐 아니라 썩은 과일을 따먹는 것이나 다름이 없기 때문이다.

따라서 후퇴는 시기를 잘 선택해야 한다. 특히 전투에 있어서는 더욱 그렇다. 세계 전쟁사를 보면 후퇴를 하면서 잃는 병사가 더 많기 때문이다.

1950년대 유문한(劉文漢) 홍콩에서 자동차부품 대리점을 경영했다. 그때는 제2차 세계대전이 끝나고 아직 복구가 되지 않아 경제회복세 역시 매우 느렸다. 거기다 이제 불혹의 나이에 들어선 그도 물에 물 탄 듯 술에 술 탄 듯 자동차 부품대리점 사업에서 이렇다 할 실적을 올리지 못하고 있었다.

더구나 대자본을 동원한 기업형 자동차부품 공급업체가 속속 생겨나면서 그는 더욱 그들의 도전을 받게 되었다. 아무리 발버둥을 쳐도 물량과 자금력에서 밀렸기 때문에 그 상태에서 손을 떼야 했다. 더 이상 희망이 없었다.

언제 자동차부품 대리점을 그만두고 어떻게 떠나겠는가가 고민이었다. 그러다 미국으로 잠시 여행을 갔던 그는 미국 젊은이들이 가발을 아주 선호한다는 것을 발견하였다. 당시 미국은 인종차별 분위기가 팽배했는데 이는 젊은이들 사이에 강한 반발을 샀다. 그래서 그들은 전통에 대한 반항으로 장발(長髮)을 선호하고 가발을 많이 쓰고 다녔다.

그런데 미국에는 가발 생산회사가 아주 적었다. 왜냐하면 가발은 모든 공정이 사람의 손으로 일일이 만들어지는 노동집약적 산업이었기에 선진국에서는 할 수 없는 사업이었다.

유문한은 그곳에서 치밀한 시장조사를 하고 확신을 얻은 다음 다시 홍콩으로 돌아와 과감하게 자동차 부품대리점을 걷어치웠다. 영화제작회사에서 가발을 전문적으로 만들던 기술자와 합작으로 가발 제조 기계를 제작했다. 그리고 그가 만든 가발은 전량 모두 미국으로 수출하였다. 그는 대성공을 거두었고 업계 1위 자리를 굳혔다. 또한 1960년대말 홍콩의 가발 제조업은 전에 없던 발전을 가져와 홍콩의 4대 수출제품의 하나가 되었다.

유문한은 떠날 시기와 방법을 정확히 선택하고 떠날 방향까지 확실하게 한 뒤 깨끗하게 떠났다.

서기다 다른 사람들이 가발 제조업에 눈독을 들이고 너도 나도 뛰어들자 유문한은 또 한 번 '주위상'을 발휘하였다. 그는 홍콩의 모든 가발 제조공장들을 팔아치우고 호주로 이민을 갔다. 그곳에서 그는 포도주를 생산하여 호주 굴지의 포도주 생산자로 또 한 차례 탈바꿈하였다. 이상하게도 유문한이 가발제조업을 떠난 지 얼마 지나지 않아 미국의 가발 열기는 식었다.

유문한은 떠날 때 이미 그것을 예견하였던 것이다. 말하자면 그는 떠날 때를 미리 알고 있었다는 얘기다.

요즘 명퇴다 조퇴다 해서 직업을 바꾸고 떠나는 사람들이 많다. 그런 사람들은 36계의 마지막 계략인 '주위상(走爲上)'을 잘 이용해야 한다. 특히 정치권에서 권력을 가지고 있는 사람은 떠날 때를 잘 잡는 것이 자신이 살아남을 수 있는 유일한 방법이라는 것을 알아야 할 것이다.

三十六計

제1계	만천과해(瞞天過海)	하늘을 가리고 바다를 건넌다
제2계	위위구조(圍魏救趙)	위나라를 포위하여 조나라를 구하다
제3계	차도살인(借刀殺人)	남의 칼로 사람을 해친다
제4계	이일대로(以逸待勞)	쉬다가 피로에 지친 적과 싸운다
제5계	진화타겁(趁火打劫)	상대의 위기를 틈타 공격한다
제6계	성동격서(聲東擊西)	동쪽에서 소리치고 서쪽으로 공격한다
제7계	무중생유(無中生有)	지혜로운 자는 무에서 유를 창조한다
제8계	암도진창(暗渡陳倉)	기습과 정면공격을 함께 구사한다
제9계	격안관화(隔岸觀火)	적의 위기는 강 건너 불 보듯 한다
제10계	소리장도(笑裏藏刀)	웃음 속에 칼날이 숨어 있다
제11계	이대도강(李代桃僵)	오얏나무가 복숭아를 대신해 죽다
제12계	순수견양(順手牽羊)	기회를 틈타 양을 슬쩍 끌고 간다
제13계	타초경사(打草驚蛇)	풀을 베어 뱀을 놀라게 한다
제14계	차시환혼(借屍還魂)	죽은 영혼이 다른 시체를 빌려 부활한다
제15계	조호리산(調虎離山)	호랑이를 산속에서 유인해낸다
제16계	욕금고종(慾擒故縱)	큰 것을 얻기 위해 작은 것을 풀어준다
제17계	포전인옥(抛磚引玉)	돌을 던져서 구슬을 얻는다
제18계	금적금왕(擒賊擒王)	적을 잡으려면 우두머리부터 잡는다
제19계	부저추신(釜底抽薪)	가마솥 밑에서 장작을 꺼낸다
제20계	혼수모어(混水摸魚)	물을 흐려놓고 고기를 잡는다
제21계	금선탈각(金蟬脫殼)	매미가 허물을 벗듯이 위기를 모면하다
제22계	관문착적(關門捉敵)	문을 잠그고 도적을 잡는다
제23계	원교근공(遠交近攻)	먼 나라와 사귀고 이웃 나라를 공격한다
제24계	가도벌괵(假途伐虢)	기회를 빌미로 세력을 확장시킨다
제25계	투량환주(偸梁換柱)	대들보를 훔치고 기둥을 빼낸다
제26계	지상매괴(指桑罵槐)	뽕나무를 가리키며 홰나무를 욕한다
제27계	가치부전(假痴不癲)	어리석은 척하되 미친 척하지 마라
제28계	상옥추제(上屋抽梯)	지붕으로 유인한 뒤 사다리를 치운다
제29계	수상개화(樹上開花)	나무에 꽃피게 한다
제30계	반객위주(反客爲主)	손님이 도리어 주인 노릇한다
제31계	미인계(美人計)	총칼이 침대를 당하랴
제32계	공성계(空城計)	빈 성으로 유인해 미궁에 빠뜨린다
제33계	반간계(反間計)	적의 첩자를 역이용한다
제34계	고육계(苦肉計)	자신을 희생해 적을 안심시킨다
제35계	연환계(連環計)	여러 가지 계책을 연결시킨다
제36계	주위상(走爲上)	도망가는 것도 뛰어난 전략이다